北京外国语大学"双一流"建设重大标志性科研项目（2020）成果

"妇女、和平与安全"研究丛书

李英桃　主编

英国妇女、和平与安全

决议落实与议题引领

WOMEN,

PEACE AND SECURITY

IN UK

Agenda Implementation and

Focal Issues Advocacy

田小惠　著

社会科学文献出版社

SOCIAL SCIENCES ACADEMIC PRESS (CHINA)

"妇女、和平与安全"研究丛书序言(一)

袁 明[*]

每一个人,都在参与自己所处时代的实践,在这一点上,古人和今人没有什么区别。但是带着性别意识并自觉投身于和平与安全的实践,让世界更美好,则是今人不同于古人的地方,这在女性身上体现得更为突出。我们说起"现代性"时,女性议题是绕不过去的。女性议题一定是一个未来议题。

我在担任联合国基金会中国理事期间,接触到大量关于女性问题的计划、报告和项目,其覆盖面相当广阔,包括健康、教育、反暴力,甚至清洁炉灶等。参与并领导这些活动的,也大多为女性。我至今仍记得,联合国秘书长古特雷斯履新之后,很快任命了一批助手,其中有一位女性"青年联络者",她来自斯里兰卡,目光坚定而自信。我们了解到,在不到两周的时间里,她已经在网络上组织起几百万名志愿者,一问她的年龄,得知才26岁。这样的例子还有很多,可见世界的进步。

---

* 袁明,1945年生,北京大学燕京学堂名誉院长,北京大学国际关系学院教授。

生活是最好的教科书。当下肆虐世界的新冠肺炎疫情，提醒我们必须注意人类进步途中的艰险和困难。在联合国大会纪念北京世界妇女大会25周年高级别会议上，习近平主席有这样一段特别表述："妇女是人类文明的开创者、社会进步的推动者，在各行各业书写着不平凡的成就。我们正在抗击新冠肺炎疫情，广大女性医务人员、疾控人员、科技人员、社区工作者、志愿者等不畏艰险、日夜奋战，坚守在疫情防控第一线，用勤劳和智慧书写着保护生命、拯救生命的壮丽诗篇。……正是成千上万这样的中国女性，白衣执甲，逆行而上，以勇气和辛劳诠释了医者仁心，用担当和奉献换来了山河无恙。"[1]这一伟大的当代实践，值得研究并大书特书，这也是中国女性研究者的时代责任。

这个未来议题，应当是跨学科的。未来的女性研究若只在政治学单一领域内开展，发展的空间会很有限。只有突破学科樊篱，从多个视角来观察和推动，才能真正把女性研究这个大题目做出世界水平和中国味道来。我想这也正是这套丛书的意义所在。

是为序。

2020 年 11 月 2 日

1.《习近平在联合国成立75周年系列高级别会议上的讲话》，人民出版社，2020，第19～20页。

"妇女、和平与安全"研究丛书序言(二)

裘援平[*]

人类社会已经进入全球化时代,各国相互依存、利益交融的"地球村"形成,国际社会生态链、产业链、供应链连为一体,世界呈现一损俱损、一荣俱荣的局面。全球化时代的和平与安全问题,越来越具有全球性和普遍性,即便是原有的传统安全问题,也须用全球化思维寻求解决之道。

我们看到,领土主权和海洋权益争端仍然是最敏感的安全问题,全球和区域大国的战略角逐仍在持续,各类矛盾引发的局部冲突和产生的热点问题不断,意识形态和政治制度偏见挥之不去,集团对峙、军事结盟和冷战热战等旧时代的痼疾仍然存在。与此同时,国家群体乃至整个人类共同面临的非传统安全问题大量产生,它们越来越成为各国和国际安全的核心问题。21世纪以来发生的几次世界性危机,涉及人类公共卫生健康、国际经济金融安全和大规模杀伤性武器扩散,再加上气候变化、自然灾害、饥饿贫困、跨国犯

---

* 裘援平,1953年生,法学博士,博士生导师,现任全国政协常委、港澳台侨委员会副主任,曾任国务院侨务办公室主任、中央外事办公室常务副主任等职务。

罪、恐怖主义、网络安全、人口激增和大量迁徙以及能源资源和粮食安全等问题，对人类社会构成前所未有的威胁和挑战。而应对这些挑战的全球治理及相关机制，已然滞后于时代的发展变化，也受到旧安全观的限制。国际社会正是在应对共同挑战的过程中，积蓄着全球治理和国际合作的力量，凝聚着对构建人类命运共同体的共识。

妇女是人类社会的创造者、世界文明的开创者、全球进步的推动者，是捍卫国际和平与安全、推动世界经济发展的重要力量。妇女自身和妇女事业的发展，离不开和平安宁的国际环境。2000年联合国安理会通过的第1325（2000）号决议及其后续决议，关注那些受武装冲突不利影响的人，包括难民和各国的流离失所者，特别是妇女和儿童；指出妇女在预防和解决冲突及建设和平方面有着重要作用，亟须将性别观念纳入维护和平行动的主流。当前，在不稳定和不确定的国际形势下，第1325（2000）号决议的重要性更加凸显，将决议及其后续决议的承诺变成现实，仍是联合国和世界各国的重要任务之一。

2020年，正值联合国第四次世界妇女大会《北京宣言》和《行动纲领》通过25周年、第1325（2000）号决议通过20周年，中国国家主席习近平在联合国大会纪念北京世界妇女大会25周年高级别会议上的讲话中强调，保障妇女权益必须上升为国家意志，加强全球妇女事业合作。[1]在2020年10月联合国举行的妇女、和平与安全问题公开辩论会上，中国常驻联合国代表也强调，应该继续支持妇女在和平与安全领域发挥重要作用，呼吁为"妇女、和平与

1.《习近平在联合国成立75周年系列高级别会议上的讲话》，人民出版社，2020，第21页、22页。

安全"议程注入新动力。妇女、和平与安全研究要为此做出应有的贡献。

作为北京外国语大学"双一流"建设重大标志性科研项目成果，"妇女、和平与安全"研究丛书是中国第一套"妇女、和平与安全"议程研究丛书。丛书内容涵盖联合国，中、俄、英、法等联合国安理会常任理事国，以及欧洲、亚洲和非洲各类国际关系行为体在人类追求和平与安全的历史进程中，推动妇女、和平与安全的努力，落实第1325（2000）号决议、推动性别平等的具体实践。

丛书的出版在三个方面对中国国际关系研究做出贡献：第一，深化中国妇女、和平与安全理论研究；第二，丰富中国的联合国和区域国别研究；第三，为中国落实"妇女、和平与安全"议程提供决策参考和对策建议。丛书的出版也展现出北京外国语大学在该领域的研究优势。

在祝贺丛书出版的同时，期待北京外国语大学的研究团队在妇女、和平与安全研究领域取得更优异的成绩，为中国国际关系研究做出更大贡献，为中国落实"妇女、和平与安全"议程提供有价值的国际经验和切实的对策建议。

2020年12月4日

"妇女、和平与安全"研究丛书总论

　　和平与安全是全人类孜孜以求的共同目标，妇女解放与性别平等是各国妇女运动持续奋斗的方向。冷战结束后，国际社会推进全球性别平等、实现和平与安全的历史进程中有两个具有里程碑意义的事件。一是1995年9月4日~15日，中国北京承办的联合国第四次世界妇女大会（以下简称北京"世妇会"）通过了全球妇女运动的未来发展蓝图——《北京宣言》和《行动纲领》，"妇女与武装冲突"被列为《行动纲领》的第五个重大关切领域；二是2000年10月31日，联合国安全理事会第4213次会议通过关于妇女、和平与安全的第1325（2000）号决议〔以下简称"第1325（2000）号决议"〕。从2000年至2019年，联合国安理会已经先后通过10个相关决议，形成以第1325（2000）号决议为基石的"妇女、和平与安全"议程（Women, Peace and Security Agenda, WPS Agenda）。该议程已成为一个重要的国际规范框架。目前，落实"妇女、和平与安全"议程已成为以联合国为代表的国际社会的共识和各国政府对国际社会的郑重承诺。

　　"妇女、和平与安全"研究丛书，是一套以"妇女、和平与安全"议程为切入点的学术研究丛书，它是中国学者以学术研究参与落实"妇女、和平与安全"议程、致力于建构人类命运共同体的行动的组成部分，具有较强的学术价值和实践意义。

一 "妇女、和平与安全"议程的发展历程

北京《行动纲领》第五个重大关切领域"妇女与武装冲突"有六个具体战略目标（见表总–1），包括妇女参与和保护、以非暴力方式解决冲突、和平文化、裁军等核心内容。

表总–1　北京《行动纲领》重大关切领域 E "妇女与武装冲突"

战略目标 E.1.	增进妇女在决策阶层参与解决冲突并保护生活在武装冲突和其他冲突状态或外国占领下的妇女
战略目标 E.2.	裁减过分的军事开支并控制军备供应
战略目标 E.3.	推动以非暴力方式解决冲突并减少冲突状态下侵犯人权情事
战略目标 E.4.	促进妇女对培养和平文化的贡献
战略目标 E.5.	保护、援助和培训难民妇女、其他需要国际保护的流离失所妇女和国内流离失所妇女
战略目标 E.6.	援助殖民地和非自治领土的妇女

资料来源：笔者根据《行动纲领》内容整理。详见第四次世界妇女大会、'95 北京非政府组织妇女论坛丛书编委会编《第四次世界妇女大会重要文献汇编》，中国妇女出版社，1998，第 230~242 页。

第 1325（2000）号决议则有四个支柱，即参与（participation）、保护（protection）、预防（prevention）和救济与恢复（relief and recovery）。该决议及其后续决议的内容逐步集中在"参与"和"性暴力"两个主要方面（见表总–2）。前者强调促进妇女积极有效地参与和平缔造与和平建设，其中作为基础的第 1325（2000）号决议承认冲突对妇女的影响以及她们在预防和解决冲突方面的作用，并呼吁妇女平等参与和平缔造工作；后者则以 2008 年通过的安理

会第1820（2008）号决议为代表，目的是防止并解决与冲突有关的性暴力，特别是针对妇女的性暴力问题。

表总-2　"妇女、和平与安全"议程中十个决议的主题分类（2000～2019）

参与	第1325（2000）号决议、第1889（2009）号决议、第2122（2013）号决议、第2242（2015）号决议、第2493（2019）号决议
性暴力	第1820（2008）号决议、第1888（2009）号决议、第1960（2010）号决议、第2106（2013）号决议、第2467（2019）号决议

资料来源：笔者自制。

2013年，联合国消除对妇女歧视委员会（The United Nations Committee on the Elimination of Discrimination against Women）通过《关于妇女在预防冲突、冲突及冲突后局势中的作用的第30号一般性建议》（以下简称《第30号一般性建议》）。[1]《第30号一般性建议》的提出标志着"妇女、和平与安全"议程成为《消除对妇女一切形式歧视公约》（The Convention on the Elimination of All Forms of Discrimination Against Women, CEDAW, 以下简称《消歧公约》）这一保护妇女人权的国际公约的组成部分。与2000年10月31日通过的第1325（2000）号决议所实现的"人权问题安全化"相对应，该决议在13年之后经历了"安全问题人权化"的螺旋式上升过程。安理会决议具体且有针对性，安理会每年可能通过多项决议，有的决议甚至相互矛盾；而公约则是普遍、稳定、长期的国际法，具有更精准、更规范的特点。

---

1. 消除对妇女歧视委员会：《关于妇女在预防冲突、冲突及冲突后局势中的作用的第30号一般性建议》，2013年11月1日，http://docstore.ohchr.org/SelfServices/FilesHandler.ashx?enc=6QkG1d%2fPPRiCAqhKb7yhsldCrOlUTvLRFDjh6%2fx1pWCVoI%2bcjImPBg0gA%2fHq5Tl4Q7URju9YH%2f2f2f2xuJ0WgKghff98wYIvWK3cAe9YKwpHXdmnqMDPpxmJrYrFP10VJY，最后访问日期：2021年2月17日。

《第30号一般性建议》使关于妇女、和平与安全的第1325（2000）号决议通过《消歧公约》固定下来。[1]

2015年9月25日，联合国大会通过《改变我们的世界：2030年可持续发展议程》（Transforming Our World: The 2030 Agenda for Sustainable Development，以下简称《2030议程》），确定了17个可持续发展目标。目标16为"创建和平、包容的社会以促进可持续发展，让所有人都能诉诸司法，在各级建立有效、负责和包容的机构"，包括12个具体目标。[2]目标16不仅针对妇女，它在涵盖"妇女、和平与安全"议程的具体内容的同时，所涉及人群更广、范围更大，除了消除一切形式的暴力，还包括一系列国家治理问题。从1995年《行动纲领》的重大关切领域"妇女与武装冲突"发展到《2030议程》的"创建和平、包容的社会"目标，妇女、和平与安全议题始终处于中心位置。

2020年8月28日，安理会在"联合国维和行动"主题下，通过了第2538（2020）号决议。[3]这是"妇女、和平与安全"议程的最新发展。

二 落实"妇女、和平与安全"议程与构建"人类命运共同体"

2013年3月，中国国家主席习近平首次在国际场合向世界阐释："人类

---

1. 李英桃、金岳嵘：《妇女、和平与安全议程——联合国安理会第1325号决议的发展与执行》，《世界经济与政治》2016年第2期。

2. 联合国大会：《改变我们的世界：2030年可持续发展议程》，2015年10月21日，https://www.unfpa.org/sites/default/files/resource-pdf/Resolution_A_RES_70_1_CH.pdf，最后访问日期：2021年2月17日。

3. 联合国安理会：《第2538（2020）号决议》，S/RES/2538（2020），2020年8月28日，http://undocs.org/zh/S/RES/2538（2020），最后访问日期：2021年2月17日。

生活在同一个地球村里,生活在历史和现实交汇的同一个时空里,越来越成为你中有我、我中有你的命运共同体。"[1] 2013年9月7日,习近平在哈萨克斯坦纳扎尔巴耶夫大学首次提出共建"丝绸之路经济带"的构想。他在《弘扬人民友谊 共创美好未来》的重要演讲中指出:"为了使我们欧亚各国经济联系更加紧密、相互合作更加深入、发展空间更加广阔,我们可以用创新的合作模式,共同建设'丝绸之路经济带'。这是一项造福沿途各国人民的大事业。"[2]

2013年10月,习近平应邀在印度尼西亚国会发表重要演讲。他指出:"东南亚地区自古以来就是'海上丝绸之路'的重要枢纽,中国愿同东盟国家加强海上合作,使用好中国政府设立的中国—东盟海上合作基金,发展好海洋合作伙伴关系,共同建设21世纪'海上丝绸之路'。中国愿通过扩大同东盟国家各领域务实合作,互通有无、优势互补,同东盟国家共享机遇、共迎挑战,实现共同发展、共同繁荣。"[3]构建"人类命运共同体"是中国为人类未来发展提供的全球治理的中国方案,共建"丝绸之路经济带"和21世纪"海上丝绸之路"的"一带一路"倡议是推动构建"人类命运共同体"的重要途径,其核心理念是"和平、发展、合作、共赢",打造政治互信、经济融合、文化包容的利益共同体、命运共同体和责任共同体,为实现和平与安全提供了有力支撑和保障。

---

1. 习近平:《顺应时代前进潮流 促进世界和平发展——在莫斯科国际关系学院的演讲》,《人民日报》(海外版)2013年3月25日,第2版。

2. 习近平:《弘扬人民友谊 共创美好未来——在纳扎尔巴耶夫大学的演讲》,《习近平谈治国理政》,外文出版社,2014,第289页。

3. 习近平:《中国愿同东盟国家共建21世纪"海上丝绸之路"》,《习近平谈治国理政》,外文出版社,2014,第293页。

　　"人类命运共同体"的提出是对马克思和恩格斯"自由人联合体"思想的继承和发展，是对中国优秀传统文化、新中国外交理论和实践的总结和升华，是人类走向共同繁荣的伟大事业，也是人类实现性别平等的必由之路。其中，性别平等是构建"人类命运共同体"的核心原则。[1]实现性别平等同样在中国的对内、对外政策和未来构想中占有重要地位。

　　2015年9月27日，国家主席习近平在纽约联合国总部出席全球妇女峰会，并发表题为《促进妇女全面发展　共建共享美好世界——在全球妇女峰会上的讲话》的重要讲话。他在讲话中指出："环顾世界，各国各地区妇女发展水平仍然不平衡，男女权利、机会、资源分配仍然不平等，社会对妇女潜能、才干、贡献的认识仍然不充分。现在全球8亿贫困人口中，一半以上是妇女。每当战乱和疫病来袭，妇女往往首当其冲。面对恐怖和暴力肆虐，妇女也深受其害。时至今日，针对妇女的各种形式歧视依然存在，虐待甚至摧残妇女的事情时有发生。"习近平特别指出，要"创造有利于妇女发展的国际环境。妇女和儿童是一切不和平不安宁因素的最大受害者。我们要坚定和平发展和合作共赢理念，倍加珍惜和平，积极维护和平，让每个妇女和儿童都沐浴在幸福安宁的阳光里"。[2]

　　2020年以来，人类应对新冠肺炎疫情的努力昭示着，一个健康稳定的世界是维护和平与安全的重要基础，而妇女在其中扮演着重要角色。2020年10月1日，习近平在联合国大会纪念北京世界妇女大会25周年高级别会议上发

---

1. 李英桃：《构建性别平等的人类命运共同体：关于原则与路径的思考》，《妇女研究论丛》2018年第2期。
2.《习近平在联合国成立70周年系列峰会上的讲话》，人民出版社，2015，第9页、第11页。

表演讲。他强调了妇女在维护世界和平与安全中的重要作用："妇女是人类文明的开创者、社会进步的推动者，在各行各业书写着不平凡的成就。我们正在抗击新冠肺炎疫情，广大女性医务人员、疾控人员、科技人员、社区工作者、志愿者等不畏艰险、日夜奋战，坚守在疫情防控第一线，用勤劳和智慧书写着保护生命、拯救生命的壮丽诗篇。……正是成千上万这样的中国女性，白衣执甲，逆行而上，以勇气和辛劳诠释了医者仁心，用担当和奉献换来了山河无恙。"[1]

在此背景下推动落实"妇女、和平与安全"议程，完全符合时代发展趋势，充分体现了中国对国际社会的郑重承诺，是构建"人类命运共同体"的题中应有之义和重要组成部分。

三　"妇女、和平与安全"议程研究的关键问题与核心概念

本研究丛书是以"妇女、和平与安全"议程为切入点，进行更为广泛、深入的探讨，而并非仅关注"妇女、和平与安全"议程本身。

奠定"妇女、和平与安全"议程基础的安理会第1325（2000）号决议回顾和重申了大量联合国文件，较早的《联合国宪章》第四十一条"如采取措施时考虑到对平民可能产生的影响，铭记妇女和女童的特殊需要，以便考虑适当的人道主义豁免规定"；1949年的《关于战时保护平民的日内瓦公约》及其1977年的《附加议定书》、1951年的《关于难民地位公约》及其1967年的《议定书》、1979年的《消歧公约》及其1999年的《任择议定书》、1989年的《联合国儿童权利公约》及其2000年5月25日的《任择议定书》；

1.《习近平在联合国成立75周年系列高级别会议上的讲话》，人民出版社，2020，第19~20页。

还有《国际刑事法院罗马规约》的有关规定，以及《北京宣言》和《行动纲领》的承诺和题为"2000年妇女：二十一世纪两性平等、发展与和平"的联合国大会第二十三届特别会议成果文件中的承诺，特别是有关妇女和武装冲突的承诺[1]等。对这些国际法基础的溯源表明，尽管妇女、和平与安全问题于2000年才被纳入安理会决议，但其源头却远在2000年之前，有着更为深远的历史背景。

（一）关于妇女与性别平等

"妇女、和平与安全"议程除了关注妇女和女童，还关注男童及其他在武装冲突中受到不利影响的人群，如难民和其他流离失所者。联合国文书在历史演进过程中逐步形成了稳定的"平等"定义。1975年第一次世界妇女大会通过的《关于妇女的平等地位和她们对发展与和平的贡献的宣言》（以下简称《墨西哥宣言》）指出："男女平等是指男女的尊严和价值的平等以及男女权利、机会和责任的平等。"[2] 1985年第三次世界妇女大会通过的《提高妇女地位内罗毕前瞻性战略》（以下简称《内罗毕战略》）指出："平等不仅指法律平等和消除法律上的歧视，而且还指妇女作为受益者和积极推动者参加发展的平等权利、责任和机会平等。"[3] 联合国大会于1979年通过的《消歧公约》阐述了平等、发展与和平的关系："确信一国的充分和完全的发展，

1.联合国安理会：《第1325（2000）号决议》，S/RES/1325（2000），2000年10月31日，https://undocs.org/zh/S/RES/1325（2000），最后访问日期：2021年2月17日。

2.《一九七五年关于妇女的平等地位和她们对发展与和平的贡献的墨西哥宣言》，E/CONF.66/34，载联合国新闻部编《联合国与提高妇女地位（1945—1995）》，联合国新闻部，1995，第229页。

3.《提高妇女地位内罗毕前瞻性战略》，A/CONF.116/28/Rev.1（85.IV.10），载联合国新闻部编《联合国与提高妇女地位（1945—1995）》，联合国新闻部，1995，第349页。

世界人民的福利以及和平的事业，需要妇女与男子平等充分参加所有各方面的工作。"[1]

（二）和平的界定

在国际关系研究和社会生活中，人们对和平的理解往往是"没有战争"。杰夫·贝里奇（Geoff Berridge）等在《外交辞典》中指出，和平"在国际法术语中指没有战争或武装冲突的状态"。[2]雷蒙·阿隆（Raymond Aron）的观点是：国际政治与国内政治有本质的区别，战争与和平的交替是国际关系的核心问题，和平是"敌对政治单元之间暴力持续中断"的状况。[3]《女性主义和平学》一书梳理了传统国际关系研究对和平的理解：这就意味着只要战争和其他有组织的直接暴力不存在，和平就建立了。[4]《内罗毕战略》对和平的界定为："和平不仅指国家和在国际上没有战争、暴力和敌对行动，而且还要在社会上享有经济和社会正义、平等、所有各项人权和基本自由。""和平还包括一整套活动，反映出人们对安全的关注以及国家、社会团体和个人之间互相信任的默契。和平既保卫自由、人权和民族和个人的尊严，又体现对他人的善意和鼓励对生命的尊重。"[5]在借鉴约翰·加尔通（Johan Galtung）、刘成等学者的研究成果的基础上，《女性主义和平学》将和平分为消极和平和积极和平两个部

1. 联合国：《消除对妇女一切形式歧视公约》，A/RES/34/180，1979年12月18日，https://www.un.org/zh/documents/view_doc.asp?symbol=A/RES/34/180，最后访问日期：2021年2月17日。

2.〔英〕杰夫·贝里奇、艾伦·詹姆斯：《外交辞典》，高飞译，北京大学出版社，2008，第213页。

3. Raymond Aron, *Peace and War: A Theory of International Relations*, Garden City: Doubleday & Company, 1966, p. 151.

4. 李英桃：《女性主义和平学》，上海人民出版社，2012，第15页。

5.《提高妇女地位内罗毕前瞻性战略》，A/CONF.116/28/Rev.1（85.IV.10），载联合国新闻部编《联合国与提高妇女地位（1945—1995）》，联合国新闻部，1995，第348～349页。

分，使其呈现出既包括"没有战争"的传统和平界定，又能体现其逐步深化和不断扩展的过程性，基于中国历史与国情提出一个理解和平概念的框架（见表总-3）。

表总-3　一个中国女性主义学者的和平定义

消极和平		积极和平	
传统和平概念→	传统和平概念的拓展→	传统和平概念的 进一步拓展	
没有有组织的 直接暴力	没有无组织的 直接暴力	没有阻碍实现人的最 大潜能和福祉的结构 暴力	没有使直接暴力和间 接暴力合法化的文化 暴力
没有国际、国内战争 与暴力冲突 深↓化 以及与之相伴的强奸、 性暴力等行为	没有杀害、伤害、强 奸、殴打和源自传统文 化、习俗等的其他暴力	让每个人都充分享有政治、社会、经济、文 化、生态、健康与发展权等基本权利，消除 基于性别、族群、财富、身体状况、年龄、 相貌等的社会不公正。倡导并逐渐建立社会 性别平等的和平文化，充分发挥教育、大众 传媒和网络媒体的作用	

资料来源：李英桃著《女性主义和平学》，上海人民出版社，2012，第402页。

这一框架一方面超越了内政与外交的边界，更多的是以人为中心考虑和平问题，尤其关注妇女、儿童和各类弱势群体在日常生活中的切身问题；另一方面，将个人与集体的关系纳入此概念框架，充分考虑到中国等发展中国家在国家与个人关系上的不同见解，重视识别国家与国家之间的差异性。

（三）对安全的理解

安全是与人类生存密不可分的大问题，与人们的日常生活联系极为密切。关于安全的论述可见于亚伯拉罕·马斯洛（Abraham Harold Maslow）对于安全需求（safty needs）的诠释。安全需求包括安全（security）、稳定、依赖、保护、免于恐惧、免于焦虑和混乱，以及对结构、秩序、法律和界限的需求，对保护者的要求等。[1]

安全虽为政治学的核心概念，但学术界对其并无统一界定，其中最常见的是美国学者阿诺德·沃尔弗斯（Arnold Wolfers）的观点，在其 1962 年出版的《纷争与协作：国际政治论集》中专门设有讨论国家安全问题的部分。沃尔弗斯指出：安全是一种价值，一个国家可以或多或少地拥有安全，用或高或低的手段来追求安全。这种价值与权力、财富这两个在国际事务中极为重要的价值有共通之处。财富用以衡量一个国家所拥有物质的数量，权力用以衡量一个国家对其他国家行为的控制能力，而安全则在客观上用以衡量已获得价值免受威胁的程度，在主观上用以衡量没有对这一价值受攻击的恐惧的程度。[2]此观点即"客观无威胁、主观无恐惧"。

联合国开发计划署在 1994 年发布的《人类发展报告》中提出了"人的安全"（human security）概念，指出对普通人来说，安全象征着保护他们免受疾病、饥饿、失业、犯罪、社会冲突、政治迫害和环境危机的威胁。[3]基于前人的研究，中国非传统安全研究学者余潇枫认为，安全的"完整表述是：身体无伤害，心理无损害，财产无侵害，社会关系无迫害，生存环境无灾害"。[4]女

---

1. Abraham H. Maslow, *Motivation and Personality*, Harper & Row, 1970, p. 39.

2. Arnold Wolfers, *Discord and Collaboration: Essays on International Politics*, Baltimore: The Johns Hopkins Press, 1962, p.150.〔美〕阿诺德·沃尔弗斯：《纷争与协作：国际政治论集》，于铁军译，世界知识出版社，2006，第 133 页。

3. UNDP, *Human Development Report 1994*, http://hdr.undp.org/sites/default/files/reports/255/hdr_1994_en_complete_nostats.pdf，最后访问日期：2021 年 2 月 17 日。

4. 余潇枫：《总体国家安全观引领下的"枫桥经验"再解读》，《浙江工业大学学报》（社会科学版）2018 年第 2 期。

性主义[1]学者提出了内容丰富、主体多样、领域宽广、层次复杂的安全概念。从安全的主体来说，既有传统的主权国家，也有包括男子和妇女在内的个人，既要关注国家安全、个人安全，也要考虑全人类的共同安全；从涉及领域来说，既不能忽视国家的军事安全，也要考虑到经济、环境安全以及个人安全；从行为主体之间的相互关系来看，既要加强合作，也不可能用合作完全代替竞争。可以说，传统安全和非传统安全是相辅相成、相互补充的有机整体，它们不应该被视为割裂的甚至是对立的部分。[2]

与对和平的理解一致，这种对安全的理解也超越了内政与外交的范畴，是一种以人为中心来考虑安全问题的路径。在讨论和平与安全概念的关系时可发现，在传统的和平定义之中，没有战争即和平，但和平不一定意味着安全；随着和平概念的扩展，没有战争并不意味着实现了和平，积极和平是一个逐步接近的目标；安全也是如此。两者相互渗透、相互交织，在"妇女、和平与安全"议程中这两者紧密地联系在一起。

（四）评估"妇女、和平与安全"议程落实情况的指标体系

第1325（2000）号决议通过后，安理会于2004年10月28日通过主席声明，表示"欢迎会员国为在国家一级执行第1325（2000）号决议所作的努力，包括制订国家行动计划（National Action Plan, NAP），并鼓励会员国继续致力于这些执行工作"。[3] 2005年10月27日，安理会再次通过主席声明"吁请会员

---

1. 英文Feminism在国内学术界有"女权主义"和"女性主义"这两种主要译法，除引用外，本套丛书采用"女性主义"的译法。

2. 李英桃：《"小人鱼"的安全问题》，《世界经济与政治》2004年第2期。

3. 《安全理事会主席的声明》，S/PRST/2004/40，2004年10月28日，https://www.un.org/chinese/aboutun/prinorgs/sc/sdoc/04/sprst40.htm，最后访问日期：2021年2月17日。

国通过制订国家行动计划或其他国家级战略等办法,继续执行第1325（2000）号决议"。[1]尽管并非强制性要求,但制订国家行动计划已成为衡量联合国会员国执行"妇女、和平安全"议程情况的一个重要指标。

2009年通过的安理会关于妇女、和平与安全的第1889（2009）号决议提出:"请秘书长在6个月内提交一套用于全球一级监测安理会第1325（2000）号决议执行情况的指标供安全理事会审议。"[2]根据决议要求,2010年《妇女与和平与安全——秘书长的报告》附有一整套指标体系,其中包括参与、保护、预防、救济与恢复四个方面的17个大目标,内含26项共35个具体目标。[3]这35个具体目标主要仍围绕冲突地区设计,但参与、保护部分涉及范围较广,也都超越了冲突中或冲突后重建国家的范围。

在第1325（2000）号决议通过20周年前夕,联合国秘书长安东尼·古特雷斯（António Guterres）在2019年10月提交的《妇女与和平与安全——秘书长的报告》中敦促联合国各实体、会员国、区域组织和其他行为体携手采取行动。

通过有针对性的数据收集、联合分析、战略规划,以及提高可见度,使领导层对落实妇女与和平与安全议程负责;协助、促进、确保妇女有

1.《安全理事会主席的声明》,S/PRST/2005/52,2005年10月27日,https://www.un.org/en/ga/search/view_doc.asp?symbol=S/PRST/2005/52&Lang=C,最后访问日期:2021年2月17日。

2. 联合国安理会:《第1889（2009）号决议》,S/RES/1889（2009）,2009年10月5日,http://www.un.org/en/ga/search/view_doc.asp?symbol=S/RES/1889（2009）&Lang=C,最后访问日期:2021年2月17日。

3. 联合国安理会:《妇女与和平与安全——秘书长的报告》,S/2010/498,http://undocs.org/ch/S/2010/498,最后访问日期:2021年2月18日。

意义地参与和平进程、和平协定的执行以及所有和平与安全决策进程；公开谴责侵犯人权和歧视行为，防止一切形式的性别暴力，包括针对女性人权维护者的暴力；增加维持和平特派团和国家安全部门中女军警的人数和影响力；保障妇女有机会获得经济保障和资源；为妇女与和平与安全议程提供资金，并资助妇女建设和平者。[1]

除了联合国系统制定的相关评价指标，学术机构和民间组织也编制了独立的评价体系。乔治城大学妇女、和平与安全研究所（Georgetown University's Institute for Women, Peace & Security）与奥斯陆和平研究所（Peace Research Institute of Oslo）一起，借助普遍认可的国际数据来源，编制的妇女、和平与安全指数（Women, Peace, and Security Index, WPS Index）包括包容（Inclusion）、公正（Justice）和安全（Security）三个维度。[2]其中，"包容"维度设有"议会""手机使用""就业""金融包容性""教育"五个指标；"公正"维度有"歧视性规范""男孩偏好""法律歧视"三个指标；"安全"维度下设"亲密伴侣暴力""社区安全""有组织暴力"三个指标。[3]

不同指标体系中的具体内容差异表明国际社会对评估"妇女、和平与安

1. 联合国安理会：《妇女与和平与安全——秘书长的报告》，2019年10月9日，https://digitallibrary.un.org/record/3832713/files/S_2019_800-ZH.pdf，最后访问日期：2021年2月17日。

2. 乔治城大学妇女、和平与安全研究所位于乔治城的沃尔什外交学院内，由美国全球妇女问题前大使梅兰妮·韦维尔（Melanne Verveer）负责。该研究所致力于促进一个更加稳定、和平和公正的世界，着重关注妇女在预防冲突和建设和平、经济增长、应对气候变化和暴力极端主义等全球威胁方面发挥的重要作用。国际学术界对该机构和奥斯陆和平研究所共同设计的这一指标体系较为认可，但也存在对其指标选择的疑问。"Women, Peace, and Security Index," http://giwps.georgetown.edu/the-index/, accessed February 17, 2021.

3. GIWPS, "Women, Peace, and Security Index," 2019, http://giwps.georgetown.edu/the-index/, accessed February 17, 2021.

全"议程落实情况的认识的发展变化，也表明不同指标体系之间存在一定的张力。这种张力具体体现在不同行为体对于落实"妇女、和平与安全"议程的不同理解和具体行动中。

（五）"妇女、和平与安全"议程的意义与代表性研究成果

关于"妇女、和平与安全"议程的重要意义，国际社会和学术界有很多分析和评价。澳大利亚学者莎拉·戴维斯（Sara E. Davies）和雅基·特鲁（Jacqui True）指出，在我们生活的世界里，暴力冲突的规模在扩大，严重程度在增加，而且所有证据都表明，这些冲突对妇女和女童的人权不仅影响恶劣，而且其恶劣程度正在加剧。在这一关键时刻，"妇女、和平与安全"议程能够保护妇女免受冲突的伤害，促进她们从冲突和不安全中得以恢复，带来知识和社会转变的潜力。[1]中国学者李英桃、金岳嵘认为，第1325（2000）号决议的通过，无论是对于全球性别平等运动发展还是对于联合国安理会改革都具有标志性意义。从将妇女、和平与安全议题纳入安理会议程，到第1325（2000）号决议和后续一系列决议通过，再到各国制订国家行动计划以及在联合国系统、联合国和平行动中实践决议精神，这一进程清晰地展示了女性主义理念是如何成为国际规范的。[2]"妇女、和平与安全"议程也是2030年全球可持续发展议程不可或缺的组成部分。

在主流国际关系研究领域，性别议题长期受到忽视，很少被纳入学术讨论。

---

1. Sara E. Davies, Jacqui True, "Women, Peace, and Security A Transformative Agenda?" in Sara E. Davies, Jacqui True, eds., *The Oxford Handbook of Women, Peace, and Security*, New York: Oxford University Press, 2019, p. 22.

2. 李英桃、金岳嵘：《妇女、和平与安全议程——联合国安理会第1325号决议的发展与执行》，《世界经济与政治》2016年第2期。

20世纪七八十年代，女性主义国际关系理论逐步发展起来，国际妇女运动和学术研究的发展共同推动了国际社会理念与实践的变化。维护国际和平与安全是联合国的主要目的，联合国安理会对维护世界和平与安全负有主要责任。联合国安理会第1325（2000）号决议的通过标志着通常被归类为人权或经济社会问题的性别议题被正式提上联合国安理会的议事日程，成为国际安全问题，其在国际政治舞台上的重要性得以强化。这一进程反过来又推动了相关学术研究的发展。2000年以来，国际学术界涌现了一批研究"妇女、和平与安全"议程的学者，例如前文已提到的莎拉·戴维斯、雅基·特鲁，还有斯瓦尼·亨特（Swanee Hunt）、劳拉·J.谢泼德（Laura J. Shepherd）、J.安·蒂克纳（J. Ann Tickner）、托伦·L.崔吉斯塔（Torunn L. Tryggestad）、马德琳·里斯（Madeleine Rees）、路易丝·奥尔森（Louise Olsson）、克里斯蒂娜·钦金（Christine Chinkin）、阿努拉德哈·蒙德库（Anuradha Mundkur）、尼古拉·普拉特（Nicola Pratt）、劳拉·索伯格（Laura Sjoberg）、罗尼·亚历山大（Ronni Alexander）等；相关研究成果丰硕，包括专著、论文、研究报告等。到2020年6月，安理会先后共发布了6份研究报告，牛津大学出版社于2019年出版了《牛津妇女、和平与安全手册》（ *The Oxford Handbook of Women, Peace, and Security* ）。[1]同期，拉特里奇出版社出版了《社会性别与安全拉特里奇手册》（ *The Routledge Handbook of Gender and Security* ）。[2]目前，"妇女、和平与安全"议程已成为能够跻身于主流国际关系研究的最主要的性别研究议题，同时，它也是与女性主义学术联系最紧密的"高

---

1. Sara E. Davies, Jacqui True, eds., *The Oxford Handbook of Women, Peace, and Security*, New York: Oxford University Press, 2019.

2. Caron E., Gentry, Laura J. Shepherd and Laura Sjoberg, eds., *The Routledge Handbook of Gender and Security*, Routledge, 2019.

级政治"议题。相较之下，中国学术界对此议题的研究仍非常有限。

当今世界正面临百年未有之大变局。[1] 2020年是联合国成立75周年、第四次世界妇女大会召开25周年的重要年份。对于"妇女、和平与安全"议程来说，2020年也是关键的一年。[2] 在这样一个特殊的时间节点，加强对"妇女、和平与安全"议程这一具有实践推动力和学术前沿性的课题的研究，无论是对中国的全球政治研究、联合国研究和性别研究，还是对更好地推动落实"妇女、和平与安全"议程的区域、国别实践，都具有巨大的学术价值和重要的现实意义。

四 "妇女、和平与安全"研究丛书的整体设计与主要特点

"妇女、和平与安全"研究丛书是北京外国语大学"双一流"建设重大标志性科研项目（项目编号：2020SYLZDXM033）成果。该选题顺应人类对于和平、安全与性别平等的不懈追求，为重大全球治理与可持续发展议题，符合构建人类命运共同体的基本价值导向，是国际组织、区域和国别研究的重要生长点，与北京外国语大学"双一流"学科建设目标相吻合。

首先，"妇女、和平与安全"议程关系到联合国系统、各区域和联合国所有会员国，覆盖范围广，涉及行为体的层次、数量都很多。根据国际发展和国内研究状况，本项目确定聚焦联合国系统、重要区域、联合国安理会常任理事国和其他相关国家，分析各行为体所持有的立场和采取的措施，探讨其在落实"妇女、和平与安全"议程中的最佳实践及这些实践为中国落实"妇

1.《习近平谈治国理政》第3卷，外文出版社，2020，第460页。

2. 联合国安理会：《与冲突有关的性暴力——秘书长的报告》，S/2020/487，2020年6月3日，https://digitallibrary.un.org/record/3868979/files/S_2020_487-ZH.pdf，最后访问日期：2021年2月17日。

女、和平与安全"议程带来的参考价值。根据国际妇女争取和平与自由联盟
（Women's International League for Peace and Freedom）的统计，截至2021
年4月，全世界已有92个国家制订了本国落实安理会第1325（2000）号决
议的国家行动计划，占全部联合国会员国的近48%。[1]

其次，"妇女、和平与安全"研究丛书兼具研究主题集中、研究对象层次
多样和丛书内容具有开放性的特点。鉴于"妇女、和平与安全"议程涉及联合
国、区域、国家等不同层次的行为主体，"妇女、和平与安全"研究丛书的最终
成果将是一个具有开放性质的丛书系列。随着研究的深入和团队的扩大，其研
究主题将逐步深化，涵盖范围也将逐步拓展。丛书第一期的研究对象主要包括
联合国这一最重要的国际组织、欧洲和非洲、联合国安理会的五个常任理事国，
以及德国和日本这两个在国际舞台上扮演重要角色的国家。除此之外，第一期
成果还包括联合国和中国关于"妇女、和平与安全"议程的两本重要文件汇编。

最后，"妇女、和平与安全"研究丛书有助于推进国内相关研究。目前，国
内学术界对"妇女、和平与安全"议程的研究尚不充分，《女性主义国际关系学》
和《女性主义和平学》是国内出版的少数设有专门章节讨论妇女、和平与安全
问题的教材、专著。其中，《女性主义和平学》系统梳理了国内外关于性别与和
平问题的历史与理论，立足中国本土，提出了具有中国特色的性别平等、和平
与安全的理论。该书是国内学术界的代表性著作，荣获2015年第七届高等学校
科学研究优秀成果奖（人文社会科学）三等奖。这两部著作的作者多来自北京
外国语大学。国内还有少量学术论文发表于相关专业刊物，如《妇女、和平与

---

1. WILPF, "National-Level Implementation," as of August 2020, http://www.peacewomen.org/member-states, accessed May 18, 2021.

安全议程——联合国安理会第1325号决议的发展与执行》[1]《英国妇女和平与安全国家行动计划探析》[2]《联合国安理会1325号决议框架下的德国国家行动计划探析》[3]《法国和平安全合作中的女权主张及其实施》[4]《联合国安理会第1325号决议对妇女在联合国和平行动中的影响研究——以非洲地区为例》[5]等，作者也主要来自北京外国语大学。这些作者多已会集到本项目团队中。在本丛书每一卷的撰写团队中，都有既精通英语又精通对象国或地区的语言的作者，能够用对象国或地区的语言进行研究。这种突出的国别和区域研究专业、语言双重优势，为研究的前沿性和信息的准确性提供了保障。

因此，作为北京外国语大学"双一流"建设重大标志性科研项目，"妇女、和平与安全"研究丛书的立项与成果出版将丰富国际学术界关于"妇女、和平与安全"议程的研究，推动中国学者在这一领域的深耕。丛书中的每一部成果都将探讨与性别平等、和平与安全议题密切相关的历史背景、该议题的当代发展和未来趋向，及其与"妇女、和平与安全"议程之间的具体联系。

在设计和论证"妇女、和平与安全"研究丛书各卷具体内容时，项目组就写作要求达成了以下相对统一的意见。

---

1. 李英桃、金岳嵘：《妇女、和平与安全议程——联合国安理会第1325号决议的发展与执行》，《世界经济与政治》2016年第2期。
2. 田小惠：《英国妇女和平与安全国家行动计划探析》，《当代世界与社会主义》（双月刊）2015年第1期。
3. 张晓玲：《联合国安理会1325号决议框架下的德国国家行动计划探析》，《当代世界与社会主义》（双月刊）2015年第1期。
4. 李洪峰：《法国和平安全合作中的女权主张及其实施》，《当代世界与社会主义》（双月刊）2015年第1期。
5. 么兰：《联合国安理会第1325号决议对妇女在联合国和平行动中的影响研究——以非洲地区为例》，《武警学院学报》2017年第7期。

第一，将"妇女、和平与安全"议程作为本丛书每一卷成果的切入点，但并不意味着每卷内容都仅局限于探讨对象国、区域和组织落实该议程过程中的立场、行动或相关内容。

第二，尽可能地将每卷主题置于具有历史纵深感的宏阔时空背景下，通过回顾人们对性别平等、和平与安全的具体理解，为讨论落实"妇女、和平与安全"议程的当下行动提供历史文化和政治制度环境。

第三，在寻求历史连续性的同时，兼顾当代各个行为体落实"妇女、和平与安全"议程实践的共性与个性，凸显差异性，体现多样性。对于性别平等、和平与安全含义理解上的差异，以及概念内部存在的紧张关系，可能正是体现本研究价值的知识生发点。

第四，鼓励各卷作者充分挖掘每一研究对象的具体特点，分析其历史、社会文化特质和个人因素对落实"妇女、和平与安全"议程情况的直接、间接和潜在影响。

"妇女、和平与安全"议程是维护国际和平与安全，促进妇女发展和性别平等，构建性别平等的人类命运共同体的一项综合工程。作为一个开放的研究项目，在可预见的将来，"妇女、和平与安全"研究丛书的覆盖面将进一步扩大，对议题普遍性和独特性的探索势必更加深入。让我们一起开展面向未来的学术研究，切实推动实现全球与地方的和平、安全、妇女发展与性别平等，为构建人类命运共同体而贡献微薄的力量。

李英桃

2021 年 3 月

目 录

导　论

进入21世纪以来,"妇女、和平与安全"议程成为国际社会关切、讨论并付诸实践的重要议题之一。2000年10月,联合国安理会第1325(2000)号决议的通过标志着"妇女、和平与安全"议程的确立。各签署国积极落实决议精神,共同推动落实联合国框架下的"妇女、和平与安全"议程。在这一进程中,各国的妇女、和平与安全建设也体现出差异化的特色。英国是其中颇具代表性的一员。

英国是西方现代文明和资本主义的发源地之一,是一个"原生型"的现代化国家。[1]从19世纪到20世纪初,英国曾是主导国际体系的"日不落"帝国。经历了两次世界大战的打击后,英国的霸权地位逐渐衰落,成为"中等工业化国家"和"具有全球影响的地区性力量"。[2]但英国的国家实力和国际影响力犹存。在第二次世界大战末期,英国作为战时抵抗法西斯德国的重要欧洲大国与美苏两国共同参与了战后世界的设计与安排。第二次世界大战结束后,英国作为联合国安理会五大常任理事国之一,在维护世界和平与安全事务中发挥着重要作用。

---

1. 钱乘旦、许洁明:《英国通史》,上海社会科学院出版社,2012,第1页。
2 王展鹏:《面对国际体系调整和国家实力变化的双重挑战——英国,不甘作中等国家》,《人民日报》2014年7月23日,第23版。

　　英国在推进联合国"妇女、和平与安全"议程中起着重要且独特的作用。作为联合国安理会第1325（2000）号决议的签署国之一，英国是决议的参与者和积极推动者，并在防止"冲突中的性暴力"议题上扮演着倡议者和引领者的角色。英国是较早制定"国家行动计划"（National Action Plan）以落实联合国安理会决议精神的欧洲大国。与美、法、德等国相较，英国的国家行动计划不仅颁布时间早，而且注重周期性更新与内容的完善，已形成一套多元化的评估机制。英国通过向"重点国家"推广妇女、和平与安全建设的成果，增强了外交辐射能力和国际影响力。

　　英国是一个拥有深厚外交传统和丰富外交经验的国家。自2016年以来，在脱欧背景下，英国政府多次提出"构建全球新角色"（build a new global role）的政策目标，把退出欧盟看作是重新思考其对外关系及国际地位的契机，认为英国在世界舞台上将扮演"更外向、更主动、更积极"[1]的角色。2021年3月，英国政府发布了《竞争时代的全球英国：安全、国防、发展与外交政策综合评估》（Global Britain in a Competitive Age: The Integrated Review of Security, Defence, Development and Foreign Policy），标志着涵盖外交、防务、安全与发展的"全球英国"战略的成熟，再次强调了英国的国际责任和全球定位。[2]这一外交理念也同样影响着英国的妇女、和平与安全建设。在此背景下，深入研究英国落实"妇女、和平与安全"议程的重要性愈发凸显。

　　关于"妇女、和平与安全"议程，国内外均已有较多研究，但在研究范

---

1. Boris Johnson, "Brexit Frees Us to Build a Truly Global Britain," https://www.telegraph.co.uk/opinion/2016/07/16/brexit-frees-us-to-build-a-truly-global-britain/, 最后访问日期：2022年2月2日。

2. Boris Johnson, "Beyond Brexit: A Global Britain," 参见 https://www.gov.uk/government/speeches/beyond-brexit-a-global-britain, 最后访问日期：2022年1月14日。

畴、关注问题等方面各有侧重。相较而言，国外研究范围较广泛，关注的内容从"妇女、和平与安全"议程的发展历程、理论来源与理论支撑，到联合国安理会第1325（2000）号决议的实施情况、各国国家行动计划的评价分析，再到"妇女、和平与安全"议程中的具体问题，数量众多且范围广泛。国内学者多以联合国安理会第1325（2000）号决议和国家行动计划为研究重点，侧重国别研究，特别是对于发达国家和冲突后国家的研究。

一　国外研究现状

依据笔者有限的学术搜索，国外学者关于英国妇女、和平与安全的研究主要集中于以下三方面：关于英国落实联合国安理会第1325（2000）号决议的研究；关于北爱尔兰问题与英国妇女、和平与安全国家行动计划的研究；关于英国妇女、和平与安全中具体问题的研究。

1.关于英国落实联合国安理会第1325（2000）号决议的研究

凯伦·巴恩斯（Karen Barnes）在研究非政府组织对于推动各国履行联合国安理会第1325（2000）号决议的作用时，主要关注了英国"和平与安全性别行动"[1]（Gender Action for Peace and Security，GAPS）的重要性。[2]弗雷德纳·科尔马克黑尔（Fredline A. O. M'Cormack-Hale）以英国国家行动计划为例研究了联合国安理会第1325（2000）号决议在建设和平进程中为妇女提

---

1. "和平与安全性别行动"是推动英国妇女、和平与安全的社会网络团体。"和平与安全性别行动"的目的是推动联合国安理会第1325（2000）号决议的执行，促进并支持英国政府兑现针对冲突地区妇女和女童的国际承诺。可参见https://gaps-uk.org/，最后访问日期：2022年6月20日。
2. Karen Barnes, "The Evolution and Implementation of UNSCR1325: An Overview, " in F. Olonisakin, K. Barnes, & E. Ikpe, eds., *Women, Peace and Security: Translating Policy into Practice* (London: Routledge,2011), pp.15–34.

供的支持，认为英国国家行动计划侧重通过部署维和部队帮助海外国家和地区实现冲突的解决，促进冲突后重建。尽管英国国家行动计划增加了在海外特派团中女性维和人员的人数，但英国国内仍存在诸如参加武装部队的妇女人数少等制约因素。[1] 琪特拉·纳加拉杨（Chitra Nagarajan）和桑内·蒂勒曼斯（Sanne Tielemans）重点分析了2010年英国国家行动计划的优劣，认为其在规定"双边"活动、优先国家安排以及鼓励民间组织参与等方面具有创新性，而在评估指标、纳入政府相关政策以及与北爱尔兰问题的相关性等方面存在缺陷。[2] 芭芭拉·米勒（Barbara Miller）、米拉德·普尼克（Milad Pournik）和艾思琳·斯瓦恩（Aisling Swaine）针对联合国安理会第1325（2000）号决议通过以后的六项后续决议中的"妇女、和平与安全"议程进行了广泛研究，在国家行动计划的元素分析、修订版国家行动计划的对比分析中均提及英国，并对英国政府发布的第一份和第三份国家行动计划进行了系统梳理。[3] 瑞典学者格尼拉·林德斯坦（Gunilla de Vries Lindestam）对英国、加拿大、荷兰三国的国家行动计划进行了对比研究，为瑞典落实联合国安理会第1325（2000）号决议提供借鉴和参考。[4] 劳拉·J. 谢泼德（Laura J. Shepherd）基于大量数据研

---

1. Fredline A. O. M'Cormack-Hale,*Gender, Peace and Security: Women's Advocacy and Conflict Resolution*（London: Commonwealth Secretariat, 2012）,p.21.

2. Chitra Nagarajan, Sanne Tielemans, "The United Kingdom in European Peacebuilding," in Liaison Office, ed., *UNSCR 1325 IN EUROPE: 20 Case Studies of Implementation*（Nov. 2013）,pp.71–76.

3. Barbara Miller, Milad Pournik and Aisling Swaine, "Women in Peace and Security through United Nations Security Resolution 1325: Literature Review, Content Analysis of National Action Plans, and Implementation," Washington DC: The George Washington University, 2014.

4. Gunilla de Vries Lindestam, "UN Security Council Resolution 1325（2000）on Women, Peace and Security: Perspectives on its Implementation by Canada, the United Kingdom and the Netherlands," in Rosaland Boyd, ed.,*The Search for Lasting Peace: Critical Perspectives on Gender-Responsive Human Security*（London:Ashgate,2016）,p. 46.

究了英国等六个西方国家的国家行动计划与构建和平与安全之间的特定逻辑，认为以英、美、澳为代表的外向型国家的行动计划侧重保证妇女在战争中的安全，而非军事化战略。[1]苏米塔·巴苏（Soumita Basu）和劳拉·J.谢泼德以英国、澳大利亚和印度为例探讨了"妇女、和平与安全"议程中预防暴力的重要性，认为英国国家行动计划虽有效地将预防支柱分为预防冲突和预防暴力（特别是性暴力），但英国政府所倡导的对"预防性暴力"的狭隘关注，可能鼓励"妇女、和平与安全"议程的军事化趋势。[2]

此外，联合国提高妇女地位国际训练研究所（United Nations International Research and Training Institute for the Advancement of Women）审查了包括英国在内的各国国家行动计划的执行情况，其中详细分析了在英国第一份国家行动计划制定中，外交和联邦事务部，白厅1325行动计划工作组，英国妇女、和平与安全工作组与全党派妇女、和平与安全工作小组等的关键作用。报告最终提供了制定国家行动计划的六步模式进程。欧洲建设和平联络处（European Peacebuilding Liaison Office,EPLO）发布的题为《连接点：从国家级到欧洲级的实施联合国安理会第1325（2000）号决议的工具》报告，讨论了包括英国在内的欧洲20个国家的案例。澳大利亚军民中心（Australian Civil—Military Centre）发布《妇女、和平与安全国家行动计划：八个重点国家》（National Action Plans on Women, Peace and Security—Eight Countries in Focus）的报告，对2006~2017年英国国家行动计划的主要内容、实施情况、

---

1. Laura J. Shepherd, "Making War Safe for Women? National Action Plans and the Militarization of the Women, Peace and Security Agenda," *International Political Science Review* 37（2016）: 324–335.

2. Soumita Basu, Laura J. Shepherd, "Prevention in Pieces: Representing Conflict in the Women, Peace and Security Agenda," *Global Affairs* 3（2017）:441–453.

监测评价和民间参与等四个部分进行了系统梳理。[1]

2.关于北爱尔兰问题与英国妇女、和平与安全国家行动计划的研究

艾思琳·斯维恩（Aisling Swaine）认为英国政府未能使包括北爱尔兰办事处在内的所有政府部门参与国家行动计划的制定，从而造成了严重后果。[2]凯瑟琳·奥洛克（Catherine O'Rourke）认为北爱尔兰地区的妇女可通过联合国安理会第1325（2000）号决议影响官方程序，以解决北爱尔兰问题。[3]梅兰妮·豪威尔（Melanie Hoewer）分析了联合国安理会第1325（2000）号决议在北爱尔兰面临的机遇、挑战和复杂性。[4]凯伦·麦克明（Karen McMinn）和凯瑟琳·奥洛克的研究报告指出，北爱尔兰地区和英国、爱尔兰三方关系的复杂性是英国和爱尔兰政府推动联合国安理会第1325（2000）号决议的一个重要因素。[5]莫妮卡·麦克威廉姆斯（Monica McWilliams）和阿维拉·基尔默里（Avila Kilmurray）以冲突后的北爱尔兰为背景，对于联合国安理会第1325（2000）

1. Barbara K. Trojanowska, Katrina Lee-Koo, Luke Johnson, "National Action Plans on Women, Peace and Security : Eight Countries in Focus," （Jan. 2018）. 参见 https://www.acmc.gov.au/resources/publications/national-action-plans-women-peace-and-security-eight-countries-in-focus，最后访问日期：2022年4月14日。

2. Aisling Swaine, "Assessing the Potential of National Action Plans to Advance Implementation of United Nations Security Council Resolution 1325," *Year Book of International Humanitarian Law* 12 （2009）：403-433.

3. Catherine O'Rourke, "Forging a Feminist Vision for Dealing with the Past in Northern Ireland: What Role for the UNSCR 1325," Transitional Justice Institute Research Paper No. 10，Mar. 29, 2010.

4. Melanie Hoewer, "UN resolution 1325 in Ireland: Limitations and Opportunities of the International Framework on Women, Peace and Security," *Irish Political Studies* 28（2013）：450-468.

5. Karen McMinn, Catherine O'Rourke, "Baseline Study on UNSCR 1325—Women and Peacebuilding Toolkit: Sharing the Learning," （January 7, 2013），参见 http://dx.doi.org/10.2139/ssrn.2273454，最后访问日期：2022年4月14日。

号决议将妇女、和平与安全纳入冲突后地区政策的制定进行了研究。[1]阿兹里尼·瓦希丁（Azrini Wahidin）探讨了妇女参加爱尔兰共和军和政治抗议的经历，认为在冲突期间以及和谈进程中，妇女在审查监禁方面仍处于边缘地位。[2]萨赫拉·阿罗西（Sahla Aroussi）的研究以英国不承认联合国安理会第1325（2000）号决议在北爱尔兰的适用性为例，认为西方国家行动计划的外部导向性使政府忽视了国内妇女安全需求的优先事项，联合国"妇女、和平与安全"议程已成为西方国家在海外实现国家利益的工具。[3]阿曼达·多纳霍（Amanda E. Donahoe）认为脱欧意味着北爱尔兰将失去来自欧盟的有关妇女和平与安全的援助。[4]克莱尔·皮尔森（Claire Pierson）认为北爱尔兰地区忽略了建设和平的性别观念，呼吁对联合国安理会第1325（2000）号决议进行深入的语境和女权主义研究，以更广泛地了解与性别安全和缔造和平相关的问题。[5]

3.关于英国妇女、和平与安全中具体问题的研究

凯瑟琳·布朗（Katherine Brown）认为英国政府存在对性别议题的工具性

---

1. Monica McWilliams, Avila Kilmurray, "From the Global to the Local: Grounding UNSCR 1325 on Women, Peace and Security in Post Conflict Policy Making," *Women's Studies International Forum* 51（2015）:128.

2. Azrini Wahidin, *Ex-combatants, Gender and Peace in Northern Ireland: Women, Political Protest and the Prison Experience*（London: Palgrave Macmillan, 2016）.

3. Sahla Aroussi, *Rethinking National Action Plans on Women, Peace and Security*（Netherlands: IOS Press, 2017）,p.34.

4. Amanda E. Donahoe, *Peacebuilding through Women's Community Development*（Cham: Palgrave Macmillan, 2017）, p.184.

5. Claire Pierson, "Gendering Peace in Northern Ireland: The Role of United Nations Security Council Resolution 1325 on Women, Peace and Security," *Capital & Class* 43（2019）:69.

利用。[1]莱斯利·普莱特（Lesley Pruitt）以北爱尔兰地区"打破障碍"（Breaking Barriers）和澳大利亚"第三空间"（Third Place）两个青年建设和平项目为研究对象，认为应承认和解决组织选择与性别参与不平等之间的关系问题。[2]乔治娜·福尔摩斯（Georgina Holmes）重点关注英联邦国家的性别议题和维和问题，认为英联邦部队和警察派遣国在向维和特遣队部署女性军事人员方面已取得重大进展。[3]克莱尔·皮尔森和珍妮佛·汤姆森（Jennifer Thomson）认为英国"妇女、和平与安全"议程中关于堕胎和生育权利等问题被大大忽略，国际社会必须在"妇女、和平与安全"议程中强调生殖权利，这是消除冲突中的性暴力和保障妇女个人权利的关键。[4]汉娜·莱特（Hannah Wright）认为具有"男性气概"的话语宣传将有助于改变英国妇女、和平与安全在外交政策中的边缘地位。[5]罗伯塔·圭里纳（Roberta Guerrina）、凯瑟琳·莱特（Katharine Wright）和托尼·哈斯图普（Toni Haastrup）认为在脱欧背景下，欧盟正努力将性别观点纳入对外事务的主流框架，而英国在推行"全球英国"理念中的"男性化大国"地位，将可能更加关注移民、贸易和福利体系等，而非性别议题。[6]

---

1. Katherine Brown, "The Promise and Perils of Women's Participation in UK Mosques: The Impact of Securitization Agendas on Identity, Gender and Community," *The British Journal of Politics and International Relations* 10（2018）: 472.

2. Lesley Pruitt, "Fixing the Girls," *International Feminist Journal of Politics* 15（2013）: 64.

3. Georgina Holmes, "The Commonwealth, Gender and Peacekeeping," *The Round Table* 106（2017）: 409.

4. Claire Pierson, Jennifer Thomson, "Abortion and Reproductive Rights in the Women, Peace and Security Agenda," Women, Peace and Security Working Centre for Women Peace and Security–Paper Series（14/2018）:4, 参见 http://eprints.lse.ac.uk/104033/，最后访问日期：2022年6月20日。

5. Hannah Wright, "Masculinities Perspectives: Advancing a Radical Women, Peace and Security Agenda?," *International Feminist Journal of Politics* 21（2019）:652–674.

6. Roberta Guerrina, Katharine Wright and Toni Haastrup, "Brexit: Gender Implications for Equality in the UK," *European Journal of Politics and Gender* 2（2019）:2.

二　国内研究现状

目前国内学者在女性主义和妇女、和平与安全方面已有一定研究，特别是李英桃、胡传荣等学者做出了重要的前期研究。[1]国内关于英国妇女、和平与安全的研究成果并不多。田小惠认为，英国妇女、和平与安全国家行动计划逐步体现出国内议题国际化的导向以及其价值观的内涵，已成为英国国家安全和外交战略的重要组成部分，是增强英国在冷战后乃至后危机时代国际影响力的重要手段。[2]同时，还有学者关注到法、德等欧洲大国妇女、和平与安全的进展。[3]英、法、德同属欧洲发达国家，英、法同为联合国安理会常任理事国，对于维护国际社会的和平与安全承担着重要责任，英、法女权主义发展也都较早且发展较为成熟。这些相关研究对于英国妇女、和平与安全的进一步研究具有重要的参考意义和价值。李英桃、金岳嵘在联合国安理会第1325（2000）号决议发布15周年之际，系统梳理了国际社会执行决议的情况，总结成绩，反思问题，分析挑战，是关于联合国"妇女、和平与安全"议程的一项重要研究成果。[4]

三　本书的研究框架和主要观点

通过梳理国内外学者关于英国妇女、和平与安全问题的已有研究，不难

1. 相关研究可见李英桃主编《女性主义国际关系学》，浙江人民出版社，2006；李英桃《女性主义和平学》，上海人民出版社，2012；李英桃、林静《女性主义和平研究：思想渊源与和平构想》，《世界经济与政治》2009年第8期。
2. 田小惠：《英国妇女和平与安全国家行动计划探析》，《当代世界与社会主义》2015年第1期。
3. 参见张晓玲《联合国安理会1325号决议框架下的德国国家行动计划探析》；李洪峰《法国和平安全合作中的女权主张及其实施》，《当代世界与社会主义》2015年第1期。
4. 李英桃、金岳嵘：《妇女、和平与安全议程——联合国安理会第1325号决议的发展与执行》，《世界经济与政治》2016年第2期。

发现，国外学者的研究虽然较为广泛和全面，但主要是从西方价值体系出发，缺少"中国视角"的审视与观察。国内学者虽然对于"妇女、和平与安全"议程已有较为成熟的研究，但缺少对于英国妇女、和平与安全问题的专门而深入的研究。

基于上述国内外研究现状，本书以相关政策文本和一手材料为主，集中从英国落实"妇女、和平与安全"议程的历史背景、核心主张、行动计划、国际实践以及成效与挑战五个维度进行研究与探讨。本书认为英国国内妇女和平运动的蓬勃发展是英国能够较早参与联合国"妇女、和平与安全"议程的重要历史背景。在联合国安理会关于"妇女、和平与安全"议程的公开辩论中，英国代表的发言是英国政府在"妇女、和平与安全"议程上核心立场的集中表达。同时，英国也首先提出并不断发展关于防止"冲突中的性暴力"的倡议，表明了英国在"妇女、和平与安全"议程构建中所起到的独特作用。自2006年以来，英国政府出台的四份国家行动计划是英国落实联合国"妇女、和平与安全"议程的行动体现。本书认为四份英国国家行动计划各有侧重，体现出英国落实联合国"妇女、和平与安全"议程的两个阶段。第一、二份国家行动计划的重点在于履行决议精神和突出发展议题，第三、四份国家行动计划则聚焦性暴力议题并注重凸显整体性。自2010年以来，国际实践开始成为英国国家行动计划的重要组成部分。本书认为阿富汗和刚果（金）是英国推行海外实践的"重点国家"中的典型。英国在落实联合国"妇女、和平与安全"议程的进程中已取得多方成效并建立起了多元化的评估机制。在"全球英国"外交政策的影响之下，英国进一步落实"妇女、和平与安全"议程的政策与实践将面临新的挑战。

第一章 英国落实"妇女、和平与安全"议程的历史背景

西方女性主义思想源远流长。自法国大革命以来,西方女性主义思潮和运动的发展已有200多年的历史。女性主义最初是指欧美发达国家中主张男女平等的各种思潮和以男女平等为目的的运动,其核心是妇女要求享有身为人类的完整权利。女性主义的第一次浪潮产生于19世纪末20世纪初,主要追求与男性平等的政治权利,关注妇女的投票权和法律与政治权利。女性主义的第二次浪潮兴起于20世纪60~70年代,强调妇女的公民权利和社会权利。[1]

第一节 英国妇女和平运动的产生与发展

英国的女性主义思想和妇女运动由来已久,其发展与英国的现代化进程息息相关。自中世纪至近代,英国女性主义的发展脱胎于宗教背景,并伴随着现代化的发端而转向以女性权益保护乃至以选举权为代表的政治权利的

---

1. 李英桃主编《女性主义国际关系学》,浙江人民出版社,2006,第2、19页。

获取。

一　英国早期妇女运动的产生与发展

英国早期女性主义运动的产生可追溯至基督教背景所蕴含的朴素的女性主义思想。近代以来，随着英国资本主义的产生与发展，维护妇女的法律及政治权利开始成为英国妇女运动追求的主要目标，内容越来越丰富的妇女运动开始不断涌现。

（一）英国早期妇女运动的萌芽

英国早期的女性主义思想萌发于中世纪宗教背景之下。15世纪初期，英格兰妇女，诺里奇的朱利安（Julian of Norwich）对于母性和神性之间的关系提出最初的思考。她指出："母性就是美德，因为虽然和我们灵魂的出处相比，我们的肉体诞生于低贱、贫寒和卑微，然而这个肉体诞生于他的创造，由女性来加以完成，体现为众生。"[1]在中世纪，英国曾盛行长子继承制，妇女继承问题也开始受到关注。有学者指出英国的继承规则有两点愚蠢之处：一是长子继承制，二是将妇女权利置于男性之后 。[2]这些朴素的早期女性主义思想为近代英国妇女运动的产生和发展奠定了一定基础。

16世纪欧洲的宗教改革推动了英国妇女运动的产生。宗教改革发端于德国对罗马教廷的反对，英国在德国的影响下也开始对罗马天主教会表示不满。

1.〔英〕玛格丽特·沃特斯：《女权主义简史》，朱刚、麻晓蓉译，外语教学与研究出版社，2015，第23页。

2. Eileen Spring, *Law, land and family: Aristocratic Inheritance in England 1300–1800*（Chapel Hill: University of North Carolina Press, 1993），pp.112–113，转引自陈志坚《试论中世纪英格兰贵族妇女的不动产继承权》，《首都师范大学学报》（社会科学版）2005年第5期，第19～26页。

英王亨利八世由于痛恨罗马教皇对其婚姻问题的干涉,决定与罗马教廷断绝一切关系,并于1534年敦促国会通过法案,宣布英国教会不再听命于罗马教皇。英王自封为本国教会的最高首脑,并将英格兰圣公会定为国教。[1]宗教改革后,欧洲国家开始有更多女性获得受教育的权利,英国便是其中之一。

在一定程度上,英国女王的存在是对早期英格兰妇女运动的一种激励。1588年,英国女王伊丽莎白一世(Elizabeth I)在对蒂尔伯里(Tilbury)驻军的讲话中指出:"我知道我拥有女人软弱无力的身体,但是我却有着国王的心胸和勇气,而且是英格兰的国王。"[2]1589年,简·安杰(Jane Anger)出版了名为《简·安杰论保护妇女》(*Jane Anger: Her Protection for Women*)的小册子。她认为夏娃比亚当更完善(improved)和纯净(purer),并首先提出了妇女集体利益的概念。[3]有学者认为这是"英格兰最早的女权主义檄文"(the earliest piece of English feminist polemic)。[4]

在这一时期,英国新教与天主教在对待单身问题上产生了巨大分歧。清教徒认为妇女要么是已婚的,要么是将要结婚的。天主教仍坚持单身生活的神圣性。因此对待"老小姐"的态度便与宗教冲突联系起来,成为新教旧教彼此攻击的口实。近代早期的英格兰是一个父权制社会,女性通常被认为是男性的附属物,在经济上和法律上并无独立地位。有学者认为,"老小姐"主

---

1. 李靖堃、王振华:《英国》,社会科学文献出版社,2016,第37、38页。
2. 〔英〕玛格利特·沃特斯:《女权主义简史》,朱刚、麻晓蓉译,外语教学与研究出版社,2015,第27页。
3. Cristina Malcolmson and Mihoko Suzuki,eds., *Debating Gender in Early Modern England, 1500–1700*(New York: Palgrave Macmillan, 2002),p.173.
4. 〔英〕玛格丽特·沃特斯:《女权主义简史》,朱刚、麻晓蓉译,外语教学与研究出版社,2015,第26~27页、第16页。

动选择单身生活从根本上动摇了父权制社会赖以存在的基石——父权制家庭。[1]

在宗教改革时期，基督新教内的部分教派已具有朴素的男女平等意识，并开始通过有组织的活动来表达女性诉求。再浸礼派（Anabaptists）承认女人和男人平等，允许女性在集会上祈祷和发言。平均派（Leveller）信奉"以神形而造者"（made in the image of God）人人平等，鼓励女性参加各项活动。1649年5月，平均派妇女组织了声势浩大的请愿活动，一千名胸前佩戴绿丝带的妇女把由一万名妇女签名的请愿书呈交英国议会。虽然这次请愿活动最终遭到遣散，但女性的行政组织能力得以显示。[2]此后，随着主张简化宗教仪式的教派和众多宗教小团体的兴起，英国女性开始获得更多自由。特别是在伊丽莎白时代后期，女性成员在一些秘密的宗教活动中表现活跃，并开始大规模地由地下活动转为公开活动。

这一时期，英国还出现了"妇女议会"（A Parliament of Ladies）。"妇女议会"由女性选出代表，她们提出愿望，"议会"做出最终决议；该"议会"甚至制定"法律"，来确保妇女们的诉求能够实现，以此来反对父权制社会中男性的优势地位。有学者指出，尽管女性因借"妇女议会"发挥政治影响而被挖苦，甚至遭到抨击，但它对英国都铎王朝和斯图亚特王朝的政治生活始终存在影响。[3]17世纪末至18世纪初，玛丽·阿斯泰尔（Mary Astell）匿名出版了《致女士们的严肃建议》

---

1. 曾亚英：《近代早期英国社会中的老小姐形象》，《妇女研究论丛》2010年第6期，第79～86页。

2. 〔英〕玛格丽特·沃特斯：《女权主义简史》，朱刚、麻晓蓉译，外语教学与研究出版社，2015，第23～24页。

3. Sara Mendelson,Patricia Crawford, *Women in Early Modern England，1550–1720*（New York:Oxford University Press,1998），转引自李伟《英格兰早期的"妇女议会"》，《学理论》2016年第1期，第140～142页。

和《关于婚姻的思考》两部著作，主张妇女的职业应超越母亲和保姆的角色，认为应建立新的妇女机构以保证妇女的生活和研究等活动。她还主张妇女应受到与男子等同的教育，她被认为是"英国第一位自称女权主义者的作家"。[1]

（二）近代英国妇女权益保护运动

18 世纪末至 19 世纪初，是英国政治、经济与社会发生巨大变革的时期。同时，也涌现出一批具有代表性的女性主义著作。1792 年，玛丽·沃斯通克拉夫特（Mary Wollstonecraft）出版《为女权辩护：关于政治及道道德问题的批判》（*A Vindication of the Rights of Woman: with Strictures on Political and Moral Subjects*），指出妇女如果不能同男子平等，人类知识和美德的进步就会停滞不前。[2] 这被认为是当代女权主义的奠基之作。[3]

19 世纪下半叶，英国开始出现有组织地争取增加妇女教育、工作机会，修改涉及妇女的法律以及争取妇女选举权的运动。受教育程度的提高是英国妇女权益保护意识迅速提升的重要途径之一。这一时期，众多英国妇女的公民责任感也获得提升。[4] 她们不但认识到职业对扩大女性视野的作用，更意识到它对国家政治经济可能产生的意义。[5] 同时，争取妇女权益的著作纷纷出版。1843 年，

---

1. 李英桃：《社会性别视角下的国际政治》，浙江人民出版社，2006，第 311 页。

2.〔英〕玛丽·沃斯通克拉夫特：《为女权辩护：关于政治及道道德问题的批判》，王蓁译，商务印书馆，1995，第 10~11 页。

3.〔英〕玛格丽特·沃特斯：《女权主义简史》，朱刚、麻晓蓉译，外语教学与研究出版社，2015，第 46 页。

4. 王萍：《19 世纪英国家庭意识形态的出现及妇女运动的兴起》，载陈晓律主编《英国研究》第 4 辑，南京大学出版社，2012，第 131 页。

5. Amanda Vickery, *Women, Privilege and Power: British Politics, 1750 to the Present* (Standford:Standford University Press, 2001), p.50.

玛丽恩·里德（Marion Reid）出版了《为女性申辩》（A Plea for Women）一书，被誉为继《为女权辩护：关于政治及道德问题的批判》之后女性所作的最彻底、最有效的申述。里德指出"女子气质"与参政投票并不矛盾。她认为女人和男人一样，是"有理性、有道德、负责任的动物"。她提出，如果女性"有能力或者愿意跨越自然的阻碍"参与政治生活，没有理由不让妇女参加竞选。[1]

　　在推动女性法律权益保护方面，卡罗琳·诺顿（Caroline Norton）根据自己的遭遇于1854年编写了《对〈儿童监护权法〉导致母子隔离的思考》（*The Separation of Mother and Child by the Law of Custody of Infants Considered* ），于1855年编写了《19世纪为女性制定的英国法律》（*English Laws for Women in the 19th Century* ）。1857年，《离婚改革法》（A Divorce Reform Act）获得通过。这是女性权益保护的重要法案，但女性可以提出离婚的法定情形仍十分有限。[2]在这一时期，弗洛伦丝·南丁格尔（Florence Nightingale）是公认的一位杰出的女性主义者。[3]在克里米亚战争期间，她率领一群护士前往君士坦丁堡的斯库塔里（Scutari），救护受伤士兵。"提灯女士"（Lady with the Lamp）的形象广为流传，成为赞誉她慈悲胸怀、良好教养、温文尔雅的标志。有学者指出，她最大的贡献还在于她是一位效率卓著、头脑清晰的女性管理者。[4]

1.〔英〕玛格丽特·沃特斯：《女权主义简史》，朱刚、麻晓蓉译，外语教学与研究出版社,2015，第55页。

2.〔英〕玛格丽特·沃特斯：《女权主义简史》，朱刚、麻晓蓉译，外语教学与研究出版社,2015，第63页。

3. Margaret Walters, *Feminist: A Very Short Introduction* （Oxford: Oxford University, 2005）, p.52.

4.〔英〕玛格丽特·沃特斯：《女权主义简史》，朱刚、麻晓蓉译，外语教学与研究出版社,2015，第66 ~ 67页。

　　"兰厄姆女士团体"（Ladies of Langham Place Group）是这一时期英国著名的妇女运动组织。该组织为维护英国妇女的教育、就业权益以及已婚妇女的法律权益等组织了许多活动。1854年，团体的发起者芭芭拉·莉·史密斯（Barbara Leith Smith）出版了《英格兰最重要的妇女相关法律简编》（*A Brief Summary in Plain Language of the Most Important Laws of England Concerning Women*），讨论婚姻财产协议及父母离异后孩子的监护权问题。1855年，她与贝茜·雷纳·帕克斯（Bessie Rayner Parkes）、安娜·詹姆森（Anna Jameson）共同发起成立了英格兰第一个有组织的女性主义团体"已婚妇女财产委员会"（Married Women's Property Committee），在全国范围内呼吁进行法律改革，促使一系列修正案得以通过，有助于缓解已婚妇女的经济困境。[1]1858年，"兰厄姆女士团体"创办《英国妇女杂志》（*English Women's Journal*）；1866年，又创办了《英国妇女评论》（*Englishwomen's Review*），该杂志成为传播和普及女性主义思想的重要平台。

　　在国际妇女运动的影响下，1859年，"兰厄姆女士团体"推动了英国"促进女性就业协会"的成立。在这一时期，英国还建立起妇女工会联盟（The Women's Trade Union League）、妇女合作协会（The Women's Co-Operation Guild）、妇女劳动联盟（The Women's Labor League）和妇女选举权协会全国联盟（The National Union of Women's Suffrage Societies）等妇女组织，形成了英国历史上第一次妇女运动的高潮。英国妇女参与国内政治和社会事务的积极性不断提高。1871年巴黎公社期间，法国妇女组织了多个不同机构。在其

1.〔英〕玛格丽特·沃特斯：《女权主义简史》，朱刚、麻晓蓉译，外语教学与研究出版社，2015，第73、75~76页。

影响下，英国也成立了多个妇女组织，召开全国性妇女大会，提出多项为妇女争取司法、经济和社会各方面权利和提高妇女地位的法律和草案。

二 英国妇女争取选举权运动

正是在早期女性主义思想和妇女运动的基础上，近代以来，英国妇女运动以争取政治、经济和法律权利为目标，不断发展，其中最重要的是英国妇女争取选举权的斗争。

（一）英国妇女争取选举权运动的开始

英国妇女选举权运动始于19世纪60年代。有学者指出，这一时期，英格兰妇女围绕受教育权、卖淫、收入控制和财产权四个主要问题组织运动，同时开展有关妇女投票权的运动。[1] "兰厄姆女士团体"在英国妇女争取选举权的斗争中同样发挥了重要作用。1866年，"兰厄姆女士团体"向英国议会提交了由1499人签名的请愿书，主张用person替代man；认为所有房主，不论性别，均应享有选举权。虽然请愿书最终以194票反对、73票赞成遭到否决，但这是英国妇女争取选举权的重要开端。1867年，"伦敦妇女选举权协会"成立。此后，在曼彻斯特、爱丁堡、布里斯托和伯明翰等城市也相继成立了妇女选举权运动团体。1870年，"兰厄姆女士团体"创办了《妇女选举权报》（*Women's Suffrage Journal*）。此时，英国女性也开始在地方政府及其他公共机构中扮演越来越积极的角色。

在这一时期，英国妇女正式提出"我们必须有选举权，这是我们的权利"

---

1. 李英桃主编《女性主义国际关系学》，上海人民出版社，2006，第216页。

这一响亮的口号。[1] 英国妇女运动对于选举权和参政权的关注还得益于一些重要学者的推动。1853年,英国著名政治哲学家约翰·斯图亚特·穆勒(John Stuart Mill)发表《妇女选举权的授予》,为英国妇女争取选举权。1869年,穆勒在《女性的屈从地位》(*The Subjection of Women*)一书中进一步抨击了对于妇女的排挤和歧视现象,指出女性法定地从属于男性这一社会关系的原则是错误的,是人类进步的主要障碍之一。这一观点在英国社会引起巨大反响,激发了英国妇女继续斗争的热情。穆勒还创办了世界上第一个妇女参政促进会。

英国女性和大多数英国男性一样,在19世纪之前被排除在特权之外。1832年,大改革法案明确排除妇女投票权。1867年,第二次改革法案扩大了男性选举权。当更多的男性获得选举权,而女性继续被剥夺选举权时,争取女性选票的斗争加快了步伐。女性争取选举权最初的斗争主要以和平示威游行或请愿活动为主。随后争取妇女选举权的运动变得越来越激进。在英国妇女运动的不断斗争和推动下,英国妇女的政治权利得以逐步扩大。1867年,全国妇女选举权协会成立。1889年,妇女选举权联盟成立。1894年,地方政府法案允许拥有财产的妇女在地方选举中投票。1897年,全国妇女选举权协会联合会(NUWSS)成立。

总体而言,自19世纪70年代至第一次世界大战期间,英国妇女运动追求的主要目标逐步转向"社会改革、社会主义政治和妇女投票权",[2]而较少关注

---

1. Dale Spender, ed., *Feminist Theorists, Three Centuries of Women's Intellectual Traditions*(London: Pantheon Books,1983),pp.156–157.

2. Richard Taylor and Nigel Young, eds., *Campaigns for Peace*:*British Peace Movement in the Twentieth Century*(Manchester:Manchester University Press, 1987),p.222.

战争与和平的问题。19世纪英国社会所经历的巨大变革，对英国妇女运动的选举权转向产生了重要影响。英国在整个19世纪完成了现代化的重大进程。[1] 特别是在19世纪中后期，随着工业革命的完成，英国在政治上也开始进入自由主义的全盛时期，进入以"自由放任"为特点的"近代自由主义发展的第三时期"。[2]

（二）英国政党政治与妇女选举权运动的发展

从英国国内政治来看，在英国妇女争取选举权的过程中，保守党的支持性作用大于自由党和工党。1884年，在议会讨论第三次选举改革法草案中，英国首相、自由党领袖格拉斯顿（William Ewart Gladstone）明确表示："如果妇女选举权在下议院获得通过，政府将拒绝对此负责。"[3] 与此不同，保守党内部分开明的议员明确表示支持英国妇女的斗争。1848年，英国下议院托利党[4] 领袖狄斯雷利（Benjamin Disraeli）在议会发言中明确支持妇女争取选举权的要求。

有学者指出，19世纪英国的妇女运动带有强烈的中产阶级色彩。英国女权运动并不是从工厂和矿山开始的，而是从中产阶级的客厅里萌芽的。它最初是一些中产阶级的知识分子，或拥有文化知识和政治头脑者的活动。[5] 自

---

1. Robert Blake, *The Conservative Party from Peel to Churchill*（New York：St. Martin's Press,1975），p.115.转引自马嫚《试析英国妇女争取选举权运动的派别与影响》，《世界历史》1988年第2期，第37~45页。

2. 阎照祥：《英国政治思想史》，人民出版社，2010，第263、265页。

3. 马嫚：《试析英国妇女争取选举权运动的派别与影响》，《世界历史》1988年第2期，第42页。

4. "托利党"为保守党的旧称。

5. 陆伟芳：《对19世纪英国妇女运动的理论考察》，《妇女研究论丛》2003年第2期，第45~50页。

19世纪70年代以来，英国妇女已开始积极参与地方教育委员会及其他地方机构的事务，一战后则有更多妇女加入进来。[1]到19世纪末，英国妇女运动开始向更深更广的方向发展，并逐步深入英国社会的所有阶层，越来越多的工人女性加入各类妇女组织，成为进一步争取以选举权为代表的政治权利的重要力量。

20世纪初，在英国政坛刚刚崛起的工党在妇女选举权问题上裹足不前。[2]英国工党与英国工人阶级和工会之间存在密切的关系。早在19世纪中叶以宪章运动（Chartist Movement）为代表的英国工人阶级争取政治权利的斗争中，已有众多英国妇女参与其中，同工人阶级男子并肩战斗。在宪章运动之后，英国妇女被告知"妇女的领域是在家里，政治的领域应留给男子"。在英国工会联合会年会上，工会领袖兼下议院议员亨利·布罗德赫斯（Henry Broadhurst）曾公开表示："他们必须考虑国家和孩子们的未来，这是他们作为男子和丈夫应尽的责任，他们的妻子应该待在家里，这是最适合她们的地方。"[3]1905年，英国工党成立，但直至1912年，工党才通过第一个支持妇女获得选举权的决议。

这一时期，在不同领域里涌现出许多英国妇女运动的开拓者。如创建格顿女子学院（Girton College）的爱米莉·戴维思（Emily Daves）。1874年，

---

1. 〔英〕玛格丽特·沃特斯：《女权主义简史》，朱刚、麻晓蓉译，外语教学与研究出版社，2015，第110～111页。

2. Sheila Rowbotham, *Hidden from History:300 years of Women's Oppression and Fight Against It*（London:Pluto Press, 1975），pp.60-61,转引自马嫚《试析英国妇女争取选举权运动的派别与影响》，《世界历史》1988年第2期，第37～45页。

3. J. Epstein, D.Thompson, eds., *The Chartist Experience: Studies in Working-Class Radicalism and Culture, 1830—1860*（London: Palgrave Macmillan,1982），p.349.

英国第一位开业行医的女医生伊丽莎白·盖勒特·安德森（Elizabeth Garett Anderson）建立伦敦女子医学院，并执教20余载。她也是第一位女系主任，第一位英国医学学会女会员，并在1908年当选成为第一位女市长。[1]有一个关于三位著名的英国女权运动领袖的故事：爱米莉·戴维思、伊丽莎白·盖勒特·安德森和密列森特·盖勒特·弗森特（Millicent Garett Fawcent）聚在一起，讨论为改善妇女地位该做些什么。爱米莉说："伊丽莎白很清楚该做些什么。我须努力获得高等教育，而你得为妇女打开通向医学界的大门，在做完这些事后，我们必须着手争取选票。"然后她转向静静坐在一旁年仅8岁的小妹妹密列森特说："你比我们年轻，所以你必须为此奋斗。"[2]

进入20世纪，第一次浪潮中的女权主义者普遍要求公民平等权和政治平等权。1903年埃米琳·潘克赫斯特（Emmeline Pankhurst）和长女克丽斯特布尔·潘克赫斯特（Christabel Pankhurst）创立了著名的妇女参政组织"英国妇女社会政治同盟"（The British Women's Social and Political Union）。其口号是"要行动，不要空话"（Deeds, not Words）。同盟主要采取激进的方式争取各项权利，试图用激烈的"战斗"方式唤起政治家和民众的注意，从而为争取英国妇女的选举权而努力。[3]在1905年至1914年期间，为了争取议会选举权，给政府施压，"英国妇女社会政治同盟"发起了声势浩大的争取妇女选举权的激进运动。同盟所采取的暴力行动不断升级，震撼了整个英国乃至世界。同盟的

1.Sally Mitchell, ed., *Victorian Britain: An Encyclopedia*（New York & London: Garland Publishing,1988）, p.21.

2. Dorothy Thompson, *The British People 1760–1902*（London: LEB,1981）, pp.196–197.

3. 陆伟芳：《第一次世界大战中的英国妇女选举权运动》,《世界历史》2011年第2期，第68～77页。

激进参政运动反映出英国部分女性群体处于绝望之中,她们采取的过激行动给英国社会和英国政府带来了压力和社会震荡。[1] 1915年,英国妇女协会成立。

1918年,英国议会批准30岁以上的妇女拥有选举权,是英国妇女争取选举权斗争所取得的阶段性胜利。1919~1920年,保守党阿斯特夫人(Lady Astor)和自由党玛格丽特·温特林汉姆(Margaret Wintringham)先后接替各自丈夫在议会的席位担任议员。阿斯特夫人甚至提议女议员们组建妇女政党。1924年,工党议员埃伦·威尔金森(Ellen Wilkinson)提出妇女应获得持家津贴。1928年,在保守党政府执政期间,英国议会批准年满21岁的女性获得选举权,标志着英国妇女最终获得了与男性平等的选举权。

20世纪60~70年代国际妇女运动的第二次浪潮对英国产生了巨大影响。据统计,到20世纪70年代末,英国已拥有9000多个妇女协会。[2] 80年代以后,英国还出现了新妇女运动,主要目标是争取改变男权制社会结构,为英国妇女争取更多政治权利。1980年11月,在伦敦举办的"妇女行动日"活动讨论妇女运动的共同行动策略;通过了"妇女议程",涉及男女在法律、教育、就业、政治、经济、家庭等方面机会和权利平等的问题;成立了"妇女行动组织",起草提案并提出了一系列有关妇女地位的问题。此后,"300组织"成立,要求增加妇女在下议院的人数。妇女希望通过与政党联合来实现平权目标。新妇女运动的发展,进一步提高了英国妇女的参政意识。[3]

---

1. 王赳:《激进的女权主义:英国妇女社会政治同盟参政运动研究》,上海三联书店,2008,第5页。

2. 李英桃主编《女性主义国际关系学》,上海人民出版社,2006,第222页。

3. 刘梦:《战后英国的新妇女运动》,《西欧研究》1990年第6期,第53~55页。

三 英国妇女和平运动的产生与发展

1815年世界上出现了最早的有组织的和平运动。1816年3月，英国成立了"废除战争协会"（Society for Abolishing War）。同年6月，它被"伦敦和平协会"（The London Peace Society）所取代，[1] 成为英国近代和平运动的开端。这一时期，一些欧洲反战的和平主义者成立了"促进永久和普遍和平协会"（The Society for Promotion of Permanent and Universal Peace）等和平组织。1848年至1853年，国际和平会议（International Peace Congress）曾先后在伦敦、曼彻斯特、爱丁堡等英国城市召开。

19世纪60年代以来，和平组织在欧洲逐渐发展起来。但和平运动主要反映的仍是男性的利益和关注，女性通常被拒绝进入公共生活的场域。一方面，是由于已建立的和平组织通常不愿意给妇女以负责人的岗位；另一方面，也是由于许多妇女并没有兴趣或者并不相信她们有权为和平做出贡献。[2] 而第一次世界大战的爆发，使这些组织完成了从消极争取和平向积极争取和平的转变，妇女是这一转向的积极支持者。[3]

（一）第一次世界大战与英国妇女和平运动

20世纪以来，国际妇女组织的发展，不断为国际冲突的解决贡献观点并提供解决途径。1915年4月，荷兰海牙国际选举联盟国际代表大会建立

---

1. Martin Ceadel, *The Origins of War Prevention: The British Peace Movement and International Relations 1730–1854*（Oxford:Oxford University Press,1996）, p.100.

2. Lela, B. Costin, "Feminism, Pacifism and Internationalism," *Special Issue of Women's Studies International Forum* 5（1985）:301–315.

3. Elise Boulding, *Cultures of Peace: The Hidden Side of History*（New York:Syracuse University Press,2000）, p.62.

了国际妇女争取永久和平委员会，即后来的国际妇女争取和平与自由联盟
（Women's International League for Peace and Freedom）。该联盟的全球目标包
括：实现全面、普遍裁军；在任何冲突下力争废除暴力，以和平方式解决争
端；支持、尊重和保护人权并组织脆弱或受冲突影响的国家的妇女，支持由
妇女领导的地方的知识交流。[1]国际妇女争取和平与自由联盟在推动"妇女、和
平与安全"议程上发挥了重要作用。

在第一次世界大战期间，英国妇女被深深地卷入反战和平运动中。当第
一次世界大战的阴云密布之际，"国际妇女选举权同盟"（International Woman
Suffrage Alliance）和英国分会"妇女选举权全国同盟"，向英国外交和联邦事
务部及驻伦敦的各国大使递交了《国际妇女宣言》，提出了欧洲大陆与英国女
性对战争前景的担忧并呼吁和平，派遣代表团到美国呼吁处于中立国地位的
美国妇女联合起来进行一场"反对战争的妇女战争"。[2]她们还派遣阵容强大的
代表团参加了1915年海牙国际妇女会议，加入国际妇女争取和平与自由联盟。
英国妇女运动作为一股反战的和平力量已开始产生一定的社会影响。

这一时期，英国国内各妇女选举权组织也开始致力于从不同角度表达反
战立场。"英国妇女社会政治同盟"和"妇女选举权全国同盟"异口同声谴责
战争。充满战斗热情的"英国妇女社会政治同盟"的领导者克丽斯特布尔·潘
克赫斯特公开发表声明，反对发动战争的男性。同时，她也主张暂停争取参
政权的斗争，鼓励英国妇女参加助战工作，援助英国对敌作战。潘克赫斯特

1. WILPF, "Our Global Programmes," https://www.wilpf.org/our-global-programmes/, accessed on
Oct. 2, 2020.
2. 陆伟芳：《第一次世界大战中的英国妇女选举权运动》，《世界历史》2011年第2期，第68~77
页。

夫人在一战爆发后的第二天即表示:"我们的组织在过去是为了提高妇女权益,现在可以用来帮助我们的国家度过这段紧张而痛苦的时期。"[1]

第一次世界大战爆发后,英国迅速卷入欧洲战事,1914年8月4日,英国正式参战。当晚,英国的妇女选举权组织在伦敦金斯威厅举行妇女和平大会。会议由"妇女全国同盟"领导者福西特夫人(Millicent Garrett Fawcett)主持,敦促中立国进行调解并尽快结束战争。英国妇女选举权组织从思想上到行动上积极支持和参与第一次世界大战的相关工作,对于改变英国妇女的形象起到重要作用,也为妇女争取到了"私人领域"以外"公共领域"的发言权。此时,还有众多英国女性积极参与战时军事辅助工作。1914年,英国第一个"妇女侦察队"在伦敦成立。1915年,"妇女侦察队"已拥有900名侦察女兵。同年2月,"妇女志愿者预备役"成立,主要为前线提供援助、运输和通讯等服务。

第一次世界大战期间的工厂和军事职业中也开始广泛地使用女性劳动力。到战争结束前,英国的军工厂中60%的工人是女工。几乎在每一种繁重的工作中,都可以见到妇女的身影。英国女性焦炭工人强调她们能做任何男人所能从事的工作。妇女们最重要的工作场所就是军工厂,因此她们也被戏称为"军火商"。[2]据统计,第一次世界大战期间,英国妇女在交通运输业的就业比例增加了近10倍,增幅最大。1918年7月,英国就业妇女总人数增加到830万人,比1914年净增加

---

1. Arthur Marwick, *The Deluge: British Society and the First World War* (London: Bodley Head, 1979), p.88.

2.〔美〕杰弗里·帕克:《剑桥战争史》,傅景川等译,吉林人民出版社,1999,第436页;〔法〕德尼兹·加亚尔、贝尔纳尔代特·德尚:《欧洲史》,蔡鸿滨、桂裕芳译,海南出版社,2002,第527页。

235万人。[1]在工业领域,女性工人的人数则由200万人上升到300万人。[2]

这一时期,英国妇女还积极加入各类志愿组织,服务于战时的各项需要。自1915年起,各类志愿组织如雨后春笋般地涌现,如"志愿救助分队""紧急救护志愿军"等。女性纷纷成为护士、救护车司机,以及"机械运输组织"中的汽车驾驶员与保养员等。1917年成立的"妇女军事辅助团"(Women's Army Auxiliary Corps)为军队提供职员、厨师、家庭服务。1918年,已有3.5万人报名。同年,还成立了"女子皇家海军服务团"(Women's Royal Naval Service)。

英国妇女为赢得战争的胜利发挥了重要作用。英国首相大卫·劳合·乔治(David Lloyd George)指出:"没有妇女,战争将滞留,而这将意味着血迹的脚印。"英国首相赫伯特·亨利·阿斯奎斯(Herbert Henry Asquith)也指出:"妇女在用最有效的方法帮助战争。"[3]同时,妇女在战争时期的表现也大大改变了英国妇女在工业中的地位。战争时期妇女在若干技术行业中找到了就业机会,男人也认识到妇女能够胜任各种工作。1918年的英国被认为是"妇女的世界","谦卑、畏惧的老处女消失了,代之而起的是能干、聪慧和幸福的妇女"。[4]英国历史学家泰勒(A.J.P.Taylor)指出,恰恰是战争使得"英国国家的历史与英国人民的历史第一次融合在一起"。[5]

1. Robert Rhodes James, *The British Revolution:British Politics, 1880 –1939*(London:Penguin Group,1978),p.360.

2. Diana Souhami, *A Woman's Place*(London:Penguin Group,1986),p.42.

3. Arthur Marwick, *The Deluge: British Society and the First World War*(London: Bodley Head,1979),p.98.

4. Harriot Stanton Blatch, *Mobilizing Women–Power*(New York:the Women's Press,1918),pp.54–55.

5. A.J.P.Taylor, *English History 1914–1945*(Oxford: Oxford University Press,1965),p.126.

（二）第二次世界大战与英国妇女和平运动

第二次世界大战爆发后，英国政府招募了50万名女兵，[1]她们主要从事后勤工作，参与英国防空体系建设，参加重大军事战役。1941年12月，英国《国家服役法（2号）》正式出台，规定了19至23岁的英国女性服兵役的义务。[2]女子勤务兵主要包括"陆军女子本土勤务队"（Women Auxiliary Territorial Service）、"皇家海军女子勤务队"（Women Royal Navy Service）、"空军女子勤务队（Women's Auxiliary Air Force）。1938年9月，作战厅公布了"陆军女子本土勤务队"的工作内容，包括：驾驶汽车、文职、一般工作（烹饪、清洁、仓库管理）。[3]这一时期，还成立了三个志愿者组织：急救女子勤务队（Emergency Service）、急救护士骑兵队（The First Aid Nursing Yeomanry）和妇女军团（Women's Legion）。这些组织有些是在一战后女性组织基础上的重组，有些则是新建的。随着战争形势的发展，英国更多女性以各种形式参加服务工作或参与反法西斯战争。据统计，自二战爆发到1943年，有150万名英国妇女进入了军需及与其相关的核心工业领域。1943年，有60万名妇女在商业及中央和地方政府部门工作，50万名女性进入民防系统工作。[4]

在两次世界大战期间以及20世纪五六十年代的英国和平运动中，涌现

---

1. Jack Hyams, *Bomb Girl–Britain's Secret Army: the Munitions Women of World War II*（London: John Blake Publishing Ltd.,2013），p.28.

2.〔英〕霍布斯鲍姆：《极端的年代》，马凡译，江苏人民出版社，2001，第27页。

3. Carol Harris, *Women at War in Uniform 1939–1949:Britain's Women and War Effort*（London: Sutton Publishing Limited.,2000），p.19.

4. G. M. Beck, *Survey of British Employment and Unemployment 1927–1945*（Oxford: Oxford University,1951），Table 41,转引自李涛《二战期间英国女子勤务队探析》，四川师范大学硕士学位论文，2014，第2页。

出一批出色的女性组织者和领导者。莫德尔·罗依登（Maudele Royden）在30年代初发起并组织了非武装的"和平军团"（The Peace Army），佩格·杜夫（Peggy Duff）是著名的反核和平组织"核裁军运动"（The Campaign for Nuclear Disarmament）的领导人，帕特·爱劳史密斯（Pat Arrowsmith）是反核激进组织"直接行动委员会"（The Direct Action Committee）的领导者，这些妇女在这一时期英国的和平运动中发挥了重要作用。

（三）英国妇女的反核反战运动

20世纪70年代，在美苏冷战下，美国计划加强在欧洲的防务。1979年12月，北约计划在英国、联邦德国、荷兰、比利时和意大利5国部署464枚"战斧式巡航导弹"（The Tomahawk Cruise Missile）和108枚潘兴弹道导弹（The Pershing Ballistic Missile）。英国是计划中部署核导弹较多的国家之一。对此，英国出现了声势浩大的反核求和平运动。反核运动，成为这一时期英国妇女和平运动的重要组成内容。1980年，玛丽·博兰德（Marie Bowland）与各地和平组织接洽，积极组织反对部署核导弹的活动。曼彻斯特妇女和平运动（Manchester Women's Movement for Peace）、牛津母亲核裁军协会（Oxford Mothers for Nuclear Disarmament）等纷纷组织本地妇女进行反核和平活动。在全国范围内，妇女解放运动（Women's Liberation Movement）和妇女反核威胁协会（Women Oppose Nuclear Threat）组织的活动则遍布英国各地的城镇。妇女和平协会（Women for Peace）在英国建立支部，要求成员必须承担反对军备竞赛的义务。这些妇女组织通过请愿、集会、示威、静坐、游说和发行小册子等方式宣传反核立场，并向政府施压。[1]

---

1. April Carter, *Peace Movements:International Protest and World Politics since 1945*（London and New York:Longman Group,1992），p.128.

1981年8~9月，妇女生存协会（Women for Life on Earth）组织了从卡迪夫向格林汉姆公地的进军，并建立营地，以表达反核的坚定决心。1982年2月，格林汉姆公地妇女和平营（The Greenham Common Women's Peace Camp）建立，并决定把这里建为长期的反核和平营地。营地有常驻妇女100人左右，人数最多时，营地聚集了来自英国和欧洲其他国家的近3万名妇女。[1] 营地的妇女主要以和平方式表达愿望，有时也会采取翻栅栏、割电线等激进的行动以引起关注。格林汉姆公地妇女和平营的和平活动也鼓舞了欧洲其他国家妇女。此后，意大利妇女在西西里岛上建立反核和平营地，丹麦妇女在维伯格（Vibog）附近的导弹营地旁安营扎寨。[2] 而随着美苏冷战逐步走向缓和，在欧洲爆发核战争已不再是一个紧迫的安全问题，英国妇女反核和平运动的浪潮也逐渐随之消退。

20世纪60年代是英国妇女运动发展的重要时期。英国妇女和平运动的发展出现了新形式。1969年，英国伦敦的妇女通过举行小规模集会表达对越南战争的抗议。这场新运动最显著的特色在于其组织方式：妇女集会以小团体的形式进行，有些是地区性团体，为了特定的事业而奋斗。但是大部分团体都参与某种形式的"提高觉悟"活动。正如女性主义者朱丽叶·米切尔（Juliet Mitchell）所言："妇女们怀着各自生活中难以名状的挫败感加入这场运动中来，发现自以为是个人困境的东西其实是一个社会困境。"[3]

---

1. Werner Kaltefleiter and Robert L. Pfaltzgraff, eds., *The Peace Movement in Europe and the United States*（London and Sydney: Croom Helm,1985），p.73.

2. April Carter, *Peace Movements:International Protest and World Politics since 1945*（London and New York：Longman Group,1992），p.129.

3.〔英〕玛格丽特·沃特斯:《女权主义简史》，朱刚、麻晓蓉译，外语教学与研究出版社,2015，第136页。

（四）英国妇女的赋权平权运动

20世纪60年代以来，英国国内的女性权益和赋权运动进一步发展。1962年，英国设立了妇女全国委员会（Women's National Commission），性别议题主要作为国内问题被加以研究和讨论。这一时期，英国女工仍普遍受到不平等的待遇，尤其是私企女工和国营部门中从事后勤体力劳动的女工，均是单独按照较低的工资取得报酬的。60年代中期，是欧洲乃至全球工人斗争风起云涌的年代。由于经济危机伴随着物价普遍大涨、失业率急升，英国也出现了以年轻工人为主力的此起彼伏的工潮。

这一时期，英国国内爆发了新妇女运动，主要包括妇女权利运动和妇女解放运动。前者主张在现存的政治经济体制内活动，希望通过团体压力的形式，敦促政府进行一系列改革。后者要求改变人们的思维和行动方式，解放所有受压迫者，让社会重新认识和评价妇女的作用。1968年，英国赫尔（Hull）的女工组织起来，要求政府改善当渔夫的丈夫的待遇。在达根汉姆（Dagenham）福特汽车公司，187名缝纫女工提出同工同酬的要求，并成立了"争取妇女联合行动委员会"。妇女工会成立"全国联合行动争取平等权利运动委员会"，并于1969年组织示威，促使政府于1970年通过同工同酬法。1970年，"全国妇女解放委员会"在牛津召开了第一次全国代表大会，提出24小时保育、工资平等、教育平等、自由避孕和流产的要求。这次会议为新妇女运动发展指明了方向。

英国政府颁布的一系列法令也对女性赋权平权起到重要作用。1970年，英国议会通过《平等工资法》；1975年通过的《反性别歧视法》和《就业保护法》，规定妇女在怀孕期间不得被解雇，有权获得产假工资，在产后

29周可重新回到原工作岗位。上述法令的颁布既是女权主义者和妇女运动施压的直接结果，也是英国各政党不断顺应和推动平权运动的结果。随着新妇女运动的蓬勃发展，许多政党为了赢得女性选票，都把争取男女平等作为目标之一。[1]

（五）零忍耐：英国反对家庭暴力行动

20世纪70年代以来，女权主义第二次浪潮关注并着力强调妇女的家庭权利和性权利。二战后，在西方发达国家中，英国是反对家庭暴力行动开始较早的国家。1976年，英国出台了《家庭暴力与婚姻诉讼法》。在英国反对家庭暴力的运动中，零忍耐运动具有举足轻重的地位。

1992年，英国零忍耐福利基金会（Zero Tolerance）组织了首次零忍耐运动，口号是"任何形式的暴力都是犯罪、妇女不应忍受任何暴力、社会不能容忍暴力、男人没有权力施暴、每个人都不应遭受暴力"。零忍耐运动呼吁政府制定广泛的、全国性的反对男人暴力的战略，并在大选和选举新一届议会前在苏格兰组织公开会议，以保证政治家们承诺制定反对对妇女的暴力的政策。这使零忍耐运动在各地获得了极大的支持，引起了广泛的关注，不仅在全英国开展起来，而且推广到英国之外。[2]英国在警察局成立了家庭暴力专职工作部门，专门为受到家庭暴力伤害的妇女提供支持，表明英国政府在家庭暴力立法防治方面建立了全面的立法模式和体系，说明了英国对家庭暴力立法的重视。

---

1. 刘梦：《战后英国的新妇女运动》，《西欧研究》1990年第6期，第53~55页。
2. 刘晓梅：《英国反家庭暴力的立法、实践及其启示》，《法学杂志》2006年第3期，第127~129页。

随着国际移民的增多，英国妇女组织对来自国外的移民中的家庭暴力问题十分关注，家庭暴力上升到了全球问题的高度。妇女援助（Women's Aid）的网站除英语之外，使用包括中文在内的10种外语。该组织教阅读者如何识别家庭暴力、寻求援助、入住避难所、申请保护等，还教阅读者在网上浏览有关反家庭暴力的知识。

此外，自20世纪70年代以来，英国许多大学开设了以妇女研究为中心的课程，并成立了"妇女研究中心"，开始从理论上研究、探讨妇女问题，使妇女研究成为一门新兴学科。1980年，肯特大学开授予妇女学硕士学位之先河。此后，埃塞克斯大学的社会学和社会历史学专业也开始授予妇女硕士或博士学位。目前，全英至少有30所大学已开设了妇女研究课程并授予学位。教学与科研相结合的教研体系在英国已初具规模，这从另一个侧面也体现出英国女性主义的深入发展。

第二节　联合国"妇女、和平与安全"议程的确立

联合国安理会第1325（2000）号决议是在联合国框架下通过的关于"妇女、和平与安全"议程的首个决议，具有里程碑意义。此后，截至2020年，联合国安理会又通过了9项关于妇女、和平与安全的决议，分别是第1820（2008）号决议、第1888（2009）号决议、第1889（2009）号决议、第1960（2010）号决议、第2106（2013）号决议、第2122（2013）号决议、第2242（2015）号决议、第2467（2019）号决议、第2493（2019）号决议。这些决议以参与、保护、预防、救济与恢复四大支柱为基本框架。

一 联合国安理会第1325（2000）号决议及其后续决议的通过

2000年10月，联合国安理会第1325（2000）号决议获得通过，它与此后20年间联合国安理会又陆续通过的九项决议，共同组成了联合国框架下的"妇女、和平与安全"议程。

（一）联合国安理会第1325（2000）号决议的通过

第二次世界大战结束后，联合国逐步成为推动世界妇女、和平与安全事务的一支重要力量。联合国对于妇女、和平与安全议题的讨论由来已久。1946年，联合国内部成立了妇女地位委员会（Commission on the Status of Women），作为经济与社会理事会的职能委员会，专门负责促进性别平等和提高妇女地位的相关工作。1979年，妇女地位委员会推动了《消除对妇女一切形式歧视公约》（The Convention on the Elimination of All Forms of Discrimination against Women）（以下简称《公约》）的通过。《公约》强调了妇女被纳入人权问题考虑范畴的重要性，要求尊重妇女公平的法律地位和生育权利。《公约》明文规定缔约国至少每四年向委员会提交一份国情报告。[1]1992年，妇女地位委员会提出了把"基于社会性别的暴力"作为"一种歧视形式"。1993年12月20日，联合国大会通过的《消除对妇女的暴力行为宣言》（第48/104号决议），第一次"对妇女的暴力行为"下了定义。"对妇女的暴力行为"一词系指对妇女造成或可能造成身心方面或性方面的伤害或痛苦的任何基于性别的暴力行为，包括威胁进行这类行为、强迫或任意剥夺自

---

1. 联合国大会：《消除对妇女一切形式歧视公约》，A/RES/34/180，1979年12月18日，参见 https://www.un.org/zh/documents/view_doc.asp?symbol=A/RES/34/180，最后访问日期：2020年10月8日。

由，而不论其发生在公共生活还是私人生活中。[1]

1975年墨西哥第一次世界妇女大会以"以行动谋求平等、发展与和平"为主题，指出男女平等是指男女在尊严和价值上的平等以及在权利、机会和责任上的平等。在1985年召开的联合国第三次世界妇女大会上，各国代表围绕妇女、冲突与和平问题展开了激烈的辩论。《到2000年提高妇女地位内罗毕前瞻性战略》进一步指出："平等不仅指法律平等和消除法律上的歧视，而且还指妇女作为受惠者和积极推动者参加发展的平等权利、责任和机会。"[2] 在1975~1985年"联合国妇女十年"期间通过的公约阐述了平等、发展与和平的关系，指出："充分和完全的发展，世界人民的福利以及和平的事业需要妇女与男子平等地、更充分地参加所有各方面的工作。"[3]

1995年9月，联合国第四次世界妇女大会在北京召开。会议通过了《北京宣言》（Beijing Declaration）和《行动纲领》（Platform for Action）。《北京宣言》明确提出："地方、国家、区域和全球的和平是可以实现的，是与提高妇女地位不可分开地联系在一起的，因为妇女是所有各级领导、解决冲突和促进持久和平的基本力量"；"认识到妇女在和平运动中发挥的领导作用"，[4] 应

---

1. 联合国大会：《消除对妇女的暴力行为宣言》，参见 http://www.un.org/zh/events/endviolence-day/declaration.shtml，最后访问日期：2020年10月8日。

2. 联合国：《联合国与提高妇女地位（1945—1995）》（蓝皮书系列 卷六），联合国新闻部,1995，第349页。

3. 联合国大会：《消除对妇女一切形式歧视公约》，A/RES/34/180，1979年12月18日，参见 https://www.un.org/zh/documents/view_doc.asp?symbol=A/RES/34/180，最后访问日期：2021年10月1日。

4.《北京宣言》第28条，参见 https://www.un.org/womenwatch/daw/beijing//pdf/Beijing%20full%20report%20C.pdf，最后访问日期：2020年10月8日。

在裁军等与和平、安全相关的重大议程中确保妇女的参与地位。"妇女与武装冲突"被列为12个重大关切领域之一。这次大会还提出五大战略目标：第一，促进妇女在决策阶层参与解决冲突并保护生活在武装冲突和其他冲突状态下或外国占领下的妇女；第二，裁减过多的军事开支并控制军备供应；第三，推动以非暴力方式解决冲突并减少冲突状态下侵犯人权的情况；第四，促进妇女对培养和平文化做出贡献；第五，保护、援助和培训难民妇女、其他需要国际保护的流离失所妇女和国内流离失所妇女。[1]《北京宣言》和《行动纲领》在应对妇女与武装冲突问题上起到了引领作用，为后来联合国安理会第1325（2000）号决议的出台提供了部分概念基础。

此外，联合国先后通过的《温得和克宣言》（Windhoek Declaration）及《纳米比亚行动计划》（Namibia Plan of Action）强调了男女平等参与和平进程的重要性，也是联合国安理会第1325（2000）号决议通过前，涉及妇女、和平与安全议题的重要纲领性文件。但此时，妇女、和平与安全问题尚未成为联合国安理会集中讨论的核心议题之一。

20世纪90年代以来，特别是随着冷战的终结，世界各地摩擦频繁，热战不断，大量无辜的妇女和女童沦为战争的牺牲品。妇女在战争与和平中的角色开始得到越来越多的关注和探讨。在此背景下，2000年10月，联合国安理会首次举行了关于"妇女、和平与安全"议题的公开辩论。10月24日，安理会第一次整场公开讨论"妇女、和平与安全"议题。会议主要围绕武装冲突如何影响妇女、妇女如何回应冲突、和平进程和冲突后重建以及如何制定

---

1. 第四次世界妇女大会、'95北京非政府组织妇女论坛丛书编委会编《第四次世界妇女大会重要文献汇编》，中国妇女出版社，1998，第230～242页。

战略规划以增强妇女的和平行动效力等问题进行了讨论。在会议上，联合国秘书长科菲·安南（Kofi Annan）强调，妇女、和平与安全议题综合了联合国任务的两个关键部分，即《联合国宪章》的精神以及男女权利平等。他认为，妇女对于和平与安全的潜在贡献被严重低估；和平与男女平等紧密相关；从预防冲突到解决冲突，再到冲突后和解，妇女在其中的代表性仍然严重不足。联合国助理秘书长兼性别问题和提高妇女地位问题特别顾问安吉拉·金（Angela King）进一步指出：没有两性平等就没有和平，没有和平与平等就没有发展。联合国妇女发展基金执行主任诺埃琳·海泽（Noeleen Heyzer）也指出，冲突与两性不平等的相互交织威胁了国际和平与安全。妇女在和平事业中发挥了领导作用，但她们的努力并未得到承认、支持或应有的报偿。[1]

2000年10月31日，联合国安理会在第4213次会议上通过了第1325（2000）号决议，第一次以正式法律文件的形式明确提出将性别观点纳入维持和平行动的主流，强调妇女平等地、充分地参与维和活动的重要性以及加强妇女在预防和解决冲突的决策方面作用的重要性。[2]决议表示关切受武装冲突影响的人，包括难民和国内流离失所者的绝大多数平民，特别是妇女和儿童，战斗人员和武装分子日益以他们为攻击目标。决议认识到这种情况对持久和平与和解的影响。决议重申妇女在预防和解决冲突及建设和平方面起重要作用，强调妇女平等参加和充分参与维持和促进和平与安全的一切努力至关重要，要加强妇女在有关预防和解决冲突的决策方面的作用，必须充分执行在

1.《安全理事会第四二〇八次会议临时逐字记录》，2000年10月24日，参见 https://undocs.org/zh/S/PV.4208，最后访问日期：2021年10月30日。

2. 联合国安理会：《第1325（2000）号决议》，S/RES/1325（2000），参见 http://www.un.org/zh/sc/documents/resolutions/00/s1325.htm，最后访问日期：2020年10月1日。

冲突中和冲突后保护妇女和女童权利的国际人道主义和人权法。决议确认亟须将性别观点纳入维持和平行动的主流。决议确定了参与、保护、预防以及救济与恢复四大支柱，[1]规定了"妇女、和平与安全"议程的基本框架。

联合国安理会第 1325（2000）号决议的通过是一个"历史性转折点"，是"希望的灯塔和团结的号召"。[2]有学者指出，联合国安理会第1325（2000）号决议是联合国、各国政府、社会和各利益攸关方在冲突中和冲突后环境下保障妇女权益的关键性国际文书，是应对妇女、和平与安全问题"具有历史意义的里程碑"。[3]

（二）联合国安理会第1325（2000）号决议的后续决议

此后，联合国安理会讨论并通过了9个后续相关决议，从而逐步形成并确立了"妇女、和平与安全"议程。

在联合国安理会第1325（2000）号决议通过后的第一个十年间，联合国安理会又通过了四个后续决议。联合国安理会第1820（2008）号决议强调性暴力是蓄意以平民为目标的一种战争策略；承认消除性暴力与保证持久的和平与安全之间的联系；呼吁训练部队在预防性暴力和对性暴力做出反应时，让更多妇女参与和平行动；强化维持和平部队人员对性剥削、虐待的零

---

1. "UN Security Council Resolution 1325（2000），" S/RES/1325（2000），https://undocs.org/en/S/RES/1325（2000），accessed on Aug. 1，2020.

2.《安全理事会第四八五二次会议临时逐字记录》，2003年10月29日，参见https://undocs.org/zh/S/PV.4852，最后访问日期：2021年10月30日。

3. 李英桃、金岳溪：《妇女、和平与安全议程——联合国安理会第1325号决议的发展与执行》，《世界经济与政治》2016年第2期，第37页；李英桃：《安理会1325号决议：应对妇女、和平与安全问题的里程碑》，《中国妇女报》，2015年8月25日。

容忍政策的执行。[1]联合国安理会第1888（2009）号决议强调加强执行第1820（2008）号决议，呼吁采取具体行动解决应对与冲突相关的性暴力问题的领导问题，制定了各种措施，包括请联合国秘书长任命一位特别代表，在关键冲突领域使用军事和社会性别专家团队；增强对冲突趋势的分析，报告和打击有罪不罚现象。[2]联合国安理会第1889（2009）号决议主张消除妇女参与和平进程的障碍，请秘书长提交用于全球一级监测安理会第1325（2000）号决议执行情况的指标；建议做出有效的财政及机构安排，以保障妇女充分、平等地参与建设和平进程。[3]联合国安理会第1960（2010）号决议呼吁终止武装冲突中的性暴力，特别是针对妇女和女童的性暴力；对联合国维持和平人员及人道主义人员的性剥削和性虐待行为采取零容忍政策；请秘书长继续提供和分发有关处理性暴力问题的指导原则，包括通过制裁和报告措施；鼓励会员国派更多女军人和女警员参加联合国维持和平行动。[4]

在联合国安理会第1325（2000）号决议通过后的第二个十年间，联合国安理会又通过了五个后续决议。联合国安理会第2106（2013）号决议强调追究冲突中性暴力犯罪者的责任，赋予妇女政治、社会和经济权能。[5]联合国安

---

1. 联合国安理会：《第1820（2008）号决议》，S/RES/1820（2008），参见 https://undocs.org/zh/S/RES/1820（2008），最后访问日期：2022年2月8日。

2. 联合国安理会：《第1888（2009）号决议》，S/RES/1888（2009），参见 http://undocs.org/zh/S/RES/1888（2009），最后访问日期：2021年10月30日。

3. 联合国安理会：《第1889（2009）号决议》，S/RES/1889（2009），参见 https://undocs.org/zh/S/RES/1889（2009），最后访问日期：2022年2月8日。

4. 联合国安理会：《第1960（2010）号决议》，S/RES/1960（2010）参见 http://undocs.org/zh/S/RES/1960（2010），最后访问日期：2021年10月30日。

5. 联合国安理会：《第2106（2013）号决议》，S/RES/2106（2013），参见 https://undocs.org/zh/S/RES/2106（2013），最后访问日期：2022年2月8日。

理会第2122（2013）号决议将性别平等和妇女赋权视为国际和平与安全的关键，承认冲突中所有侵犯行为对妇女和女童的不利影响，并呼吁一致让妇女、和平与安全贯穿整个安理会的工作。[1] 联合国安理会第2242（2015）号决议主张建立非正式专家组（IEG）；消除实施"妇女、和平与安全"议程的持续障碍，包括融资和体制改革；侧重于加强"妇女、和平与安全"议程与反恐和打击暴力极端主义的整合；呼吁改进安全理事会关于妇女、和平与安全的工作方法。[2] 联合国安理会第2467（2019）号决议将与冲突有关的性暴力问题放到更广泛的"妇女、和平与安全"议程中考察；强调正义和问责制；呼吁支持和保护妇女组织；呼吁关注因强奸而生的儿童问题。[3] 联合国安理会第2493（2019）号决议呼吁全面执行以往所有关于妇女、和平与安全的决议；要求联合国针对妇女参与联合国支持的所有和平进程制定具体办法；敦促会员国确保并及时支持妇女充分、平等和有意义地参与和平进程的所有阶段，包括参与为执行和监测和平协定而设立的机制。[4]

（三）联合国安理会决议对于维持和平行动的强调

2002年10月，联合国安理会通过了《关于妇女、和平与安全报告》（S/2002/1154）。报告重申将男女平等问题纳入维和行动和冲突后重建的主流

---

1. 联合国安理会：《第2122（2013）号决议》，S/RES/2122（2013），参见 https://undocs.org/zh/S/RES/2122（2013），最后访问日期：2022年2月8日。

2. 联合国安理会：《第2242（2015）号决议》，S/RES/2242（2015），参见 https://undocs.org/zh/S/RES/2242（2015），最后访问日期：2022年2月8日。

3. 联合国安理会：《第2467（2019）号决议》，S/RES/2467（2019），参见 https://undocs.org/zh/S/RES/2467（2019），最后访问日期：2022年2月8日。

4. 联合国安理会：《第2493（2019）号决议》，S/RES/2493（2019），参见 https://undocs.org/zh/S/RES/2493（2019），最后访问日期：2022年2月8日。

的重要性，承诺将性别观点纳入所有维和特派团的任务规定中。报告认为有
必要在总部任命级别更高的性别问题顾问，承诺在其访问冲突国家和地区的
代表团职权范围中纳入性别观点。报告主张建立一个关于性别问题专家以及
冲突国家和地区妇女团体和网络的数据库，并酌情在小组中加入性别问题专
家。报告承认妇女在促进和平，尤其在维护社会秩序和进行和平教育方面的
重要作用；谴责在武装冲突局势中侵犯妇女和女童人权的一切行为，包括性
暴力，包括以此作为战略性和战术性战争武器的做法，这些做法增加了妇女
和女童感染性传播疾病和艾滋病毒/艾滋病的危险。[1]

　　2003年10月29日，在联合国安理会关于"妇女、和平与安全"的公开
辩论中，联合国主管维持和平行动的副秘书长让-马里·盖埃诺（Jean-Marie
Guéhenno）指出，联合国维持和平行动将主要集中于联合国安理会第1325
（2000）号决议所强调的五大领域：增加维持和平行动中的妇女人数；将两性观点
纳入维持和平行动；在对两性问题的认识和艾滋病毒/艾滋病问题方面提供培训；
通过采取有效的预防行动和对任何不端行为做出严厉的反应来加强维持和平人员
的纪律；打击贩卖人口行为。[2]此后，他还指出：维持和平行动中穿制服的女性工
作人员的数量仍然太少。截至2004年6月，在会员国派驻联合国维持和平行动
的军事人员和民事警察人员中，妇女仅占1%和5%。在联合国所有和平行动中
的国际文职人员中，妇女所占比例从2002年的24%仅升至2004年的27.5%。[3]

---

1. 联合国安全理事会：《安全理事会主席的声明》，S/PRST/2002/32，参见 https://www.un.org/
chinese/aboutun/prinorgs/sc/sdoc/02/sprst32.htm，最后访问日期：2021年10月30日。
2.《安全理事会第四八五二次会议临时逐字记录》，2003年10月29日，参见 https://undocs.org/zh/
S/PV.4852，最后访问日期：2021年10月30日。
3.《安全理事会第五〇六六次会议临时逐字记录》，2004年10月28日，参见 https://undocs.org/zh/
S/PV.5066，最后访问日期：2021年10月30日。

妇女参与维持和平行动的必要性和重要性主要体现在四个方面。第一，女性维和人员的增加有助于改善维持和平行动的总体表现。联合国维和人员多样性的增加和能力的提升，意味着他们能够更好地做出决策，取得更好的成果，从而提升维和行动的效率，改善其表现。第二，女性维和人员更容易接触到受害者。女性维和人员可以通过采访和支持性别暴力和儿童暴力的受害者，更好地接触到妇女和儿童等群体，从而获取一般情况下难以得到的重要信息。第三，女性维和人员能更好地服务社区，帮助防止和减少冲突与对抗。联合国维和人员的多样性可以促进社区成员参与行动。多样化的维持和平行动有助于解决冲突对妇女生计造成的不良影响，并通过有效满足冲突中和冲突后环境下的妇女需求，为解决冲突带来新视角和新举措，包括满足女性前战斗人员和儿童兵在复员和重返平民生活过程中的需求等。第四，女性维和人员有助于社区建立信任和信心，激励他人并树立榜样。女性维和人员是在地方社区建立信任和信心、为当地妇女增加机会与支持的重要推动力。特别在禁止妇女与男性交谈的社会，女性维和人员可通过与妇女互动发挥作用。在收容社区中，女性维和人员是冲突后环境下妇女和女童的有力指导者和行为楷模，为她们树立了维护自身权利和从事非传统职业的榜样。

妇女参与维持和平行动是联合国所倡导的性别议题主流化的主要内容之一。随着维持和平行动的不断发展，妇女已日益成为维和大家庭的一员，她们的加入使行动更加有效。妇女被部署在警务、军事和文职等领域，对维持和平环境产生了积极影响，在支持妇女建设和平和保护妇女权利等方面发挥了作用。2002年12月11日，联合国大会57/129号决议确定5月29日为联合国维持和平人员国际日。2020年，联合国维持和平人员国际日的主题是"妇女参与维持和平：和平的关键"，旨在纪念联合国安理会关于妇女、和平与安全的第1325（2000）号决议通过20周年。同年8月，联合国安理会通过第2538（2020）号决议，敦促联合国会员国、联合国秘书处以及地区组织共同促进女性充分参与维和行动，敦促会员国和联合国秘书处为女性参与维和行动提供安全的工作环境和物质条件，支持针对女性维和人员的培训。[1]

小 结

西方的妇女权利理论由来已久。在过去一百多年中，西方的妇女运动，特别是争取选举权运动蓬勃发展。妇女进入工厂，参与社会经济生产并开始要求更多地参与政治生活和政治事务，乃至在全球性问题上力求发出自己的声音。和平与安全等传统的"高政治"议题开始逐渐与妇女问题交织在一起。[2]

自近代以来，英国女性主义运动一直蓬勃发展。特别是19世纪，英国妇女经过不断的努力和斗争，最终初步赢得了选举权，标志着英国妇女争取政治权益的运动取得重大胜利。进入20世纪，两次世界大战期间，英国各界妇女在投入战时各行各业工作岗位的同时，也参与反战运动，成为维护世界和平的一支重要力量。在这一过程中，战争与和平的问题也成为英国女性主义者思考的一个重要话题。

---

1. 联合国安理会：《第2538（2020）号决议》，S/RES/2538（2020），参见https://undocs.org/zh/S/RES/2538（2020），最后访问日期：2022年3月19日。

2. Barbara Miller, Milad Pournik and Aisling Swaine, "Women in Peace and Security through United Nations Security Resolution 1325: Literature Review, Content Analysis of National Action Plans, and Implementation," Washington DC: The George Washington University, 2014, p.6.

第二次世界大战以来，特别是冷战结束后，国际关系发生深刻变化。将战争与和平截然二分，单纯强调国家安全，特别是国家军事安全的传统国际关系已无法很好地解释、解决国际关系中出现的新问题。武装冲突频发，战争和冲突对于妇女和儿童的影响日益显现，国际社会开始逐步认识到妇女、和平与安全同国际和平与安全之间的密切关联。有学者指出，妇女的社会地位是多种社会网络和家庭能力的反映，因此在妇女地位相对高的社会，她们有更多机会在建设和平进程中表达自己的意见，并能更广泛地参与维持和平行动。这种更高水平的参与又成为联合国维持和平行动可以利用的巨大的社会资本，从而带来更好的成功前景。[1]这一观点有助于解释英国在"妇女、和平与安全"议程上的作用和影响。进入21世纪，联合国引领各国，共同致力于推动全球"妇女、和平与安全"议程的进一步发展，英国在其中的重要作用也逐步凸显。

---

1. Theodor-Ismene Gizelis, "Gender Empowerment and United Nations Peacebuilding," *Journal of Peace Research* 46（2009）: 505–523.

第二章 英国落实"妇女、和平与安全"议程的核心主张

英国是女性主义产生和发展较早的西方国家之一。但长久以来,性别议题主要是英国国内问题,而妇女运动也主要发生在英国国内和欧洲地区。联合国安理会第1325(2000)号决议及其后续决议的通过,标志着"妇女、和平与安全"议程的逐步确立,该议程逐渐从国内"低政治"的场域进入国际"高政治"的场域。[1]在这一过程中,英国既是联合国安理会决议的履行者,也同时作为倡议者和推动者发挥着特殊的作用。

第一节 英国关于妇女、和平与安全的基本立场

英国既是联合国创始国之一,也是联合国安理会五大常任理事国之一。作为常任理事国,英国不仅参与联合国安理会的会议,在联合国各项活动中发挥较大作用,并且参与联合国安理会议程的制定。"妇女、和平与安全"是

1.李英桃:《女性主义和平学》,上海人民出版社,2006,第147页。

英国一直主张列入联合国安理会议程的特别优先事项，并提出了将"冲突中的性暴力"纳入"妇女、和平与安全"议程等一系列相关决议的建议。

一 英国积极参与联合国安理会"妇女、和平与安全"大会辩论

在联合国"妇女、和平与安全"议程形成和发展过程中，联合国安理会每年就妇女、和平与安全议题举行1~3次公开辩论或大会。在联合国官网安全理事会"会议记录"中查询，可知自2000年10月24日联合国安理会第4208次会议就妇女、和平与安全议题进行首次公开辩论，至2022年1月18日联合国安理会第8948次会议以"保护参与：针对和平与安全进程中以妇女为目标的暴力"为主题的大会辩论，联合国安理会共举行了45次公开辩论和大会，讨论"妇女、和平与安全"问题。英国代表参与了所有大会辩论或讨论，并围绕"四大支柱"的相关内容做出了回应。

在构建"妇女、和平与安全"议程的进程中，英国多次在安理会公开辩论中提出将妇女参与和平与安全进程作为主流观点，推动了"妇女、和平与安全"议程的发展。英国代表在安理会公开辩论中多次提议在预防和早期预警机制中加强性别问题的中心地位；主张提高妇女在和平谈判以及决策中的地位；强调对冲突地区妇女的保护和援助；主张冲突后妇女的平等与权利等相关问题的处理成为联合国的紧要任务之一；强调在冲突后的局势中支持和加强维护妇女权利的法律制度的建设，从而为妇女创造更加安全、持续性更强的环境；认为武装冲突后和平建设的进程中，促进两性平等、确保冲突中遭受性暴力和基于性别的暴力伤害的妇女获得平等与正义的对待尤为重要，强调对于遭受武装冲突及冲突后的妇女与女童给予同等的尊重与权利；等等。

英国率先提出多项关于"妇女、和平与安全"议程的具体议题。为加强联合国安理会第1325（2000）号决议的落实与执行，提出并推进"防止冲突中性暴力倡议"（Preventing Sexual Violence in Conflict Initiative，PSVI），制止有罪不罚的现象，消除冲突中性暴力受害者的污名化，等等。英国主持举办了首次"制止冲突中性暴力全球峰会"（End Sexual Violence in Conflict Summit），首次提出女性的性健康与生殖健康服务是女性公共服务的重要组成部分，率先支持对于冲突中性暴力的调查与文献收集。总之，通过一系列与"冲突中的性暴力"主题相关的活动和举措推动联合国"妇女、和平与安全"议程的落实和推广。

英国是推动联合国主导下的"妇女、和平与安全"议程不断发展的主要国家之一。联合国倡导下的"妇女、和平与安全"议程是一项全球性任务，其中既有国家的参与，也包括地区性国际组织等各类机构。在实践中，英国政府就"妇女、和平与安全"议程的发展与联合国、北约、欧盟、欧安组织及其他国际、区域、次区域组织开展多边行动，为各项措施提供政治支持。英国作为北约成员国之一，推动了联合国安理会第1325（2000）号决议成为2012年北约国家元首与政府首脑芝加哥峰会（The 2012 Heads of State and Government Summit in Chicago）的议程之一。在这次峰会上，北约理事会决定就北约履行该决议制订计划。在地区层面，关于妇女、和平与安全的行动影响了国际或区域组织及其成员国。在国际层面，英国对联合国安理会第1325（2000）号决议及后续决议均给予支持，充分利用本国政府的国际影响力，在国际决策机构内部进行游说，推动各会员国达成共识以推动议程的发展。

英国利用担任联合国安理会轮值主席的时机推动多项有关"妇女、和平与安全"议程的决议的通过。2013年，英国担任联合国安理会轮值主席国期间，推动了联合国安理会第2106（2013）号和第2122（2013）号决议的通过。联合国安理会第2106（2013）号决议强调了联合国系统在"预防冲突中的性暴力"方面的作用，并敦促将有关妇女、和平与安全的内容纳入联合国维和行动的政治行动范畴。[1]联合国安理会第2122（2013）号决议提出三大目标：加强安理会在"妇女、和平与安全"议程中做出的承诺，在冲突解决与和平建设进程中增加妇女的领导和参与，重申联合国安理会将在2015年进行高层讨论。[2]

英国在推进解决"冲突中的性暴力"议题上与联合国保持互动。英国与联合国妇女发展基金（UNIFEM）积极合作，提供资金支持。英国政府长期致力于发展性别平等。联合国框架是英国不断推进解决"冲突中的性暴力"问题的一项重要的机制。联合国安理会第1325（2000）号决议通过后，英国政府与联合国妇女署（UN Women）保持密切的伙伴关系，坚持确保赋予妇女经济权利，为女性提供领导和参与的机会，重视消除对妇女和女童一切形式的暴力，优先考虑女童教育以及关注女性性健康与生殖健康等。英国是联合国妇女署发起的相关项目的资助者。长期以来，英国政府位列为联合国妇女署提供资金支持的国家的前五名，是联合国妇女署关于妇女、和平与安全项目的支持者。英国在推动联合国妇女地位委员会（CSW）的相关项目上也发挥了重要作用。

---

1. 联合国安理会：《第2106（2013）号决议》，S/RES/2106（2013），参见 https://undocs.org/zh/S/RES/2106（2013），最后访问日期：2022年2月8日。

2. 联合国安理会：《第2122（2013）号决议》，S/RES/2122（2013），参见 https://undocs.org/zh/S/RES/2122（2013），最后访问日期：2022年2月8日。

二 联合国四大支柱框架下英国的基本立场

从内容上看，联合国安理会第1325（2000）号决议规定了关于"妇女、和平与安全"议程的四大支柱。一是预防，即在冲突和冲突后的局势中防止对妇女和女童一切形式的结构性暴力和身体暴力，包括性别暴力和性暴力。二是参与，即将妇女及女童的利益纳入与预防、管理和解决冲突相关的决策进程，注重妇女与男子平等参与，尤其在国家、地方、区域和国际各级的和平与安全决策进程中促进两性平等。三是保护，即在受冲突影响的局势中保护和促进妇女和女童的权利，妇女和女童的安全、身心健康和经济安全需要得到保障，其人权应得到保障。四是救济与恢复，即在冲突和冲突后局势中，妇女和女童的具体救济需求要得到满足，妇女在救济和恢复中充当代理人的能力应得以加强。

（一）英国关于"预防"的基本立场

联合国安理会第1325（2000）号决议为将两性平等问题纳入所有和平进程的主流，包括维持和平、建设和平和冲突后重建工作以及维护和平与安全的总体工作，提供了全球框架。[1]此后，关于"妇女、和平与安全"议程的各项决议，例如联合国安理会第1820（2008）号决议、第1888（2009）号决议、第1960（2010）号决议、第2106（2013）号决议和第2467（2019）号决议，对"冲突中的性暴力"问题持续关注。但毋庸置疑，联合国安理会第1325（2000）号决议具有开创性和里程碑意义，后来的决议必须同第1325号决议一

1.《安全理事会第六一九六次会议临时逐字记录》，2009年10月5日，参见http://documents-dds-ny.un.org/doc/UNDOC/PRO/N09/541/35/pdf/N0954135.pdf?OpenElement，最后访问日期：2022年2月12日。

同执行。[1]无论是在对"妇女、和平与安全"议程的早期讨论中,还是对以"冲突中的性暴力"为核心的议题的关注,英国作为讨论的参与者、决议的推动者,均强调预防的重要性,其基本立场主要体现在以下三方面。

第一,主张将性别考虑作为主流议题贯彻从预防冲突到冲突后重建的全过程。2002年7月25日,在联合国安理会关于"妇女、和平与安全"的大会辩论中,英国代表杰里米·格林斯托克爵士(Sir Jeremy Greenstock)在会议总结阶段强调了将性别观点融入联合国整个活动的必要性。[2]在2003年10月29日联合国安理会关于妇女、和平与安全的公开辩论中,英国代表埃米尔·琼斯·帕里爵士(Sir Emyr Jones Parry)指出,妇女不仅仅遭受冲突的影响,而且在很多方面是实现和平的关键。他主张,应全面和彻底地将性别考虑作为主流的组成部分纳入与冲突有关的各个领域的工作,包括从预防冲突到冲突后重建。英国已为所有派往维和特派团的工作人员进行了有关性别、儿童保护及人权问题的强制培训。英国已开始寻找女性干事及专家,把她们部署到维和特派团以及其他防止冲突、解决冲突特派团中。2001年以来,英国政府设立了两个防止冲突的资源库,包含资金共计2亿多美元,汇集了英国政府所有部门的资源及专长,由国防部、国际发展部、外交和联邦事务部以及内阁办公室共同开展一致、连贯、有针对性并且经过强化的活动,以解决预防冲突问题。英国强调两性平等对于预防冲突能起到极为重要的作用,主张由上述资源库支持的所有活动必须吸纳两性平等的观念,并认为需要不断表达这

---

1. 李英桃:《女性主义和平学》,上海人民出版社,2012,第148页。
2.《安全理事会第四五八九次会议临时逐字记录》,2002年7月25日,参见 https://undocs.org/zh/S/PV.4589,最后访问日期:2022年2月10日。

一观点，直至其深入人心。英国主张提高有关妇女能够在和平建设与重建中发挥积极作用的认识，而不是仅仅把妇女描绘为冲突的受害者。[1]

2021年10月21日，在联合国安理会关于妇女、和平与安全的公开辩论中，英国强调应充分让妇女全面、平等和切实地参与决策，让妇女全面、平等和切实参与所有和平努力，强调增加妇女维和人员和提高妇女领导作用不仅是一个重要优先事项，而且应势在必行。英国将致力于展示在"妇女、和平与安全"议程上的领导作用，并确保这一议程、这一优先事项成为贯穿于英国解决冲突、建设安全与稳定局面以及最终实现世界和平的所有工作的金线。[2]

第二，主张建立武装冲突中性暴力事件的定期上报及早期预警机制。联合国安理会第1325（2000）号决议的通过，是解决日益严重的性暴力行为的基础。2008年6月19日，在联合国安理会关于"冲突中的性暴力"议题的公开辩论中，秘书长潘基文（Ban Ki-moon）首先指出，在安理会第1325（2000）号决议通过近八年之后，沦为冲突中性暴力受害者的妇女和女童的人数仍不断增加，令人震惊。性暴力是对脆弱的冲突后国家中妇女安全的严重威胁，同时破坏巩固和平的努力。同年3月，联合国启动了一项制止针对妇女的暴力的全球运动，目的是处理一切针对妇女的暴力现象，包括武装冲突中的恶劣性暴力行径。同时，为了回应妇女团体、强奸受害者等的呼吁，联合国将召集十多个联合国实体，采取协调一致的行动——"联合国反对冲突中

1.《安全理事会第四八五二次会议临时逐字记录》，2003年10月29日，参见https://undocs.org/zh/S/PV.4852，最后访问日期：2021年10月30日。
2.《安全理事会第八八八六次会议临时逐字记录》，2021年10月21日，参见https://undocs.org/zh/S/PV.8886，最后访问日期：2022年2月2日。

的性暴力行动"。在6月19日的会议上,英国代表斯科特兰女男爵(Baroness Scotland)进一步提出,安理会应针对武装冲突中的双方提出切实措施以防止性暴力,并提议安理会应要求各会员国定期上报武装冲突中的性暴力事件以便更好地了解如何加以预防。[1]

在英国等国的倡议和推动下,这一时期联合国安理会较为密集地通过了诸如第1820(2008)号决议、第1888(2009)号决议、第1960(2010)号决议等一系列关于性暴力的重要决议。其中安理会第1960(2010)号决议还特别决定任命瓦斯特伦(Ms. Margot Wallström)女士为冲突中的性暴力问题特别代表,她与法治和性暴力问题专家小组共同设立机构,以帮助预防和应对与冲突有关的性暴力行为。联合国大会还将每年的6月19日确定为"消除冲突中性暴力行为国际日"。

2011年10月28日,在联合国安理会关于妇女、和平与安全的公开辩论中,英国代表马克·莱尔·格兰特爵士(Sir Mark Lyall Grant)一方面赞扬联合国妇女署在制定制止冲突中性暴力行为的指标和建立战略框架中所取得的进展;另一方面,更重要的是,英国强调预警和预防系统是预防和处理与冲突有关的性暴力的重要工具,指出联合国在预防冲突和预警方面需要做出更多努力的必要性。他认为英国有责任利用联合国可利用的一切手段防止冲突的爆发或复发,联合国应领导会员国在预防冲突和早期预警方面做更多切实有效的工作。[2]

1.《安全理事会第五九一六次会议临时逐字记录》,2008年6月19日,参见 https://undocs.org/zh/S/PV.5916,最后访问日期:2021年10月30日。

2.《安全理事会第六六四二次会议临时逐字记录》,2011年10月28日,参见 https://undocs.org/zh/S/PV.6642,最后访问日期:2022年2月9日。

2012年2月23日，在联合国安理会的公开辩论中，英国代表格兰特爵士首次提出应建立针对与冲突有关的性暴力的早期预警信号框架，主张将其纳入现有的和新的早期预警和预防系统。[1]2014年4月25日，在联合国安理会以"冲突中的性暴力"为主题的公开辩论中，英国代表威尔逊（Mr. Wilson）指出，预防冲突中的性暴力是预防冲突的更广泛的工作的重要组成部分，是文明世界各国政府和公民的道德义务，只有各国政府保证提供支持，齐心协力，加大国际协调，为记录和调查性暴力行为建立强有力的机制，才能够取得最终成功，而联合国在这方面发挥领导作用至关重要。[2]

第三，主张通过外部培训加强对冲突中性暴力的预防。2015年10月13日，在联合国安理会关于妇女、和平与安全的公开辩论中，英国代表维尔马女男爵（Baroness Verma）表示，英国确保未来所有相关的军事学说都将具有性别议题的敏感性。截至2016年11月，英国部署在海外特派团的所有部队均须接受了有关妇女、和平与安全以及预防性暴力的培训。英国正通过"英国和平支援行动培训中心"提供外部培训，并定期提供更多关于妇女、和平与安全以及防止性暴力的培训，这有助于进一步加强对于冲突中性暴力的预防。维尔马表示，英国正加强国防部的性别问题顾问队伍的建设，并确保到2016年9月，所有预警和冲突分析与评估工具完全达到具有对性别问题的敏感度。2015年至2020年，推动"防止冲突中性暴力倡议"并制定关于这一

1.《安全理事会第六七二二次会议临时逐字记录》，2012年2月23日，参见 https://undocs.org/zh/S/PV.6722，最后访问日期：2022年2月23日。

2.《安全理事会第七一六〇次会议临时逐字记录》，2014年4月25日，参见 https://undocs.org/zh/S/PV.7160，最后访问日期：2022年2月9日。

议题的国际议定书是英国积极努力的一项重要议题。[1]

2016年6月2日，在联合国安理会以"在与冲突有关性暴力情形下就人口贩运问题采取对策"为主题的大会辩论中，英国代表里克罗夫特（Rycroft）提出四个应对步骤，其中特别强调了作为第二步骤的确保军队和安全部队能够预防和应对性暴力问题的重要性，并指出英国在帮助伊拉克、马里等国加强外部培训方面已做出了努力。[2]此后，在2018年4月16日联合国安理会关于妇女、和平与安全的大会辩论中，英国代表凯伦·皮尔斯（Karen Pierce）女士指出，英国所发起的"防止冲突中性暴力倡议"和制止冲突中的性暴力全球首脑峰会对预防冲突和建设和平具有重要意义。在此基础上，英国计划在2019年举行国际会议，以使该议题继续成为全球的关注点。[3]

（二）英国关于"参与"的基本立场

受战争影响的妇女并不仅仅是战争的受害者，她们还可以为解决冲突、冲突管理与和平建设做出巨大贡献。在联合国安理会第1889（2009）号决议、第2122（2013）号决议、第2242（2015）号决议和第2493（2019）号决议中，联合国安理会关于"妇女、和平与安全"议程讨论的核心在于"安全"支柱。在这一过程中，英国的基本立场主要体现在以下三方面。

第一，认为女性团体在和平谈判中的代表权对于建立可持续性和平与安

1.《安全理事会第七五三三次会议临时逐字记录》，2015年10月13日，参见 https://undocs.org/zh/S/PV.7533，最后访问日期：2022年2月9日。

2.《安全理事会第七七〇四次会议临时逐字记录》，2016年6月2日，参见 https://undocs.org/zh/S/PV.7704，最后访问日期：2022年2月9日。

3.《安全理事会第八二三四次会议临时逐字记录》，2018年4月16日，参见 https://undocs.org/zh/S/PV.8234，最后访问日期：2022年2月2日。

全至关重要。2002年10月29日,在联合国安理会的公开辩论中,英国代表杰里米·格林斯托克爵士指出,受战争影响的妇女不仅仅是战争的受害者,她们还能对冲突解决、冲突管理和建设和平做出重大贡献;主张把妇女视为和平进程中的潜在参与方;英国的经验是北爱尔兰妇女团体在和平进程中发挥的重要作用。[1]1998年《北爱尔兰和平协议》(Northern Ireland Peace Agreement 1998),标志着北爱尔兰人口居多的亲英国的新教徒与亲爱尔兰的天主教徒之间结束了长达30年的分裂与冲突。在《北爱尔兰和平协议》的和平谈判中,莫妮卡·麦克威廉斯(Monica McWilliams)和其他北爱尔兰妇女联盟(The Northern Ireland Women's Coalition)的成员等少数妇女留在谈判桌前完成了谈判。[2]

在2008年10月29日的公开辩论中,英国代表凯伦·皮尔斯指出,妇女的充分参与是有关有效性与成功的问题。妇女为谈判的实质内容以及当地务实的建设和平的努力带来了重要的技能和观点。妇女充分参与的和平进程更有可能产生持久的解决办法。尽管联合国安理会已认识到妇女在预防和解决冲突方面的重要作用,但在和平进程中,特别是在女性参与维和行动上,女性的参与还需要进一步推进。[3]2016年10月25日,在联合国安理会第7793次会议的讨论中,英国代表里克罗夫特重申妇女在维持和平和在建设和平方面发挥重要作用,仍须在联合国维和特派团和英国本国军队的谈判桌上采取相应行动。英国代表认为,让女性出现

1.《安全理事会第四六三五次会议临时逐字记录》,2002年10月29日,参见https://undocs.org/zh/S/PV.4635%28Resumption1%29,最后访问日期:2022年2月10日。

2. 李英桃主编《女性主义国际关系学》,浙江人民出版社,2006,第123页。

3.《安全理事会第六○○五次会议临时逐字记录》,2008年10月29日,参见https://undocs.org/zh/S/PV.6005,最后访问日期:2021年10月30日。

在谈判桌上是致力于解决冲突和维护和平的一项正确而有效的行为；英国强调正是在本国的推动下，在也门联合国特使能够雇用一名妇女政治参与专家；同时，还强调致力于到2020年使联合国维和行动中女性人数增加一倍。[1]

第二，强调对包括维和人员在内的所有人员进行性别议题培训的重要性和在和平进程中保证妇女充分参与的重要性。英国政府在联合国公开辩论中多次明确表示对女性参与和平与安全进程的支持。"妇女、和平与安全副议会团体"（Associate Parliament Group on Women, Peace and Security）建议内政部通过与国际警察咨询委员会合作，增加女性警官的招聘与部署，研究部署女性警官的作用与女性警官的贡献，列出国防部、警方，包括联合国特派团中需要增加的妇女人数，以制订下一步计划。为积极响应、贯彻联合国安全理事会第1325（2000）号决议，英国同北约、联合国、非盟、欧盟等区域组织展开多方合作，共同推动"妇女、和平与安全"议程的发展。此外，关于建立妇女、和平与安全专项基金的建议被再次提出。英国政府提议建立专项基金以表明对有关性别平等、妇女和女童的基本权利的计划的支持。女性参与对所有国家行动方案的监测与评估，对于确定和了解进程中的进步、挑战、机遇与差距以及为英国政府的政策与规划提供依据至关重要。

2000年10月24日，在联合国安理会首次关于"妇女、和平与安全"的公开辩论中，英国代表格兰杰（Grainger）指出三大要点。一是如何在安理会的日常工作中确保妇女和女童的权利及其具体关切得到适当考虑并采取行动；他主张在针对具体国家问题定期向安理会的汇报中包含性别问题的分析。二是如何

1.《安全理事会第七七九三次会议临时逐字记录》，2016年10月25日，参见 https://undocs.org/zh/S/PV.7793，最后访问日期：2022年2月9日。

将性别观点纳入维持和平行动的目标和组织机构；他主张应将性别专门知识纳入维持和平行动，维和行动人员应被授权并获得资源以处理妇女特别关切的问题，维持和平行动还应在这些领域与非政府组织和当地社会密切合作。三是主张不应陷入把妇女和女童仅看作武装冲突受害者这一"陷阱"，认为妇女团体充分参加各级别和平谈判，对于建立持久和平与安全至关重要。英国将推进联合国妇女发展基金作为妇女参与和平进程催化剂的能力建设。[1]此后，英国提出联合国各部门应将性别视角纳入主流，并承担起在各自领域中领导与性别有关的行动的责任，以推动联合国安理会第1325（2000）号决议进程。英国主张将联合国关于妇女、和平与安全的工作纳入更广泛的人道主义框架内，并提议联合国设立代表团，以监督将性别平等主流化的执行情况。

2002年7月25日，英国担任联合国安理会关于妇女、和平与安全的大会辩论的轮值主席。在会议的总结意见中，英国又强调了让妇女参与维和行动、和平进程、人道行动和冲突后重建的所有阶段的重要性，以及共同努力对联合国维和人员进行性别意识培训的重要意义，并认为联合国维和部门的手册应得到及时更新和执行。[2]在2003年10月29日的公开辩论中，英国继续强调对包括维和人员在内的所有人员进行强制性性别议题培训的重要性。英国代表埃米尔·琼斯·帕里爵士指出，联合国安理会第1325（2000）号决议"不仅是致力于为妇女工作的重要声明，也是希望的灯塔和号召"。[3]他以此表明联

1.《安全理事会第四二○八次会议临时逐字记录》，2000年10月24日，参见 https://undocs.org/zh/S/PV.4208，最后访问日期：2022年2月7日。

2.《安全理事会第四五八九次会议临时逐字记录》，2002年7月25日，参见 https://undocs.org/zh/S/PV.4589，最后访问日期：2022年2月10日。

3.《安全理事会第四八五二次会议临时逐字记录》，2003年10月29日，参见 https://undocs.org/zh/S/PV.4852，最后访问日期：2021年10月30日。

合国框架下"妇女、和平与安全"议程的重要地位。英国已积极寻找女性官员和专家,把她们部署到维和特派团以及其他预防冲突与解决冲突的特派团。在这一过程中,英国国防部、国际发展部、外交和联邦事务部共同为联合国行动提供支持。

2004年10月28日,在联合国安理会关于妇女、和平与安全的公开辩论中,英国代表埃米尔·琼斯·帕里爵士特别强调了妇女的充分参与对于维持持久和长期稳定的重要性,认为应致力于确保在冲突的各个阶段为妇女提供参与和平进程的机会,包括从早期停火谈判到安全部门的改革以及法治的恢复。他认为维和行动的任务还应包括对妇女和女童人权状况的监测。英国代表还推广了英国妇女、和平与安全的海外实践行动。他指出,英国正在研究如何最好地利用2005年担任西方八国集团和欧盟轮值主席国的机会来确保该决议更广泛地执行。他表示,英国正在制定一项执行第1325(2000)号决议的国家行动计划,并将发展、人道主义防卫和外交工作紧密联系起来。[1]

2009年9月30日,联合国安理会通过的第1888(2009)号决议呼吁针对性暴力采取行动。而该决议是建立在安理会第1820(2008)号决议基础之上的。联合国安理会第1820(2008)号决议首次承认消除性暴力与构建可持续和平与安全之间的联系。英国代表约翰·索沃斯爵士指出,联合国安理会第1820(2008)号决议标志着妇女、和平与安全向前迈出了具有里程碑意义的一步。[2]2010年,正值联合国安理会第1325(2000)号决议通过十周年,英国

1.《安全理事会第五〇六六次会议临时逐字记录》,2004年10月28日,参见https://undocs.org/zh/S/PV.5066,最后访问日期:2021年10月30日。

2.《安全理事会第六一九五次会议临时逐字记录》,2009年9月30日,参见https://undocs.org/zh/S/PV.6195,最后访问日期:2021年10月30日。

在第二份国家行动计划中做出以下承诺:加强妇女在英国政府处理冲突的机制和进程中的作用;努力加强国际社会履行承诺的力度;继续发挥英国在多边和区域组织中的有力倡导作用。同时,还宣布任命一位专责打击海外暴力侵害女性行为的部长级官员,并指出在和平进程中英国女性成员的人数比例仍不足。[1]

此后两年,在联合国安理会关于妇女、和平与安全的公开辩论中,英国代表继续强调,妇女参与政治活动与和平进程、在武装冲突局势中保护妇女和女童以及妇女获得安全和正义是保证和平与稳定的基本组成内容,要求所有特派团的特别代表和特使应与妇女组织进行定期磋商,认为在所有冲突解决和建设和平的进程中,必须听取妇女组织的声音并考虑其需求。[2]针对叙利亚长久以来的动荡局势,英国发布方案,主张为防止叙利亚性暴力、改善性暴力幸存者的医疗服务而努力。英国政府主张叙利亚妇女应获得平等的尊重并参与到和平进程的谈判中,鼓励实施致力于减少性暴力风险的方案,加强与基层组织的合作,支持与保护叙利亚妇女参与和平建设的倡议。[3]

第三,主张通过支持和资助联合国妇女发展基金项目等方式增强妇女参与和平进程的能力。联合国妇女发展基金成立于1976年,在联合国框架下,致力于实现性别平等,为保护妇女人权、妇女政治权利以及提高经济保障的

1.《安全理事会第六四五三次会议临时逐字记录》,2010年12月16日,参见 https://undocs.org/zh/S/PV.6453,最后访问日期:2021年10月30日。

2.《安全理事会第七〇四四次会议临时逐字记录》,2013年10月18日,参见 https://undocs.org/zh/S/PV.7044,最后访问日期:2021年10月30日。

3《安全理事会第六八七七次会议临时逐字记录》,2012年11月30日,参见 https://undocs.org/zh/S/PV.6877,最后访问日期:2021年10月30日。

创新项目与政策提供经济与技术资助。[1]联合国妇女发展基金活动的重点是支持促进性别平等的国际承诺在国家层面的执行。为实现这一目标，联合国妇女发展基金主要在以下领域开展工作：加强妇女的经济安全和经济赋权；消除对妇女的暴力行为；改善艾滋病病毒在妇女和女童中的传播；在战争与和平时期的民主治理中实现性别平等。[2]联合国妇女发展基金对于妇女领导权的支持有两个优先议题。一是和平与安全，包括在预防和早期预警机制中加强性别议题的中心地位；增强对冲突地区受害妇女的保护和援助；使妇女观点和性别观点成为和平进程中的核心。二是性别公正，在冲突后和平重建中支持性别公正。为了确保性别平等成为政策制定以及宪法、选举和司法改革的有机组成部分，妇女有必要获得权利，平等地参与领导和政治决策。

自联合国安理会第1325（2000）号决议通过后，联合国妇女发展基金与多个会员国及区域组织就落实"妇女、和平与安全"议程展开合作，致力于促进妇女经济权利的保障、强化妇女经济能力以及为妇女提供参与和平进程的机会。英国政府始终关注联合国妇女发展基金发起的相关项目，并积极提供资金支持。英国提供针对维和部队性别敏感的培训，女性参与和平谈判、维和行动、警署任务等项目能力的培训，通过上述培训使妇女参与和平进程中的各项工作，从而实现落实联合国决议精神的目标。

英国是联合国妇女发展基金的资助者。2000年10月24日，在联合国安理

1.《联合国妇女发展基金》，参见 https://www.un.org/chinese/esa/women/unifem.htm，最后访问日期：2022年2月14日。

2. UNIFEM，"Multilateral Aid Review: Assessment of United Nations Development Fund for Women（UNIFEM）/ UN Women，"参见 https://assets.publishing.service.gov.uk/government/uploads/system/uploads/attachment_data/file/67634/unifem.pdf，最后访问日期：2022年2月14日。

会关于妇女、和平与安全的公开辩论中,英国代表格兰杰(Grainger)指出,应通过推动联合国妇女发展基金的建设,来发挥其作为妇女参与和平进程催化剂的作用。[1] 此后,英国政府着手制定资助联合国妇女发展基金的方案,以帮助提高妇女参与和平进程的能力。2001年,英国政府花费2亿美元创建了两个预防冲突库,以汇集所有部门的资源与专业知识。通过这些资源英国政府能够为联合国的相关活动提供支持,包括帮助维和部队编写手册、开展性别敏感意识的培训、将性别观点纳入当地行动的主流,使联合国妇女发展基金能够更好地响应妇女参与和平建设和性别平等的倡议。

英国国际发展部[2]是负责英国对外援助的职能机构,主要职能为"促进可持续发展,消除世界贫困",聚焦贫穷和疾病、大规模移民、不安全和冲突等国际议题。其工作包括通过资助、提供更好的教育等来改善女童和妇女的生活,为发展中国家防止对妇女和女童的暴力行为的项目提供援助。据统计,英国国际发展部向联合国妇女发展基金提供的年度捐款额为300万英镑。英国国际发展部还提供360万英镑,用以加强妇女在和平建设以及在"防止冲突中性暴力倡议"中的作用。2009年,英国成为联合国妇女发展基金的第四大捐助国,捐款额为955万英镑。[3]

1.《安全理事会第四二〇八次会议临时逐字记录》,2000年10月24日,参见 https://undocs.org/zh/S/PV.4208,最后访问日期:2022年2月7日。

2. 英国国际发展部(DFID)成立于1997年,是英国首相布莱尔任职期间从外交和联邦事务部中分离出来的部门,主要负责管理海外援助项目,致力于可持续发展和消除世界贫困。2020年6月12日,英国首相约翰逊将国际发展部同外交和联邦事务部合并,建立"外交、联邦与发展办公室"(Foreign, Commonwealth and Development Office)。

3. UNIFEM,"Multilateral Aid Review: Assessment of United Nations Development Fund for Women(UNIFEM)/ UN Women,"参见 https://assets.publishing.service.gov.uk/government/uploads/system/uploads/attachment_data/file/67634/unifem.pdf,最后访问日期:2022年2月14日。

2011年10月28日，在联合国安理会关于妇女、和平与安全的公开辩论上，英国代表格兰特爵士承诺英国在未来两年向联合国妇女署捐款1600万美元用于支持制止"冲突中的性暴力"工作。[1]这使得英国首次成为联合国妇女署的第二大捐资国。同时，英国国际发展部还提供325万英镑用于资助妇女、和平与安全项目。项目地区集中在利比里亚、海地、乌干达和东帝汶，项目内容聚焦三方面：1.在建设和平的过程中，在社区、国家和国际层面，确保妇女的安全并提高她们的声音；2.在地方警察、国家安全服务和维和工作中，强调保护妇女的制度化建设；3.通过改进设计和运用指标来加强执行联合国安理会第1325（2000）号决议和1820（2008）号决议的责任。[2]在2015年10月13日联合国安理会的大会辩论中，英国代表维尔马女男爵提到，英国将向妇女、和平与安全及人道主义行动全球加速融资机制提供100万美元启动资金，并将连续两年每年再提供80多万美元，支持伦敦经济学院妇女、和平与安全中心从事新的研究。[3]

2016年11月，英国国际发展部宣布，英国政府将向联合国和相关国际基金捐赠575万英镑，用以帮助部分最贫穷国家的妇女和女童免遭暴力侵害。英国向"联合国消除对妇女暴力行为信托基金"捐赠275万英镑，用于应对基于性别的暴力问题，让更多女性得到法律援助和医疗保障。此外，英国还捐赠

1.《安全理事会第六六四二次会议临时逐字记录》，2011年10月28日，参见 https://undocs.org/zh/S/PV.6642，最后访问日期：2022年2月9日。

2. FCO, "UK Government National Action Plan on UNSCR 1325 Women, Peace and Security Annual Review," p.12, https://www.peacewomen.org/sites/default/files/unitedkingdom_nationalactionplan_feb2012revised.pdf,accessed on Aug.31,2020.

3.《安全理事会第七五三三次会议临时逐字记录》，2015年10月13日，参见 https://undocs.org/zh/S/PV.7533，最后访问日期：2021年10月30日。

300万英镑,并和部分国家的地方组织开展合作,解决女性割礼、女童早婚和强迫婚姻等问题。[1]

（三）英国关于"保护"的基本立场

冲突给妇女和女童造成的伤害最为严重。由于可保障女性安全的国际人权和人道主义标准极少被执行,女性群体得不到应有的保护,导致即使在冲突之后,妇女和女童仍处于较为危险的环境中,这些威胁将持续损害和平与安全建设的长期前景。英国认为这是安理会当前面临的一项重要任务和挑战,并在联合国安理会的大会辩论中表达了以下三方面的基本立场。

第一,多次强调要保护妇女和女童免受冲突中的性暴力和基于性别的暴力的侵害。2002年10月28日,在联合国安理会关于妇女、和平与安全的公开辩论中,英国代表杰里米·格林斯托克爵士在报告中强调了保护冲突中的妇女和女童的重要性。报告指出,目前男女之间的不平等现象以及歧视妇女和女童的模式都趋于使她们在武装冲突中的处境更加糟糕,妇女和女童特别容易遭受性暴力和性剥削。报告建议以最有力的方法打击对妇女和女童的性剥削。他指出,受战争影响的妇女不仅是战争的受害者,还能对冲突解决、冲突管理和建设和平做出重大贡献,应把妇女视为和平进程中的潜在参与方,强调民间社会在促进和平与重建、保护妇女权利方面的重要角色。他认为推动性别平等不只是妇女的责任,主张重建必须以人权原则和非歧视为基础,支持增加满足女童士兵需要的方案数量,主张到 2015 年前实现所有和平行动领域

---

1. 中国驻英国大使馆:《英国政府捐款帮助贫穷国家女性免遭暴力侵害》,参见 http://www.xinhuanet.com//world/2016-11/28/c_1120004758.htm,最后访问日期:2022年2月7日。

男女对半的性别平衡目标，主张建立性别专家数据库。[1]

2007年10月23日，在联合国安理会题为"力求协调一致及切实有效地执行安全理事会第 1325（2000）号决议"的大会辩论中，英国代表皮尔斯强调了基于性别的暴力问题。她指出，英国将继续推动联合国安理会第1325（2000）号决议在联合国及国际社会的实施；安理会在保护妇女免受基于性别的暴力方面可发挥关键作用；安理会若不解决基于性别的暴力问题，其议程上确保许多国家长期和平与安全的能力定会受限；要长期解决基于性别的暴力问题，联合国安理会第 1325（2000）号决议必须得到充分实施且国际社会真正将性别问题主流化，实现两性平等。[2]此后，在2008年6月19日联合国安理会关于妇女、和平与安全的大会辩论中，英国进一步强调了对于基于性别的暴力的关注。英国代表斯科特兰女男爵指出，性暴力是妇女和儿童在冲突中面临的最恶劣暴行之一。

性暴力越来越多地被蓄意当作一种战争工具，而不只是冲突的不幸后果，其发生的规模更大。面对性暴力和基于性别的暴力不断加剧的形势，英国政府主张，联合国安理会应在性暴力问题上展示出四方面的领导力：一是承认普遍和系统的性暴力有可能对国际和平与安全构成威胁；二是确保各国均允许妇女参与所有与解决冲突和建设和平相关的进程；三是提出冲突各方可采取的防止性暴力的实际措施，并确保将犯下此种罪行的人绳之以法，包括维和人员和交战人员；四是对武装冲突局势中的性暴力问题定期提供最新情况

1.《安全理事会第四六三五次会议临时逐字记录》，2002年10月29日，参见https://undocs.org/zh/S/PV.4635%28Resumption1%29，最后访问日期：2021年10月30日。

2.《安全理事会第五七六六次会议临时逐字记录》，2007年10月23日，参见https://undocs.org/zh/S/PV.5766，最后访问日期：2021年10月30日。

报告，以加强预防和保护。[1]

2010年12月16日，英国代表格兰特爵士在大会辩论中强调，保护妇女免遭暴力（特别是性暴力）的侵害是有效解决和预防冲突的必要组成内容，并特别赞扬联合国秘书长冲突中的性暴力问题特别代表马戈特·沃尔斯托姆，认为正是她作为全球倡导者的角色使得"防止性暴力"这一问题在公众中备受关注，对保护冲突地区的妇女产生了重要影响。保护女性免受暴力，尤其是性暴力，是有效解决和预防冲突的关键一步。英国同时主张应将政治承诺落实为持久的行动。[2]

第二，主张加强问责制，加强防止有罪不罚现象的制度性保障，提高妇女在司法部门的代表性。2004年10月，在联合国安理会第5066次会议上，联合国妇女发展基金执行主任诺埃琳·海泽（Noeleen Heyzer）强调性别司法的重要性。她指出，国际社会已充分认识到强奸和对妇女施行的其他形式的暴力被系统地用作一种战争武器；冲突时期针对性别的暴力，是从和平时代到战争时代暴力的延续；现在正处在一个历史关口，有机会使法治和女性观点成为和平进程的重要因素；性别司法要求把性别观点纳入司法工作的每一个层面。她强调了关于冲突后局势中性别司法问题的三个领域：一是必须在联合国和平行动的酝酿、规划和执行的所有阶段加强妇女的参与并纳入性别问题；二是必须制定办法确保联合国维和人员的职责和问责；三是性别司法必

1.《安全理事会第五九一六次会议临时逐字记录》，2008年6月19日，参见 https://undocs.org/zh/
S/PV.5916，最后访问日期：2021年10月30日。

2.《安全理事会第六四五三次会议临时逐字记录》，2010年12月16日，参见 https://undocs.org/zh/
S/PV.6453，最后访问日期：2021年10月3日。

须成为联合国系统内的一项优先任务，必须加强机构安排，加快进度。[1]

　　在2011年10月28日联合国安理会的大会辩论中，英国代表格兰特爵士指出，妇女参与政治解决与和平进程、在武装暴力情势下保护妇女和女童及使妇女得到安全保障和司法服务，是建设更加和平与稳定的社会的必要基石。[2]在2012年2月23日联合国安理会针对《秘书长关于与冲突有关的性暴力的报告》（S/2012/33）的大会辩论中，英国代表强调加强问责制和防止有罪不罚的制度性保障，主张与会员国合作改善法治进程，确保将实施性暴力者绳之以法，认为只有打击有罪不罚现象，并将与冲突有关的性暴力肇事者绳之以法，才能伸张正义。英国代表主张必须让冲突各方均认识到，是暴力实施者而非幸存者必须付出代价，呼吁各国建立法治问题专家小组，认为这将为保护女性免受迫害提供巨大帮助。[3]

　　2013年10月18日，在联合国安理会关于"受冲突影响局势中的妇女、法治和过渡时期司法"的大会辩论中，英国代表强调加强妇女的领导权和赋权的重要性，同时主张恢复法治和治理制度，认为这对于保护妇女的平等权利和建立一个更加稳定、安全和公正的社会至关重要。她们认为妇女在司法部门中具有至关重要的代表性，必须努力消除障碍，以便妇女能够在正常和传统的环境中诉诸司法。英国与基层组织、地方和平建设者一同开展工作，为

<hr/>

1.《安全理事会第五〇六六次会议临时逐字记录》，2004年10月28日，参见 https://undocs.org/zh/S/PV.5066，最后访问日期：2021年10月30日。

2.《安全理事会第六六四二次会议临时逐字记录》，2011年10月28日，参见 https://undocs.org/zh/S/PV.6642，最后访问日期：2021年10月30日。

3.《安全理事会第六七二二次会议临时逐字记录》，2012年2月23日，参见 https://undocs.org/zh/S/PV.6722，最后访问日期：2021年10月30日。

保护女性及儿童提供基本保障。[1]此后，在纪念联合国安理会第1325（2000）号决议通过20周年的会议上，英国再次强调要维护冲突后幸存者的权利并追究肇事者的责任，认为必须解决刑事司法系统内的偏见，增强法官与检察官的能力，这样才能更好地解决与冲突相关的性暴力问题。

第三，主张通过社会及行动网络搭建保护女性和平建设者的框架。强调发挥社会力量推进"妇女、和平与安全"议程，是英国长期坚持的立场，英国在联合国安理会的辩论中不断重申这一立场。2018年10月25日，联合国安理会举办题为"促进落实'妇女、和平与安全'议程，并通过增强妇女政治和经济权能保持和平"的公开辩论，英国代表皮尔斯女士强调社会组织的重要作用。[2]2019年4月23日，在联合国安理会题为"冲突中的性暴力"大会辩论中，英国代表艾哈迈德勋爵（Lord Ahmad）强调了英国发起"防止冲突中性暴力倡议"的作用和影响，还强调民间社会应发挥重要作用，同时也迫切需要把全面的生殖和性保健也包括进去。[3]同年10月29日，在联合国安理会的公开辩论中，英国代表再次强调了民间社会的作用未能得到广泛认可的问题，再次指出性健康和生殖健康服务是所有国家针对妇女的公共服务的重要组成部分，也是确保妇女能够在国家建设中发挥真正平等作用的重要方面。[4]2020

1.《安全理事会第七〇四四次会议临时逐字记录》，2013年10月18日，参见https://undocs.org/zh/S/PV.7044，最后访问日期：2021年10月30日。

2.《安全理事会第八三八二次会议临时逐字记录》，2018年10月25日，参见https://undocs.org/zh/S/PV.8382，最后访问日期：2022年2月2日。

3.《安全理事会第八五一四次会议临时逐字记录》，2019年4月23日，参见https://undocs.org/zh/S/PV.8514，最后访问日期：2022年2月2日。

4.《安全理事会第八六四九次会议临时逐字记录》，2019年10月29日，参见https://undocs.org/zh/S/PV.8649，最后访问日期：2022年2月2日。

年10月，在联合国安理会关于"妇女、和平与安全"议程的线上会议上，英国代表，中东和北非事务国务大臣詹姆斯·克莱弗利（James Cleverly）进一步指出，英国支持国际社会行动网络搭建保护女性和平建设者的框架。[1]

（四）英国关于"救济与恢复"的基本立场

对女性的暴力行为本身就是犯罪，是实现长期和平与安全的一大障碍，因此女性的声音与需求应作为国家行为的一部分。冲突发生后，遭受最大迫害的往往是女性与儿童。国际社会仍需要更好地调动人力与财力资源以支持冲突后的国家，为受难的女性以及儿童提供帮助与服务。英国关于"救济与恢复"支柱的基本立场主要体现在以下三方面。

第一，主张通过教育、就业和参与政治进程等全面增强妇女权能。英国明确表示支持女性参与冲突解决的各个阶段，从早期停火谈判到安全部门的改革以及法治的恢复。在2006年10月26日的大会辩论中，英国代表帕里爵士指出，妇女充分参与巩固和平对于长期持续稳定至关重要，但是，这还远远不够，重要的是妇女的权利，妇女作为受害者的权利必须得到尊重。因此，对妇女在冲突后局势中面临的所有问题必须做出反应。英国鼓励通过第1325（2000）号决议所确定的教育、就业和参与政治进程等增强妇女的能力。[2]

2018年4月16日，在联合国安理会举行的题为"通过增强权能、性别平等和司法救助防止冲突中性暴力"大会辩论中，英国代表皮尔斯女士强调了

1.《2020年10月31日安全理事会主席给秘书长和安全理事会成员国常驻代表的信》，S/2020/1084，2020年10月31日，参见https://undocs.org/zh/S/2020/1084，最后访问日期：2022年2月12日。

2.《安全理事会第五五五六次会议临时逐字记录》，2006年10月26日，参见https://undocs.org/zh/S/PV.5556，最后访问日期：2022年2月11日。

教育问题。她指出,教育很重要,尤其是对女童而言,而创造一个性别平等、妇女充分享有各项权利、没有歧视性态度行为和习俗的全球环境有助于实现这一目标。英国致力于在外交上帮助其他国家实现让所有女童享有12年优质教育的目标。英国正在将发展援助投资于女童教育,有助于建立一个更安全、更繁荣的世界,可减少冲突,促进稳定。[1]同年10月25日,在联合国安理会举行的题为"促进落实妇女、和平与安全议程,通过增强妇女政治和经济权能保持和平"的公开辩论中,英国代表皮尔斯女士指出,妇女政治和经济赋权问题从根本上说是经济问题;英国已向妇女开放所有军事职位,正接近武装部队中女性人数占15%的目标。她还强调教育平权的作用,英国已开展一项"不让任何女童掉队"的活动,其目标是通过高质量的教育,包括紧急情况下的教育,来增强妇女和女童的权能。[2]

第二,强调对冲突后地区女性权益保护活动和项目的资助。英国一直致力于为救济冲突后的女性及儿童提供资金支持。在2015年10月13日联合国安理会的大会辩论中,英国代表维尔马女男爵提到,英国倡导采取行动路线图,以确保在保护妇女和女童工作中取得积极成果。[3]同时,英国将与其他国家政府合作,共同制定更加有效的多边应对政策。英国与联合国专家和司法小组合作开展一场运动,针对遭受性暴力的女性幸存者,让她们通过在民间组织、联合国机构工作来去除身负的污名,并给予她们应有的尊严。英国还发布了

1.《安全理事会第八二三四次会议临时逐字记录》,2018年4月16日,参见https://undocs.org/zh/S/PV.8234,最后访问日期:2022年2月2日。

2.《安全理事会第八三八二次会议临时逐字记录》,2018年10月25日,参见https://undocs.org/zh/S/PV.8382,最后访问日期:2022年2月2日。

3.《安全理事会第七五三三次会议临时逐字记录》,2015年10月13日,参见https://undocs.org/zh/S/PV.7533,最后访问日期:2022年2月2日。

《全球行动原则：预防和解决与冲突相关的性暴力幸存者污名化问题》，旨在提高政策制定者对于幸存者污名化这一问题的认识。

2020年10月29日，在联合国安理会题为"纪念联合国安理会第1325号决议通过20周年"的会议上，英国中东和北非事务国务大臣詹姆斯·克莱弗利指出，英国是第1325（2000）号决议的执笔方，充当了"妇女、和平与安全"议程的先锋，是"妇女、和平与安全"议程令人自豪的倡导者，要全力支持妇女有意义地参与和平进程。英国为英联邦网络中的女性调解人拨出100万英镑专款，并将继续支持倡导妇女参与和平行动的"埃尔西倡议"。面临新型冠状病毒肺炎（COVID-19）带来的额外威胁，英国政府与"和平与安全性别行动"共同承诺提供25万英镑的资金，对在全球新冠肺炎疫情之下受冲突影响的国家开展研究。[1]

第三，主张通过帮助他国制定国家行动计划来落实联合国"妇女、和平与安全"议程。2010年12月16日，在联合国安理会关于妇女、和平与安全的大会辩论中，英国代表马克·莱尔·格兰特爵士强调英国新版国家行动计划将注重支持优先国家的妇女权益保护。英国将努力加强国际社会履行承诺的力度，并继续发挥英国在多边和区域组织中的有力倡导作用。[2]2011年，英国在联合国大会上表明，支持尼泊尔政府制定国家行动计划，认为该计划旨在为遭受性暴力的妇女和儿童提供必要的支持与救治。在2013年的公开辩论中，英国代表认为英国在刚果（金）采用流动法院和

1.《大不列颠及北爱尔兰联合王国中东和北非事务国务大臣詹姆斯·克莱弗利的发言》，2020年11月5日，https://www.undocs.org/zh/S/2020/1084，最后访问日期：2022年2月2日。

2.《安全理事会第六四五三次会议临时逐字记录》，2010年12月16日，参见https://undocs.org/zh/S/PV.6453，最后访问日期：2022年2月2日。

在尼泊尔采用律师助理支援团体取得了较为成功的效果。在2015年10月13日联合国安理会的大会辩论中,英国代表维尔马女男爵指出,英国将继续帮助其他国家政府制定、实施落实联合国安理会第1325(2000)号决议的行动计划,并评估其影响。[1]

第二节　英国关于防止"冲突中的性暴力"的行动倡议

大量事实表明,受战争影响的妇女是战争的最大受害者。最典型的例子就是有预谋的系统化的性暴力。此外,战争还造成了大量难民,其中绝大部分是妇女和儿童,即使在难民群体中,妇女也时常遭受不公平的待遇。[2]正如众多女性主义学者所提及的,妇女和儿童在战争和国内冲突中极为脆弱,无论是在战争中她们逃离家园时,还是在难民营时,或者在国内迁移时均如此。男人去打仗,许多家庭就在混乱中分离。妇女必须独自支撑家庭,其脆弱性很容易被利用。在跨越边界时,妇女可能被迫遭受强奸这一"通过的代价"。即使在难民营,妇女因为缺乏经济权利而不得不遭受性剥削。许多妇女发现自己处于缺乏保护的冲突和混乱的暴力文化中。[3]

1.《安全理事会第七五三三次会议临时逐字记录》,2015年10月13日,参见 https://undocs.org/zh/S/PV.7533,最后访问日期:2022年2月2日。

2. 梁文敏:《妇女与战争——对西方女性主义战争观的理解与反思》,《世界经济与政治》2006年第12期,第40~45页。

3. L.Shank and M.J. Schull, "Rape in War: The Humanitarian Response," *Canadian Medical Association Journal* 163(2000):1152.

联合国安理会第1325（2000）号决议制定了关于"妇女、和平与安全"的基本原则，搭建了基本框架。针对"冲突中的性暴力"问题，联合国决议呼吁武装冲突各方采取特别措施保护妇女和女童在武装冲突局势下免受基于性别的暴力，特别是强奸和其他形式的性凌虐以及所有其他形式的暴力；强调所有国家都有责任终止有罪不罚现象，并起诉种族灭绝这一危害人类的犯罪行为和包括对妇女和女童施加性暴力和其他暴力在内的战争罪行为。[1]

对"冲突中的性暴力"进一步的讨论是在联合国安理会第1325（2000）号决议通过之后进行的。2004年10月28日，联合国安理会在声明中强烈谴责在武装冲突局势中继续发生的基于性别的暴力行为，谴责在武装冲突局势中侵犯妇女和女童人权的所有行为以及使用性剥削、性暴力和性凌虐手段的行为，重申妇女在预防冲突方面的重要作用，主张在所有维持和平的行动中将性别观点主流化，把社会性别观点纳入提交安理会的每一份专题报告和国家报告内。该声明认为在预防冲突、维持和平和建设和平行动中，以及在人道主义应急行动的所有方面，都迫切需要增加妇女的参与。声明呼吁确认妇女在促进和平方面做出的重要贡献和她们在重建过程中发挥的作用，确认民间社会对联合国安理会第1325（2000）号决议执行工作所做出的重要贡献，并鼓励会员国继续同民间社会，尤其是地方妇女网络和妇女组织协力合作，加强执行工作。[2]

此后，联合国安理会陆续通过了第1820（2008）号决议、第1888

---

1. 联合国安理会：《第1325（2000）号决议》，S/RES/1325（2000），参见 https://undocs.org/zh/S/RES/1325（2000），最后访问日期：2022年2月13日。

2. 安全理事会：《安全理事会主席的声明》，S/PRST/2004/40，参见 https://undocs.org/zh/S/PRST/2004/40，最后访问日期：2021年10月30日。

（2009）号决议、第1960（2010）号决议、第2106（2013）号决议和第2467（2019）号决议。五个决议均聚焦于"冲突中的性暴力"，从而在这一议题上搭建起了重要的全球性平台。在这一过程中，英国通过多种途径扮演着推动者和倡议者的角色。

一 "防止冲突中性暴力倡议"的提出

针对女性的暴力是全世界范围内践踏人权的行径之一。武装冲突对女性造成的伤害程度始终重于男性。性暴力越来越多地被视为战争、夺权的一种手段，而性暴力给女性带来的是身体上与心理上的双重创伤。在保护妇女和预防针对妇女的冲突方面，呼吁防止性暴力一直是联合国安理会"妇女、和平与安全"议程中的一项主要内容。1995年，第四次世界妇女大会《行动纲领》指出，"针对妇女的暴力行为阻碍实现平等、发展与和平的目标"，"针对性别的暴力行为，例如殴打和其他家庭暴力、性虐待、性奴役和性剥削、国际贩卖妇女和儿童、强迫卖淫和性骚扰……宗教、宗教极端主义和恐怖主义造成的对妇女暴力行为，都不符合人的尊严和价值，必须加以打击和铲除"。[1]在武装冲突的背景下，针对妇女、儿童的暴力，特别是性暴力问题，以及难民和境内流离失所问题一直是国际社会关注的焦点。

2008年6月19日，联合国安理会通过了第1820（2008）号决议，2009年9月30日联合国安理会通过了第1888（2009）号决议。两份决议的主题分别为"妇女和平与安全：要求武装冲突各方停止对包括妇女在内所有平民的一切

---

1. 第四次世界妇女大会、'95北京非政府组织妇女论坛丛书编委会编《第四次世界妇女大会重要文献汇编》，中国妇女出版社，1998，第220~221页。

性暴力"和"妇女和平与安全：防止性暴力"。前者"强调性暴力是蓄意以平民为目标的一种战争策略……呼吁对此采取零容忍"；[1]后者则"呼吁采取具体行动解决与冲突相关的性暴力的领导问题"。[2]2010年12月16日，联合国安理会通过的第1960（2010）号决议也呼吁终止武装冲突中的性暴力，特别是针对妇女和女童的性暴力，并请秘书长继续下达有关处理性暴力问题的指导准则。[3]

英国在联合国安理会大会辩论中呼吁消除"冲突中的性暴力"和有罪不罚的现象，并推动了联合国安理会在通过的相关决议中对此加以关注。2007年3月7日，在联合国安理会辩论中，英国代表皮尔斯女士指出，针对女性的性暴力与基于性别的暴力问题不仅与受害者相关，与肇事者和有罪不罚现象同样有较大关联。[4]2009年9月30日，联合国安理会通过的第1888（2009）号决议，对于对冲突中对妇女与儿童实施性暴力或基于性别的暴力的行为者有罪不罚的现象采取了进一步措施，联合国设立负责冲突中性暴力问题秘书长特别代表办公室，以领导联合国冲突中的法治及性暴力问题专家小组，协助各国政府推进决议进程；尤其是针对问责与有罪不罚的现象设立专家小组。[5]在2010年12月16日通过的联合国安理会第1960（2010）号决议，再次提及各

---

1. 联合国安理会：《第1820（2008）号决议》，S/RES/1820（2008），参见 https://undocs.org/zh/S/RES/1820（2008），最后访问日期：2020年8月1日。

2. 联合国安理会：《第1888（2009）号决议》，S/RES/1888（2009），参见 https://undocs.org/zh/S/RES/1888（2009），最后访问日期：2020年8月1日。

3. 联合国安理会：《第1960（2010）号决议》，S/RES/1960（2010），参见 https://undocs.org/zh/S/RES/1960（2010），最后访问日期：2020年8月1日。

4.《安全理事会第五六三六次会议临时逐字记录》，2007年3月7日，参见 https://undocs.org/zh/S/PV.5636，最后访问日期：2022年2月2日。

5. 联合国安理会：《第1888（2009）号决议》，S/RES/1888（2009），参见 https://undocs.org/zh/S/RES/1888（2009），最后访问日期：2020年8月1日。

国存在有罪不罚的现象,指出只有为数不多的施暴者被绳之以法。性暴力会给幸存者蒙上污名,阻碍和平与安全的恢复。决议重申必须杜绝有罪不罚现象才有可能摆脱与防止武装冲突。[1]

2012年5月29日,英国外交和联邦事务大臣威廉·黑格(William Hague)首次提出"防止冲突中性暴力倡议"。倡议指出:"解决冲突地区的性暴力将对于在世界范围内防止冲突、建设和平起到核心作用。"[2]倡议旨在提高人们对武装冲突中针对妇女、男性、女童和男童的性暴力程度的认识,采取全球行动,提高国际凝聚力,增强各国反对有罪不罚文化的政治意愿和能力,增加对施暴者的惩罚并确保对幸存者的支持。[3]"防止冲突中性暴力倡议"的目标是通过一场全球运动来根除强奸作为战争武器的现象,消除对犯罪者有罪不罚的现象,阻止和预防性暴力,支持和承认幸存者,并改变助长这些罪行的全球态度。[4]倡议直接推动了联合国对于性暴力的预防及应对进程的发展。

同时,英国适时地将"防止冲突中性暴力倡议"纳入国家行动计划之中。2012年10月,在英国国家行动计划年度审核报告中专门提及"防止冲突中性暴力倡议"议题。报告明确指出"防止冲突中性暴力倡议"的三项主要任务:

---

1. 联合国安理会:《第1960(2010)号决议》,S/RES/1960(2010),参见 https://undocs.org/zh/S/RES/1960(2010),最后访问日期:2020年8月1日。

2. FOC, "UK Government National Action Plan on UNSCR 1325 Women, Peace&Security Annual Review Oct. 2012," p.11,参见 http://www.fco.gov.uk/resources/en/pdf/global-issues/nap-wps-review-oct-2012,最后访问日期:2020年8月1日。

3. HM Government, "About Us:PSVI,"参见 https://www.gov.uk/government/organisations/preventing-sexual-violence-in-conflict-initiative/about,最后访问日期:2022年2月12日。

4. HM Government, "Preventing Sexual Violence in Conflict: Next Steps,"参见 https://www.gov.uk/government/speeches/preventing-sexual-violence-in-conflict-next-steps,最后访问日期:2022年2月12日。

一是利用2013年英国作为八国集团轮值主席国的机会，通过持续的外交行动来"挑战"对性暴力犯罪者的豁免权；二是建立新的英国专家小组来调查冲突地区的性暴力情况；三是在世界范围内提高人们对该问题的关注意识。[1]审核报告进一步提出三项核心内容。一是提高国家解决性暴力问题的能力。主张组成一个包括律师、医生、社会心理专家、性别咨询专家等在内的英国专家小组，前往叙利亚、利比亚、马里、波黑和刚果（金），评估并指导这些国家从事调查性暴力犯罪工作的专业人员的工作。二是建议制定总体战略，即把"防止冲突中性暴力倡议"和"反对针对妇女和女童的暴力"相结合，形成英国政府在这一议题上的优先权。三是以在世界范围内促进妇女、和平与安全意识的提高作为英国国家行动计划的努力目标。

在英国"防止冲突中性暴力倡议"的推动下，2013年10月18日，联合国安理会通过第2122（2013）号决议。决议再次强烈谴责武装冲突中和冲突后所有针对和（或）直接影响平民（包括妇女和女童）的违反国际法的行为，包括强奸和其他形式的性暴力和性别暴力、杀害和致残、阻碍人道主义援助和大规模强迫流离失所；鼓励联合国相关实体提供适当的指导或培训单元，包括以联合国部署行动前的情况设想为基础，进行预防性暴力和性别暴力问题的培训。[2]

自2016年以来，联合国秘书长每年编写一份关于武装冲突中和冲突后的性暴力状况的全球报告。报告列举了涉嫌实施了与冲突有关的性暴力行为的

---

[1]. FCO, "UK Government National Action Plan on UNSCR 1325 Women Peace &Security Annual Review Oct. 2012," p.11, 参见http://www.fco.gov.uk/resources/en/pdf/global-issues/nap-wps-review-oct-2012, 最后访问日期：2020年8月1日。

[2]. 联合国安理会：《第2122（2013）号决议》，S/RES/2122（2013），参见https://undocs.org/zh/S/RES/2122（2013），最后访问日期：2022年2月12日。

各方名单，并跟踪各方承诺的落实情况。2017年3月19日，联合国秘书长安东尼奥·古特雷斯指出："性暴力威胁到每个人的生命尊严以及人类的和平与安全。"[1]为进一步防止冲突中的性暴力，联合国特别为维和部队制定培训策略，该培训旨在为联合国的维和军警人员提供对性暴力有效预防和应对的关键信息，使他们在性别视角上更好地理解自己的职责，保护平民不受性暴力侵害，从而进一步加强对与冲突有关的性暴力的预防和问责。

二 "制止冲突中性暴力全球峰会"的召开

"制止冲突中性暴力全球峰会"是首次以冲突中的性暴力为议题举行的政府间国家元首级会议，其重要性不言而喻。英国作为本次会议的倡议者和主持者，充分利用西方八国集团会议和联合国安理会轮值主席这两个地区和多边平台，推广"防止冲突中性暴力倡议"，同时也完成了峰会前的准备，为峰会的圆满召开奠定了基础。

（一）八国集团会议及联合国多边平台

2013年英国担任八国集团轮值主席期间，于4月10~11日在伦敦举行了八国集团外长会议，为6月17~18日在北爱尔兰厄恩湖举行的八国首脑峰会进行先期会谈。会议主要讨论了冲突防范问题，八国集团成员国承诺把冲突中的性暴力作为对全球和平与安全的一种威胁来处理，[2]并通过了《防止冲突中性暴力宣言》(Declaration on Preventing Sexual Violence in Conflict)。该宣

1.《与冲突有关的性暴力》，参见 https://peacekeeping.un.org/zh/conflict-related-sexual-violence，最后访问日期：2022年2月12日。

2.《安全理事会第六九八四次会议临时逐字记录》，2013年6月24日，参见 https://undocs.org/zh/S/PV.6984，最后访问日期：2022年2月2日。

言重申保护妇女和儿童的人权和基本自由在结束冲突中的性暴力的斗争中的关键作用，重申了在武装冲突中的强奸和其他形式的严重性暴力是对《日内瓦公约》的践踏；确认结束冲突中的性暴力急需国际层面的进一步行动，以行动来应对责任的缺失并给幸存者提供广泛的支持；确认解决武装冲突中的性暴力问题的努力应与联合国安理会第1325（2000）号决议及其关于妇女、和平与安全的后续决议保持一致，这应有助于在更大范围内落实上述决议；确认落实联合国安理会第1325（2000）号决议的国家行动计划的重要贡献等。[1]

　　2013年6月24日，英国作为联合国安理会轮值主席国主持关于"冲突中的性暴力"大会辩论。联合国秘书长潘基文首先赞扬了英国所发挥的领导作用以及为消除冲突中性暴力而寻求关键的国际支持的努力。英国外交大臣威廉·黑格主持了公开辩论。各国代表重点围绕"在国家层面追究性暴力实施者罪责和如何改善联合国在此方面对会员国的支持"进行讨论。黑格指出，当前迫切需要再次同心协力改善人类状况，需要共同声明利用强奸和性暴力作为战争武器的做法是不可接受的，现在就要采取行动消除这种现象；各国政府要肩负起责任，安全理事会要负起集体责任，需要全球行动起来消除有罪不罚的文化。[2]本次会议还通过了联合国安理会第2106（2013）号决议，决议确认了八国集团外长2013年4月11日在伦敦通过的《防止冲突中性暴力宣言》和其就此做出的承诺，再次要求武装冲突所有各方立即完全停止一切性暴力行为；提请注意酌情

---

1. G8 UK, "Declaration on Preventing Sexual Violence in Conflict," 参见 https://assets.publishing. service.gov.uk/government/uploads/system/uploads/attachment_data/file/185008/G8_PSVI_ Declaration_-_FINAL.pdf, 最后访问日期：2022年2月2日。
2.《安全理事会第九八四次会议临时逐字记录》，2013年6月24日，参见 https://undocs.org/zh/ S/PV.6984，最后访问日期：2022年2月2日。

采用综合做法在武装冲突中和冲突后处理过渡司法问题,包括采取各种司法和非司法措施的重要性;确认必须及时为性暴力幸存者提供援助,敦促联合国实体和捐助方为性暴力的幸存者提供非歧视性的综合保健服务(包括性保健和生殖保健),以及心理、法律、谋生服务和其他多领域服务等。[1]

2013年9月24日,在第68届联合国大会上,英国外交大臣黑格和联合国冲突中的性暴力问题特别代表扎伊娜卜·班古拉(Zainab Bangura)共同发布了《终止冲突中性暴力承诺宣言》(Declaration of Commitment to End Sexual Violence in Conflict)。该宣言指出,冲突中的性暴力严重加剧了武装冲突的局势,可能阻止联合国安理会通过的包括妇女、和平与安全等相关决议所致力于的国际和平与安全的恢复。该宣言表示,防止并对性暴力做出应对是解决冲突、保证发展和构建可持续和平的关键;决定确保把防止和应对性暴力作为优先事项,对于冲突中的性暴力受害者提供更及时和全面的医疗及心理帮助;促进妇女在政治、治理和安全结构以及决策进程中的全面参与,确认联合国安理会第1325(2000)号决议国家行动计划的重要贡献;加强联合国在冲突中的性暴力方面的努力,进一步支持联合国秘书长冲突中的性暴力问题特别代表的工作;支持区域组织在缔造和平、维护和平和构建和平的进程中防止冲突中的性暴力的努力;支持受冲突影响的国家增强阻止冲突中的性暴力的能力;鼓励、支持并保护民间社会组织监督和记录冲突中的性暴力等。[2]该

---

1. 联合国安理会:《第2106(2013)号决议》,S/RES/2106(2013),参见 https://undocs.org/zh/S/RES/2106(2013),最后访问日期:2022年2月12日。

2. HM Government, "A Declaration of Commitment to End Sexual Violence in Conflict," https://assets.publishing.service.gov.uk/government/uploads/system/uploads/attachment_data/file/274724/A_DECLARATION_OF_COMMITMENT_TO_END_SEXUAL_VIOLENCE_IN_CONFLICT.pdf, accessed on Feb. 12, 2022.

宣言还把以行动为导向的政治承诺作为未来实践行动的指导，这些承诺特别针对地区层面和受冲突影响的国家。

（二）"制止冲突中性暴力全球峰会"的召开

2014年6月10~13日，"制止冲突中性暴力全球峰会"在伦敦举行。其中6月11日为工作会议，6月12~13日为部长级会议，非政府组织和民间社会团体参与会议讨论，会议还包括表演、节目、展览等各类公共活动。峰会的目标在于消除有罪不罚的文化，采取切实措施以减少全世界范围内冲突地区妇女的危险，增强对于冲突中性暴力幸存者的支持并改变人们的态度。会议由英国外交大臣威廉·黑格与联合国难民署高级专员特使安吉丽娜·朱莉共同主持。[1]这是有史以来关于这一主题的最大规模的一次会议，[2]70余名部长参加了会议，[3]会集了125个国家、8个联合国机构、主要地区性多边机构、900多名来自世界各地的专家和冲突中性暴力幸存者以及数以千计的参加社交媒体活动的公众人物。[4]

在"制止冲突中性暴力全球峰会"的闭幕式上，英国外交大臣黑格强调，在社会、政治和经济上给妇女充分赋权是本世纪最大的战略奖赏，需要将本次峰会

1. FCO, "About the Global Summit to End Sexual Violence in Conflict," https://www.gov.uk/government/topical-events/sexual-violence-in-conflict/about, accessed on Feb.12, 2022.

2. FCO, "Global Summit to End Sexual Violence in Conflict: News and Updates," https://www.gov.uk/government/news/global-summit-to-end-sexual-violence-in-conflict-latest-updates, accessed on Feb.12, 2022.

3. FCO, "Foreign Secretary Closes Global Summit to End Sexual Violence in Conflict," https://www.gov.uk/government/speeches/foreign-secretary-closes-global-summit-to-end-sexual-violence-in-conflict, accessed on Feb.12, 2022.

4. FCO, "Preventing Sexual Violence in Conflict: Next Steps," https://www.gov.uk/government/speeches/preventing-sexual-violence-in-conflict-next-steps, accessed on Feb.12, 2022.

的智慧和经验融入今后的努力和外交政策中。[1]会议发表了《制止冲突中性暴力全球峰会行动声明》(Global Summit to End Sexual Violence Statement of Action)。该声明强调了防止冲突中的性暴力对于和平、安全与可持续发展的重要性,表达了各国对于终止冲突中的性暴力的共同承诺和决心。[2]该声明得到155个国家政府的认可。[3]

"制止冲突中性暴力全球峰会"的举行为世界各国搭建起针对"冲突中的性暴力"问题进行政府间交流和讨论的高层次平台。中国政府非洲事务特别代表钟建华出席了本次全球峰会。钟大使指出,中方坚决反对和谴责任何冲突中的性暴力行为。中国自身也曾是武装冲突中性暴力问题的受害者。在70年前的世界反法西斯战争中,包括中国在内的许多亚洲国家的妇女被日本军队有组织、大规模地强征为"慰安妇",遭受严重的性暴力侵害,创伤至今无法愈合。钟大使提出了中方认为应对冲突中性暴力问题的四个原则:一是坚持国家自主,发挥本国领导作用;二是打击有罪不罚现象,维护公平正义;三是预防重建并举,铲除冲突根源;四是统筹各方资源,发挥联合国作用。[4]在2015年4月15日联合国安理会的大会辩论中,多国代表均提及了此次全球峰会的重要作用和影响。英国代表威尔逊强调了峰会的三项承诺,并鼓励各国执行全球峰会

1. FCO, "Foreign Secretary Closes Global Summit to End Sexual Violence in Conflict," https://www.gov.uk/government/speeches/foreign-secretary-closes-global-summit-to-end-sexual-violence-in-conflict, accessed on Feb.12, 2022.

2. FCO, "Global Summit to End Sexual Violence Statement of Action," https://assets.publishing.service.gov.uk/government/uploads/system/uploads/attachment_data/file/319958/Global_Summit_to_End_Sexual_Violence_Statement_of_Action__1_.pdf,accessed on Feb.12, 2022.

3. FCO, "Preventing Sexual Violence in Conflict: Next Steps," https://www.gov.uk/government/speeches/preventing-sexual-violence-in-conflict-next-steps, accessed on Feb.12, 2022.

4.《钟建华大使出席制止冲突中性暴力全球峰会并发言》,中华人民共和国外交部,参见https://www.fmprc.gov.cn/ce/ceuk/chn/zywl/2014zhongyingwanglai/t1165704.htm,最后访问日期:2022年2月9日。

上通过的《冲突中性暴力记录和调查国际议定书》（International Protocol on the Documentation and Investigation of Sexual Violence in Conflict）。[1] 这是第一个关于记录和调查冲突中性暴力的国际议定书。2016年8月，该国际议定书发布第二版。

三 "防止冲突中性暴力倡议"的推进

"制止冲突中性暴力全球峰会"的举办是推进"防止冲突中性暴力倡议"的里程碑，[2] 同时，也大大加强了英国在这一议题上的全球影响和引领作用。此后，英国政府通过进一步明确"防止冲突中性暴力倡议"的目标，加快相关国际规范的研讨与制定，增设专门性政府职位，举办多样性活动以及注重对联合国妇女署的资助等途径，达到在世界范围内更广泛地、更全面地推进"防止冲突中性暴力倡议"的目标。

（一）《防止冲突中的性暴力：下一步》

2014年7月14日，英国外交大臣黑格向下议院提交报告《防止冲突中的性暴力：下一步》（Preventing Sexual Violence in Conflict: Next Steps）。报告明确指出下一步目标是使"防止冲突中性暴力倡议"获得"全面的"国际承认。具体目标包括：在全球范围内实施《冲突中性暴力记录和调查国际议定书》；说服他国政府将"防止冲突中性暴力倡议"纳入其军事理论和训练；确保国际多边机构采取措施解决冲突中的性暴力问题；支持非洲联盟和联合国采取

1.《安全理事会第七四二八次会议临时逐字记录》，2015年4月15日，参见 https://undocs.org/zh/S/PV.7428，最后访问日期：2022年2月2日。

2. FCO, "Summit Report: End Sexual Violence in Conflict Global Summit ,London 2014, " https://assets.publishing.service.gov.uk/government/uploads/system/uploads/attachment_data/file/390742/PSVI_post_summit_report_Online2.pdf, accessed on Feb.12, 2022.

行动预防和应对性暴力和基于性别的暴力;帮助各国政府预防和起诉冲突中的性暴力,改善对幸存者的照顾,提供培训以提高军事和警察能力,并首先将利比亚、索马里、波黑、刚果(金)和叙利亚作为重点帮助国家;确保在必要时改革国家国内立法,以便能够起诉国际公认的战争罪;确保全球承认冲突中性暴力幸存者的尊严、需求和权利,并为包括儿童在内的性暴力幸存者提供更大的支持和保护;增加对人权维护者的支持;把将妇女正式纳入和平进程作为一项新的国际规范。

为实现上述目标,报告提出,英国将"防止冲突中性暴力倡议"作为外交和联邦事务部核心业务的一部分,以显示英国的软实力;充分利用英国海外职位网络,确保英国驻外使馆将"防止冲突中性暴力倡议"目标写入相关的多边商业计划中;加强英国专家团队的力量,以增强实行国际人道主义和向军队提供更广泛的一揽子培训的能力;加强跟与冲突中性暴力幸存者接触的政府部门的合作;加强向非政府组织和幸存者团体及代表的咨询工作,获取英国政界两党的支持;提出监测国际社会在解决战区性暴力方面取得的进展的新方法;利用英国的影响力促进和增加妇女对世界和平进程的参与,并游说其他国家政府跟从。最后,报告指出,推进"防止冲突中性暴力倡议"有助于保持英国强大的、可见的领导地位,树立集体国际责任感和国家决心,使得结束冲突中性暴力形成不可阻挡的全球性势头。[1]

2015年6月,英国政府设立了防止冲突中性暴力问题首相特别代表(Prime Minister's Special Representative on Preventing Sexual Violence in

---

1. FCO, "Preventing Sexual Violence in Conflict: Next Steps," https://www.gov.uk/government/speeches/preventing-sexual-violence-in-conflict-next-steps, accessed on Feb.12, 2022.

Conflict，PMSR）一职。其主要职责包括：加强问责制，解决有罪不罚问题；为幸存者提供更多支持；确保将性别平等充分纳入所有和平与安全的努力；对冲突中的性暴力犯罪采取更有效的多边应对措施等。[1]阿内莱男爵（Baroness Anelay）以及南亚事务部长艾哈迈德勋爵（Lord Ahmad of Wimbledon）先后被任命为英国防止冲突中性暴力问题首相特别代表。

（二）《终止针对妇女和女童暴力行为战略2016—2020》

2016年3月，英国政府发布《终止针对妇女和女童暴力行为战略2016—2020》（Ending Violence against Women and Girls Strategy 2016‑2020）。这是对2010年英国政府首次发布的《呼吁终止对妇女和女童的暴力行为》（Our Call to End Violence against Women and Girls）的进一步发展。该战略的目标是更全面深入地推进"反对针对妇女和儿童的暴力"活动，"防止冲突中性暴力倡议"是该战略国际化的重要组成部分。[2]

4月12日，英国上议院冲突中性暴力特别委员会发布报告《冲突中的性暴力：一项战争罪》（Sexual Violence in Conflict：A War Crime）。报告主要从政策法律、预防、妇女参与、受害者与幸存者、问责与正义、维和人员性暴力等六方面进行了较为全面的总结。该报告提出如下建议。第一，在政策法律方面，主张英国政府的政策目标必须雄心勃勃、透明且可交付，"防止冲突中性暴力倡议"的战略目标必须更为清晰明确；主张将"防止冲

---

1. FCO, "Lord Ahmad of Wimbledon," https://www.gov.uk/government/people/lord‑ahmad‑of‑wimbledon,accessed on Feb.12, 2022.

2. HM Government, "Strategy to End Violence against Women and Girls: 2016 to 2020," https://assets.publishing.service.gov.uk/government/uploads/system/uploads/attachment_data/file/522166/VAWG_Strategy_FINAL_PUBLICATION_MASTER_vRB.PDF,accessed on Feb.12, 2022.

突中性暴力倡议"纳入外交和联邦事务部,正式承认"防止冲突中性暴力倡议"对国际发展部、国防部、内政部和其他部门的价值,应制定战略计划和五年路线图;强调"防止冲突中性暴力倡议"是国际政治议程的重中之重,认为应继续召开预防冲突中性暴力的全球会议,并每四年由不同国家轮流主办。第二,在预防方面,认为应加强英国武装部队成员关于妇女、和平与安全和"防止冲突中性暴力倡议"的相关培训;敦促政府确保"防止冲突中性暴力倡议"的方案是资金优先事项;建议开发监测和评估冲突中性暴力数据的通用系统。第三,在妇女参与方面,敦促必须满足幸存者各方面的需求;建议英国政府与联合国和叙利亚国际支持小组共同制定计划,以支持冲突中性暴力受害者;认为消除污名化是一项需要各国政府共同长期努力的工作,非英国一国之力所能完成;强调地方和基层组织在评估冲突中性暴力受害者和幸存者所受伤害中的重要性。第四,在问责与正义方面,指出《冲突中性暴力记录和调查国际议定书》的重要贡献,敦促政府确保议定书的审查过程的持续性和灵活性;主张继续支持在海外实施的建设国家司法系统能力的方案。第五,在维和人员性暴力方面,认为目前追究维和人员责任的制度已失效且缺乏透明度,主张强制执行部署前性别培训并为所有维和特派团配备性别顾问;欢迎联合国安理会第2272号决议,建议建立国际法庭"轻量级"模式,以确保所有维和人员对性剥削和性虐待罪行负责。[1]

2016年6月30日,英国外交和联邦事务部发布《对上议院冲突中性暴

---

1. The House of Lords, "Sexual Violence in Conflict:A War Crime," https://publications.parliament.uk/pa/ld201516/ldselect/ldsvc/123/12304.htm#_idTextAnchor004, accessed on Feb.12, 2022.

力特别委员会报告的政府回应》（Government Response to the Report of the House of Lords Sexual Violence in Conflict Committee），报告针对上议院报告的六个方面逐一进行了回应。报告指出了英国自2014年"制止冲突中性暴力全球峰会"以来所取得的成果，重申了"防止冲突中性暴力倡议"的目标是在应对冲突中的性暴力方面取得引领世界的地位，强调了此后英国政府工作的三大重点：一是确保世界范围内各国的军事和安全力量均得到"防止冲突中性暴力倡议"方面的良好培训；二是强调保证冲突中性暴力幸存者受到正义对待；三是主张应对冲突中性暴力要持积极态度，要致力于结束针对受害者的污名化。[1]

（三）《防止性暴力倡议：制定防止和应对污名化的全球行动原则》

2016年，英国政府开始把"应对冲突中性暴力受害者的污名化"作为推动"防止冲突中性暴力倡议"的一项重点内容。对这一问题的关注是"制止冲突中性暴力全球峰会"之后英国进一步推进"防止冲突中性暴力倡议"的自然结果。一方面，应对并结束污名化是为冲突中性暴力受害者提供支持并试图解决跨代际"二级冲击"（secondary impact）的努力。[2]另一方面，消除污名能够全面而有效地消除解决冲突中性暴力问题过程中存在的部分差

---

1. The Secretary of State for Foreign and Commonwealth Affairs, "Government Response to the Report of the House of Lords Sexual Violence in Conflict Committee（HL123），" https://www.parliament.uk/globalassets/documents/lords-committees/sexual-violence-in-conflict/SVC-committee-Gov-Response-CM-9277.pdf,p.7, accessed on Feb.12, 2022.

2. FCO, "Preventing Sexual Violence Initiative: Shaping Principles for Global Action to Prevent and Tackle Stigma," https://www.wiltonpark.org.uk/wp-content/uploads/WP1508-Report.pdf,p.2,accessed on Feb.12, 2022.

距。[1]2016年11月28~30日,英国政府召开了关于"预防和解决污名化"的圆桌会议。会议会集了冲突中性暴力幸存者、专家、地方政府、民间社会、媒体和信仰团体等各界人士,他们了解、讨论并解决与冲突中性暴力污名化相关的问题。英国防止冲突中性暴力问题首相特别代表阿内莱女男爵宣布会议开幕,重申了英国政府对结束冲突中性暴力的领导和承诺。会后,英国外交和联邦事务部发布《防止性暴力倡议:制定防止和应对污名化的全球行动原则》(Preventing Sexual Violence Initiative: Shaping Principles for Global Action to Prevent and Tackle Stigma)。该倡议提出六项全球行动原则建议:建立全球幸存者/受害者网络;提供资源并坚持可持续性;确保与幸存者/受害者的全面且有意义的接触;培训并教育负责任的利益攸关方;确保幸存者/受害者的安全;确保国内和国际政策原则的适用性。[2]2017年9月,阿内莱女男爵在联合国发布该原则最终文件,以在更广泛的平台上动员更多资源,共同应对和解决冲突中性暴力污名化问题。

2018年11月23~24日,在英国电影学院举行了"'防止冲突中性暴力倡议'电影节:通过电影对抗污名"(PSVI Film Festival: Fighting Stigma Through Film)活动。电影节放映了来自世界各地的38部电影(包括纪录片),该活动旨在利用电影的力量来帮助消除冲突中性暴力幸存者面临的歧视。此外,英国政府还在多个驻外使馆举办不同类型的"防止冲突中性暴力倡议"活动,

---

1. Wilton Park, "Towards Principles for Global Action: Preventing and Addressing Stigma Associated to Sexual Violence in Conflict," https://www.wiltonpark.org.uk/wp-content/uploads/WP1508-Towards-Principles-for-Global-Action.pdf, p.1, accessed on Feb.12, 2022.

2. FCO, "Preventing Sexual Violence Initiative: Shaping Principles for Global Action to Prevent and Tackle Stigma," https://www.wiltonpark.org.uk/wp-content/uploads/WP1508-Report.pdf,accessed on Feb.12, 2022.

利用一切可能外交资源在全球范围内推广"防止冲突中的性暴力倡议",以期赢得更广泛的国际关注。

2020年6月9日,防止冲突中性暴力问题首相特别代表艾哈迈德勋爵参加了联合国消除冲突中性暴力的虚拟活动,并推出"穆拉德守则"(Murad Code)。该守则以诺贝尔和平奖获得者纳蒂亚·穆拉德(Nadia Murad)的名字命名,目的在于率先制定冲突中性暴力幸存者信息收集的全球行为守则。[1]

(四)《防止冲突中性暴力:联合声明》

在联合国层面,英国政府上述关于"防止冲突中性暴力倡议"的行动得到了积极回应。2021年4月14日,联合国冲突中的性暴力问题特别代表普拉米拉·帕腾(Pramila Patten)在联合国安理会表示,预防是防止冲突中性暴力的幸存者所面临的多重、具有破坏性和持久性后果的"最好的、唯一的解决方法",特别是在性暴力被用作一种残酷的战争手段时。她强调,现在正是评估"现有的、根深蒂固的以及新的和正在出现的挑战的时候了"。她指出"决议与现实之间存在鸿沟",强调"使幸存者安全地挺身而出并寻求补救,比以往任何时候都更加紧迫"。帕滕指出,新冠肺炎疫情引发了新的基于性别的保护问题。尽管联合国系统和其他机构已转向提供在线支持(例如热线和远程案件管理),但对于那些因冲突、流离失所和新冠肺炎疫情等多重危机而遭受重创的人——那些面临数字鸿沟的妇女,她们仍然很难从中受益。她指

---

1. HM Government, "UK Launches Landmark Draft 'Murad Code' to Support Survivors of Conflict-related Sexual Violence as COVID-19 Pandemic Increases Suffering," https://www.gov.uk/government/news/uk-launches-landmark-draft-murad-code-to-support-survivors-of-conflict-related-sexual-violence-as-covid-19-pandemic-increases-suffering,accessed on Feb.12, 2022.

出,要从新冠肺炎疫情中复苏,就需要采取包容、交叉和具有性别意识的方法和"要求模式上的转变"。解决这些问题的唯一方法是注入政治决心和提供相关资源。[1]

英国政府在推动"防止冲突中性暴力倡议"方面又迈出重要的一步。2021年11月16日,英国外交和联邦事务大臣兼妇女平等部部长丽兹·特拉斯(Liz Truss)在性别平等咨询委员会(GEAC)上发表讲话,指出妇女和女童将成为英国外交政策优先事项的核心,并谴责以强奸和性暴力作为战争武器的行为。她把性暴力作为与化学武器同等的"红线",警告不要突破这条"红线"。为了进一步推动"防止冲突中性暴力倡议",英国原拟于2022年举行"终止冲突中性暴力"全球会议,[2]呼吁各国外长共同采取行动以结束在针对妇女和女童的性暴力方面有罪不罚的现象。[3]2021年,英国、澳大利亚、新西兰、加拿大、印度尼西亚、匈牙利、立陶宛、拉脱维亚和利比里亚9国政府发表了《防止冲突中性暴力:联合声明》(Preventing Sexual Violence in Conflict: Joint Statement)。该声明谴责将性暴力和强奸作为战争武器;决定加强国际反应,建立新的共识,防止这些暴行,探讨采取进一步

1.《联合国安理会:预防是结束冲突中性暴力的"唯一解决办法"》,《中国妇女报》2021年4月21日,参见 http://paper.cnwomen.com.cn/html/2021-04/21/nw.D110000zgfnb_20210421_4-7.htm,最后访问日期:2022年2月12日。

2. 为进一步推进"防止冲突中性暴力倡议",英国政府原计划于2019年11月18~20日举行"正义时刻:将幸存者置于首位"(Time for Justice: Putting Survivors First)会议。但因2019年12月12日举行的英国大选以及2020年全球新冠肺炎疫情的严峻形势,该会议发布了两次推迟声明,至今尚未召开。

3. HM Government, "Foreign Secretary Launches Campaign to Tackle Sexual Violence in Conflict around the World," https://www.gov.uk/government/news/foreign-secretary-launches-campaign-to-tackle-sexual-violence-in-conflict-around-the-world, accessed on Feb.12, 2022.

国际行动的所有选择，包括制定一项新的国际公约的可能性；决定共同支持幸存者，追究肇事者的责任。[1]

2021 年 11 月 22 日，英国防止冲突中性暴力问题首相特别代表艾哈迈德勋爵再次呼吁全球采取行动，以保障那些因冲突中的性暴力而出生的儿童的权利，[2]并发表《确保因冲突中性暴力而出生儿童的权利和福祉的行动呼吁》(Call to Action to Ensure the Rights and Wellbeing of Children Born of Sexual Violence in Conflict)。该呼吁提出确保因冲突中性暴力而出生儿童的权利的四项原则：在国家、区域和全球范围内充分讨论因冲突中性暴力而出生儿童所面临的挑战；为因冲突中性暴力而出生的儿童和幸存者提供安全的空间；加强法律和政策框架以消除障碍，并积极支持因冲突中性暴力而出生儿童的权利和福祉；鼓励对儿童敏感的、承认因冲突中性暴力而出生儿童的脆弱性的可持续方法。[3]呼吁得到美国、挪威、南苏丹、墨西哥、危地马拉等国家及联合国冲突中的性暴力问题特别代表办公室等联合国相关机构的支持。

1. HM Government, "Preventing Sexual Violence in Conflict: Joint Statement, Nov. 2021," https://www.gov.uk/government/news/joint-statement-on-preventing-sexual-violence-in-conflict-november-2021,accessed on Feb.12, 2022.

2. HM Government, "UK Calls for Global Action to End the Stigma Faced by Children Born of Sexual Violence in Conflict," https://www.gov.uk/government/news/uk-calls-for-global-action-to-end-the-stigma-faced-by-children-born-of-sexual-violence-in-conflict,accessed on Feb.12, 2022.

3. HM Government, "Call to Action to Ensure the Rights and Wellbeing of Children Born of Sexual Violence in Conflict," https://www.gov.uk/government/publications/ensuring-the-rights-and-wellbeing-of-children-born-of-sexual-violence-in-conflict-call-to-action/call-to-action-to-ensure-the-rights-and-wellbeing-of-children-born-of-sexual-violence-in-conflict,accessed on Feb.12, 2022.

小　结

联合国安理会第1325（2000）号决议及其后续9个决议的通过，标志着联合国"妇女、和平与安全"议程的形成。在这一进程中，英国既是联合国安理会第1325（2000）号决议的落实者，也是联合国"妇女、和平与安全"议程的构建者。在联合国安理会历年关于妇女、和平与安全的公开辩论中，英国代表首倡多项议题，是促成联合国安理会关于"冲突中的性暴力"议题的讨论及其多项相关决议获得通过的推动者。

在联合国安理会第1325（2000）号决议所确定的"妇女、和平与安全"四大支柱框架下，英国阐明并细化国别观点，推动了相关子议题的讨论。英国主张将性别考虑作为主流议题贯彻到从预防冲突到冲突后重建的全过程，建立"冲突中的性暴力"事件的定期上报及早期预警机制，通过外部培训加强对于"冲突中的性暴力"的预防；强调女性团体在和平谈判中的代表权，强调对包括维和人员在内的所有人进行性别议题培训以及在和平进程中保证妇女充分参与的重要性，通过支持和资助联合国妇女发展基金项目等方式帮助增强妇女参与和平进程的能力；强调保护妇女和女童免受冲突中的性暴力和基于性别的暴力，主张加强问责制和消除有罪不罚现象的制度性保障以及妇女在司法部门的代表性，注重通过民间社会及其行动网络搭建保护女性和平建设者的平台；强调通过教育、就业和参与政治进程等全面增强妇女权能，注重资助保护冲突后地区女性权益的活动和项目，主张通过援助他国制定国家行动计划来推动联合国"妇女、和平与安全"议程的落实。

在这一过程中，英国凸显出作为联合国安理会第1325（2000）号决议的落实者和联合国"妇女、和平与安全"议程的推动者的双重角色。特别是在推进"冲突中的性暴力"议题上,英国通过首倡"防止冲突中性暴力倡议"、举办"制止冲突中性暴力全球峰会"、推动《冲突中性暴力记录和调查国际议定书》的通过、提出《防止性暴力倡议:制定防止和应对污名化的全球行动原则》等一系列举措与行动,不断落实与推动联合国"妇女、和平与安全"议程。

第三章　英国落实"妇女、和平与安全"议程的行动计划（2000—2013）

联合国安理会第1325（2000）号决议及其后续9个相关决议的出台，形成了"妇女、和平与安全"议程最重要的国际规范框架。自联合国安理会第1325（2000）号决议通过后，各会员国通过制定国家行动计划（National Action Plan, NAP）来履行决议精神。国家行动计划的战略成果与"妇女、和平与安全"议程的推进密切相关，为促进"妇女、和平与安全"议程四大支柱的进展做出突出贡献。越来越多的国家通过制定国家行动计划来落实联合国安理会第1325（号）决议精神。据统计，截至2022年8月，已有103个国家制定了"国家行动计划"。[1]

英国是西方女权主义发展较早的国家之一，是推动实现性别平等的先行者，同时也是联合国安理会第1325（2000）号决议精神的履行者。2006年3月，英国政府出台了第一份落实联合国安理会第1325（2000）号决议的国家

---

1. "1325 National Action Plans: MILPF Monitoring and Analysis of National Action Plans on Women, Peace and Security," http://1325naps.peacewomen.org/, accessed on Oct.3,2022.

行动计划。计划旨在阐明英国政府关于妇女、和平与安全的相关政策和优先事项。迄今为止，英国已制定了四份国家行动计划。从内容上来看，2006、2010 年英国政府出台的两份国家行动计划侧重决议精神的落实，之后英国政府又不断完善国家行动计划。2014 年至 2017 年，英国政府力图将"妇女、和平与安全"议程普及到更大的范围。此后，英国政府正式将"妇女、和平安全"议程作为一项战略进行发展和评估，以适应英国的国家安全和外交总体战略。

从内容和结构上来看，可将四份国家行动计划的制定划分为两个时期。正是通过积极制定、修订国家行动计划，通过首倡相关议题，英国逐步形成政策优势并逐步提高本国在"妇女、和平与安全"议程上的国际影响力和话语权。

第一节 启动落实：第一份英国国家行动计划

2000 年 10 月，联合国安理会第 1325（2000）号决议通过后，即要求会员国制定各自的国家行动计划以履行决议精神。2004 年 10 月，联合国《安全理事会主席的声明》进一步指出："欢迎会员国为在国家一级执行第 1325（2000）号决议所做的努力，包括制定国家行动计划，并鼓励会员国继续致力于这些执行工作。"[1]2005 年 6 月，丹麦率先发布了第一份国家行动计划。10

---

1. 联合国：《安全理事会主席的声明》，S/PRST/2004/40,2004 年 10 月 28 日，https://documents-dds-ny.un.org/doc/UNDOC/GEN/N04/578/08/PDF/N0457808.pdf?OpenElement,最后访问日期：2022 年 10 月 3 日。

月，安理会主席发表声明，"再次吁请会员国通过制定国家行动计划或其他国家级战略等办法，继续执行第1325（2000）号决议"。[1]

一 《履行联合国安理会第1325（2000）号决议英国国家行动计划》的提出

2006年3月8日，布莱尔（Tony Blair）政府发布了《履行联合国安理会第1325（2000）号决议英国国家行动计划》（UK National Action Plan to Implement UNSCR1325）。因此，在丹麦之后，英国成为较早制定国家行动计划的欧洲国家，分别比法、德两国早了4年和7年。

英国国家行动计划的提出是履行联合国安理会第1325（2000）号决议的需要。联合国安理会第1325（2000）号决议通过后，联合国即要求各国制定国家行动计划以落实决议精神。此后，联合国不断补充对妇女的保护内容和实施决议的具体细节，敦促各国重视并加紧实施所制定的相关政策。英国是较早提出国家行动计划的欧洲大国之一。2005 年，丹麦率先制定了国家行动计划，但由于丹麦在国际冲突中的参与度不高，其国家行动计划在很大程度上主要是在人道主义和预防冲突的背景下探讨妇女、和平与安全问题。[2]因此，作为联合国安理会常任理事国之一和具有全球影响的欧洲国家，英国国家行动计划的出台标志着联合国框架下的"妇女、和平与安全"议程的影响力和辐射力的增强。

英国落实联合国安理会第1325（2000）号决议国家行动计划的出台，也

---

1. 联合国：《安全理事会主席的声明》，S/PRST/2005/52,2005 年 10 月 27 日，https://documents-dds-ny.un.org/doc/UNDOC/GEN/N05/575/54/PDF/N0557554.pdf?OpenElement，最后访问日期：2022 年 10 月 3 日。

2. "NAP: Denmark," http://peacewomen.org/nap-denmark，accessed on Oct.1,2020.

是英国国内女性政治不断发展的结果。1928 年英国妇女获得选举权后，女性政治权利得到进一步扩展。1962 年，英国设立妇女全国委员会（Women's National Commission）。[1]作为政府咨询机构，该委员会的宗旨是利用一切可能的方式保证政府在审议国内外事务时对妇女议题给予重视。该委员会在国内积极推动两性平等，提出"针对妇女和女童的暴力也是性别平等问题"，在国际层面提出"利用国际机制保证性别平等"。该委员会从20世纪70年代起就注重通过参与联合国的活动来加强与外部的联系，主张支持和实施国际平等的措施，包括联合国《消除对妇女一切形式歧视公约》、《北京宣言》和《行动纲领》。[2]众多有关妇女权益问题的联合国活动都有妇女全国委员会积极参与和推动的影子。如1975年，参与推动联合国妇女十年（1975~1985年）关于妇女问题的世界行动计划的落实。1979年，在缔结《消除对妇女一切形式歧视公约》方面也发挥了重要作用。在1995年的北京第四届世界妇女大会上，该委员会积极牵头非政府组织参与联合国妇女地位委员会的年度会议。

联合国安理会第1325（2000）号决议通过后，2006年，英国国内成立了"妇女、和平与安全副议会团体"来作为一个专门性的交流论坛。该团体由议员、决策者以及民间机构共同组成。作为一个讨论与分析妇女、和平与安全问题的论坛，该团体的重点在于监察英国政府履行关于妇女、和平与安全方面的承诺，包括对联合国安理会第1325（2000）号决议的落实情况。英国"妇女、和平与安全副议会团体"成立以来，主要致力于推动以下几方面的

---

1. 该委员会于2010年12月31日停止运行，并入政府平等办公室（Government Equalities Office）。

2. UK Government Equalities Office, "About Government Equalities Office," 参见 https://www.gov.uk/government/organisations/government-equalities-office/about，最后访问日期：2022年2月18日。

工作：在英国议会和政府提高妇女、和平与安全问题的知名度；促进英国政府落实联合国"妇女、和平与安全"议程；起草英国政府向议会提交的关于妇女、和平与安全的年度报告，促使英国政府做出相关承诺并承担相应责任；举办以妇女、和平与安全为主题的会议。[1]为更好地评估英国国家行动计划，监督并推进该计划的落实，"妇女、和平与安全副议会团体"定期召开相关会议并发布年度审查报告。

二 《履行联合国安理会第1325（2000）号决议英国国家行动计划》的内容

该计划作为英国政府落实联合国安理会第1325（2000）号决议的第一份国家行动计划，其重要性不言而喻。从内容上看，文字较为简练，只有寥寥数语，并未列举详细指标，仅指出英国履行联合国安理会第1325（2000）号决议的核心内容及行动要点。该计划的核心内容主要包括以下三方面。

第一，强调国家行动计划由多部门共同制定和执行。英国国家行动计划的开篇即指出，外交和联邦事务部、国防部和国际发展部及其他政府部门是本计划"平等的利益相关者"（equal stakeholders）。[2]这表明英国国家行动计划的制定是跨部门协作的产物，在执行过程中同样也需要三部门之间的相互协作与配合。

第二，对于联合国安理会第1325（2000）号决议所要求的五项原则性内容给予积极回应。一是确保性别观点被纳入所有安理会有关维和与建设和

---

1. "APPG-WPS," 参见 https://gaps-uk.org/parliament/appg/，最后访问日期：2022年2月18日。
2. FCO, "United Kingdom National Action Plan," http://pwnap1.tetra.in/wp-content/uploads/2020/10/unitedkingdom_nationalactionplan_march2006.pdf,p.1，accessed on Aug.31,2020.

平行动的授权中；二是确保联合国和平支持行动的计划包括性别议题；三是主张在和平支持行动中持续录用英国女性军警人员；四是主张对英国武装部队主要官员的训练进行审查，以确保他们能够充分处理联合国安理会第1325（2000）号决议所涉及的地区的问题；五是支持刚果（金）选举委员会和妇女组织制定共同战略与行动计划，以确保妇女作为投票人、潜在的领导者、教育者和观察员等参与到选举中。

第三，明确规定了十二项行动要点。具体而言，在英国对联合国的支持方面，提出四项行动要点：1.将性别要素融入安理会任务目标；2.将性别观点持续反映到安理会所有关于维和及支持行动的授权中；3.将性别观点融入维和行动；4.为联合国开发计划署、联合国难民署的相关工作提供财政支持。在英国政府内的培训与政策方面，提出四项行动要点：1.提升关键项目和计划中主要利益相关者对性别议题重要性的认识；2.英国国防部武装部队对性别内容进行审查；3.增加在冲突解决与和平建设领域高级决策层中的女性的人数；4.英国政府将在必要时持续在行动中录用女性人员。在保证性别正义方面，提出两项行动要点：1.致力于在冲突后局势中促进性别正义并解决性别暴力问题；2.继续实施反对性剥削和性虐待战略。在解除武装、复员和重返社会方面，促进解决在英国支持的、刚结束冲突的国家中的裁军、复员和重返社会计划中的性别问题。在与非政府组织合作方面，英国政府就联合国安理会第1325（2000）号决议的执行情况将与非政府组织、民间社会和议员保持联系，继续就性别相关的问题进行定期对话。[1]

---

1. FCO, "United Kingdom National Action Plan," http://pwnap1.tetra.in/wp–content/uploads/2020/10/unitedkingdom_nationalactionplan_march2006.pdf,pp.2–13,accessed on Oct.6,2021.

英国是较早响应联合国安理会决议精神，积极制定国家行动计划的西方大国，英国国家行动计划的出台具有重要意义。英国国家行动计划在全面阐释其落实决议的要求的同时，也通过具体的行动要点鲜明地体现出英国在"妇女、和平与安全"议程上的侧重。2006年5月，英国政府又出台了《和平与安全性别行动》（Gender Action for Peace and Security），作为国家行动计划的补充，以此进一步明确本国在性别议题上的优先关注内容。

第二节　重视发展：第二份英国国家行动计划

在履行联合国安理会第1325（2000）号决议及其后续决议的过程中，英国国家行动计划不断更新、修订和发展，在履行决议精神的过程中逐步形成具有"英国特色"的妇女、和平与安全政策。在2010年发布的第二份英国国家行动计划中，推动"妇女、和平与安全"议程的不断发展的努力表现得尤为明显。

一　《妇女、和平与安全英国政府国家行动计划》的提出

2010年适逢联合国安理会第1325（2000）号决议通过10周年。4月6日，联合国秘书长潘基文在提交安理会的报告中提出，应用一整套指标来衡量各国执行第1325（2000）号决议的行动效果。随后，联合国发布了《联合国战略成果框架：2011—2020》，作为指导各国国家行动计划的规范性文件。10月，在纪念联合国安理会第1325（2000）号决议通过10周年之际，联合国安理会的报告指出，过去10年所采取的保证安全的行动缺乏协调，并因为缺少可测量结果的指标而受到影响，因此将通过具体的26个定量和定性指标来衡量各

国对联合国安理会第1325（2000）号决议的执行情况。

联合国关于妇女、和平与安全的决议首先在欧盟层面产生了影响。2010年9月，欧盟在布鲁塞尔举行的第1325（2000）号决议通过10周年的庆祝活动上，欧盟外交与安全政策高级代表凯瑟琳·阿什顿（Catherine Ashton）在开幕式上指出："是时候重新思考在冲突及冲突解决中女性的角色被低估的问题了。"[1]之后，欧盟发布了题为《确保妇女在和平与安全活动中的参与》的会议总结，明确提出必须加强对履行决议的监督和评估、确保妇女更平等地参与到国家和平与安全行动中等10项内容。

正是在上述大背景下，2010年，英国政府对国家行动计划进行了第一次修订，出台了《妇女、和平与安全英国政府国家行动计划》（UK Government National Action Plan on UNSCR 1325 Women, Peace & Security），这也是英国政府发布的第二份国家行动计划。

第二份英国国家行动计划集中反映了联合国安理会第1325（2000）号、第1820（2008）号、第1888（2009）号、第1889（2009）号以及第1960（2010）号决议的精神。这些决议均不断重申和强调妇女、和平与安全的重要性。因此，2010年，英国政府修订并出台的第二份国家行动计划，是对联合国安理会第1325（2000）号决议以来的四项决议的落实，为英国在"妇女、和平与安全"议程上发挥作用制定了清晰的框架。

从名称上看，第二份英国国家行动计划有两大亮点。一是凸显了联合国

---

1. HM Government, "1325 Conference Conclusions," http//wnc.equalities.gov.uk/publications/cat_ view/143–policy–documents/80–international–conference–reports.html,accessed on Aug.31,2020.

框架下的"妇女、和平与安全"议程；二是强调英国政府这一主体身份。相较而言，首份国家行动计划只是突出了英国将"履行"联合国安理会第1325（2000）号决议。因此，名称措辞的细微变化，体现出英国国家行动计划的发展。

二 《妇女、和平与安全英国政府国家行动计划》的内容

2010年，英国政府颁布的第二份国家行动计划为后续的英国国家行动计划提供了蓝本，其最大贡献在于明确了原则目标、基本框架和职能分工，在日后的评估和修订中，这些原则得以坚持。国家行动计划的目标是：通过集中于英国最有影响力的领域来保证英国国际影响的最大化；确保英国的行动覆盖了联合国安理会第1325（2000）号决议中所倡导的四大支柱；加强年度报告以及监督程序；便利跨部门之间的协作；与社会各力量紧密合作来使得该行动能够获得持续发展。[1]

（一）《妇女、和平与安全英国政府国家行动计划》

在内容上，第二份英国国家行动计划更翔实具体，指标更明确，更具有可操作性。第一，国家行动计划明确提出要减少冲突对于妇女和儿童的影响，加强妇女在冲突解决中的参与作用，强调国家行动、双边行动和多边行动为三大领域。[2]强调建立由外交和联邦事务部牵头，与国际发展部、国防部共同负责的机制。这一跨部门（Cross-Government）的计划表明妇女、和平与安全议

---

1. FCO, "UK Government National Action Plan on UNSCR 1325 Women, Peace & Security," p.3, https://www.peacewomen.org/sites/default/files/unitedkingdom_nationalactionplan_feb2012revised. pdf,accessed on Aug.31,2020.

2. Barbara Miller, Milad Pournik and Aisling Swaine, "Women in Peace and Security through United Nations Resolution 1325: Literature Review, Content Analysis of National Action Plans,and Implementations," Washington DC：George Washington University, 2014, p.144.

UK Women,
Peace &
Security

题已从单纯的安全事务提升为更广泛地涉及防务、外交和发展的重大议题。[1]

第二，计划首次将具有针对性的关于"妇女、和平与安全"议程的国际实践活动作为国家间双边行动的重点。英国国家行动计划是"第一个将具体国家纳入双边行动的"。[2]国家行动计划指出，在双边行动中将重点关注阿富汗和尼泊尔的妇女参政和性别平等问题，以及刚果（金）的性暴力问题。

在联合国安理会第1325（2000）号决议所确定的"参与、保护、预防、救济与恢复"四大支柱框架下，英国国家行动计划强调，在阿富汗，确保在阿富汗安全战略中妇女的优先权，支持建设和平的努力；增加阿富汗女性在公共生活中的参与、影响和能力，增加在安全和正义事务中女性的参与；加强保护女性权利；确保阿富汗女性能够从经济事务和援助性资助中获益。[3]在刚果（金），与性暴力和基于性别的暴力作战；支持关于性别平等的协调活动及相关计划，增加刚果（金）女性在公共生活中的数量、影响和能力；加强立法和司法框架以帮助防止性暴力和基于性别的暴力；加强警察和军队保护妇女的能力，加强维和部队防止性暴力的能力，提高对性暴力幸存者的法律补救意识；支持性暴力和基于性别的暴力的幸存者，增加妇女获得公共服务

---

1. FCO, "UK Government National Action Plan on UNSCR 1325 Women, Peace & Security," p.7, https://www.peacewomen.org/sites/default/files/unitedkingdom_nationalactionplan_feb2012revised. pdf,accessed on Aug.31,2020.

2. DFID,FCO & MOD, "Building Stability Overseas Strategy," p.28,https://assets.publishing.service. gov.uk/government/uploads/system/uploads/attachment_data/file/27370/bsos_july2011.pdf,accessed on Aug.31,2020.

3. FCO, "UK Government National Action Plan on UNSCR 1325 Women, Peace & Security," pp.18–25, https://www.peacewomen.org/sites/default/files/unitedkingdom_nationalactionplan_feb2012revised. pdf,accessed on Aug.31,2020.

和创收的路径。[1]在尼泊尔，通过落实妇女、和平与安全的国家承诺来巩固和平，加强女性非政府组织和网络的能力来促进和平和保障人权，与基于性别的暴力作战；增加尼泊尔女性在公共生活中的数量、影响和能力；加强保护妇女权利，完善警察对犯罪中女性受害者的回应，加强对妇女和儿童正义的保护；支持性暴力和基于性别的暴力的受害者。[2]

第三，强调国家行动计划的全球性，特别是要注重以联合国和欧盟为主的多边行动平台。计划提出确保联合国安理会第1325（2000）号决议在联合国和地区组织中的重要地位，支持推动议程的适宜措施，促进联合国制定在冲突和冲突后地区对妇女和女童的保护措施，推动联合国提高妇女参与解决冲突的能力。[3]此外，第二份英国国家行动计划确定将2011~2013年作为一个周期，周期内每年提交一份年度评估报告。在很大程度上，年度评估报告是英国国家行动计划内容的进一步丰富与完善。

（二）《妇女、和平与安全英国政府国家行动计划》的年度评估

2011年10月，英国政府发布了第一份年度评估报告，该报告虽然篇幅不长，但重点突出，着重阐述了以下三方面内容。

---

1. FCO, "UK Government National Action Plan on UNSCR 1325 Women, Peace & Security," pp.26–32, https://www.peacewomen.org/sites/default/files/unitedkingdom_nationalactionplan_feb2012revised.pdf,accessed on Aug.31,2020.

2. FCO, "UK Government National Action Plan on UNSCR 1325 Women, Peace & Security," pp.33–41, https://www.peacewomen.org/sites/default/files/unitedkingdom_nationalactionplan_feb2012revised.pdf,accessed on Aug.31,2020.

3. FCO, "UK Government National Action Plan on UNSCR 1325 Women, Peace & Security," pp.42–45, https://www.peacewomen.org/sites/default/files/unitedkingdom_nationalactionplan_feb2012revised.pdf,accessed on Aug.31,2020.

第一，明确提出将"妇女、和平与安全"议程纳入英国国家海外安全战略。冷战后，随着国际形势的变化，从非传统的角度来看，英国对国家安全内涵的界定也在不断变化。自1998年发布《战略防务评估》（Strategic Defence Review）以来，英国政府不断对其防务能力进行评估以适应变化的战略环境。2008年3月，英国政府首次发布《国家安全战略》（National Security Strategy），将恐怖主义、核武器和大规模杀伤性武器、跨国犯罪、失败国家、国内紧急突发事件等列为威胁英国国家安全的主要因素。2010年发布的题为《不确定时代保证英国安全：国防和安全战略评估》（Securing Britain in an Age of Uncertainty: the Strategic Defence and Security Review）的国家安全战略报告，强调了快速有效应对不确定性风险的重要性。为了更有效地应对2010年底以来西亚、北非的动荡局势，2011年7月，英国发布了《构建海外稳定战略》（Building Stability Overseas Strategy），首次在国家安全战略中指出妇女在构建和平方面的核心作用（central role），主张与关于妇女、和平与安全的国家行动计划协调一致，继续致力于解决针对妇女的暴力问题，支持妇女在建设和平中发挥作用，以此作为维护英国海外安全的重要组成部分。[1]

第二，细化了国家行动和多边行动的具体内容及资金来源，明确了英国的优势地位。第二份国家行动计划确定了国家行动、双边行动和多边行动三个层面的框架。评估报告明确指出，英国政府主要通过加强培训来提高妇女维护和平与安全的意识。国际发展部部长指出，在英国的国家开发活动中应该将妇女置于"最突出的位置"。英国在执行计划过程中强调基于性别的考

---

1. DFID,FCO & MOD, "Building Stability Overseas Strategy," p.26,https://assets.publishing.service.gov.uk/government/uploads/system/uploads/attachment_data/file/27370/bsos_july2011.pdf, accessed on Mar.16,2022.

虑，在发展项目中要特别关注妇女和女童，在多边行动中要特别强调英国在联合国安理会妇女、平与安全议题上的领先地位及与联合国妇女署的合作。在资金提供方面，强调已有充裕的基金用于资助不同层面的行动。[1]

第三，强调执行计划的部门间协调。提出组建一个包括外交和联邦事务部、国防部、国际发展部和稳定机构（Stabilisation Unit）在内的跨政府领导小组（Cross-Government Steering Group），每个季度召开一次会议。内务部作为咨询机构，同时为"妇女、和平与安全副议会团体"以及"和平与安全性别行动"提供咨询和建议。

2011年10月，在对国家行动计划进行年度总结后，英国政府承诺在2012年初进一步修订该计划。这份报告回顾并总结了2010~2011年的国家行动计划，详细列举了英国为达到这些目标所取得的进步，并为2014年新的国家行动计划的发布做了铺垫。

（三）《英国妇女、和平与安全国家行动计划：第一份年度评估影子报告》

2010年底，西亚、北非的动荡对世界安全形势产生了重大影响，也影响到英国国家行动计划的修订。2012年10月，在第二份年度评估报告发布前，英国政府率先发布了国家行动计划修订计划。出台该修订计划的主要原因，是"妇女、和平与安全副议会团体"和"和平与安全性别行动"共同提出了

---

1. FCO, "UK Government National Action Plan on UNSCR 1325 Women, Peace and Security Annual Review," p.3, https://www.peacewomen.org/sites/default/files/unitedkingdom_nationalactionplan_feb2012revised.pdf,accessed on Aug.31,2020.

"政府应认真考虑制定针对西亚、北非地区的战略的建议"。[1]对此，修订计划提出，在原有的国家、双边和多边三个行动层次外，增加针对北非和中东的地区行动计划，并将埃及、也门、突尼斯、利比亚、巴勒斯坦和伊拉克列入其中。修订计划明确指出将采用外交游说、项目资助、政府—民间社团网络等方式，达到影响这些国家内关于妇女参政问题的讨论、增强这些国家的妇女参政意识的目的，为此还专门成立了西亚、北非地区行动工作组，来负责该地区的事宜。[2]

2011年12月，"妇女、和平与安全副议会团体"与"和平与安全性别行动"共同发布了《英国妇女、和平与安全国家行动计划：第一份年度评估影子报告》（UK National Action Plan on Women, Peace and Security: A Year on Shadow Report of the First Annual Review）。报告认为，在国家行动计划期限内，英国政府应维持已有的三个双边计划，并应定期与当地政府与民间组织协商改进。英国就妇女、和平与安全议题展开的多边行动，应结合联合国安理会第1960（2010）号决议进行详细分析，并将新的规定纳入国家行动计划，以表明英国对决议的支持。同时，英国政府应在定期审议过程中遵守妇女、和平与安全方面的承诺，并将这一承诺纳入国家行动计划。英国政府应了解为冲突国家提供的资金将在多大程度上促进妇女的权利与性别平等。[3]

1. GAPS, "UK National Action Plan on Women Peace and Security: A Year on Shadow Report of the First Annual Review, " p.10, https://gaps-uk.org/wp-content/uploads/2019/09/NAP-Shadow-Report-APPG-GAPS-2011.pdf , accessed on Oct. 6, 2021.

2. FCO, "UK Government National Action Plan on UNSCR 1325 Women, Peace and Security Annual Review," pp.61-62, http://www.peacewomen.org/assets/file/NationalActionPlans/unitedkingdom_nationalactionplan_feb2012revised.pdf,accessed on Oct.31, 2020.

3. GAPS, "UK National Action Plan on Women, Peace and Security:A Year on Shadow Report of the First Annual Review," p.2,https://gaps-uk.org/wp-content/uploads/2019/09/NAP-Shadow-Report-APPG-GAPS-2011.pdf,accessed on Oct. 6, 2021.

《英国妇女、和平与安全国家行动计划：第一份年度评估影子报告》的发布标志着英国国家行动计划的问责机制建设迈出了重要一步。总体而言，报告给英国政府提出了六项建议：1.应公布职权范围，以表明政府反对暴力侵害妇女的态度，表明作为妇女人权的捍卫者的角色与国家行动计划之间的关系；2.确保未来年度审查能够充分利用行动要点所附的各项指标；3.除注重产出外，还应注重修订影响国家行动计划的各项指标；4.继续将妇女、和平与安全方面的承诺纳入战略和政策；5.就国家行动计划的发展咨询北爱尔兰办公室和北爱尔兰行政部门；6.为国家行动方案的实施分配更多资源。[1]

小 结

英国作为联合国安理会第1325（2000）号决议的积极响应者，是较早通过制定国家行动计划落实决议精神的西方国家之一。英国国家行动计划更新周期短、特色鲜明。2006年，英国政府出台首份国家行动计划后，国家行动计划经历了不同的发展阶段。有学者将其概括为发展、推广和战略机遇三个阶段。[2]一方面，在2006年出台第一份国家行动计划后，2010年英国政府又迅速颁布了第二份国家行动计划，在名称、内容、体例等方面均有所完善，表明英国政府在推动"妇女、和平与安全"议程中开始致力于发挥自身的独特

---

1. GAPS, "UK National Action Plan on Women, Peace and Security:A Year on Shadow Report of the First Annual Review," p.3,https://gaps–uk.org/wp-content/uploads/2019/09/NAP–Shadow–Report–APPG–GAPS–2011.pdf,accessed on Oct. 6, 2021.

2. 田小惠：《英国妇女和平与安全国家行动计划探析》，《当代世界与社会主义》2015年第1期，第147～152页。

作用，即从严格落实联合国安理会决议精神，到注重发展英国版的国家行动计划。这表明英国国家行动计划已不仅仅是对联合国决议的一种落实，而且逐步将"妇女、和平与安全"议程同其外交政策相结合，从而在国际舞台上发出英国"独特的声音"。另一方面，在推动国家行动计划发展的过程中，英国国内的女性主义民间团体开始发挥越来越重要的作用，尤其以"妇女、和平与安全副议会团体"和"和平与安全性别行动"为代表，它们在英国政府制定第二份国家行动计划中发挥了重要的咨询和监督作用。

第四章　英国落实"妇女、和平与安全"议程的行动计划（2014—2022）

联合国安理会第1325（2000）号决议通过10周年以后，"妇女、和平与安全"议程不断推进。2013年6月、10月，联合国安理会先后通过了第2106（2013）号和第2122（2013）号决议，从不同角度强调和重申了妇女、和平与安全的重要性。联合国安理会决议的丰富与发展也推动各国通过不断完善国家行动计划来确保同步落实联合国安理会决议的精神。

第一节　聚焦性暴力：第三份英国国家行动计划

2014年6月，英国保守党政府在更广泛的范围内适时地推出了第三份国家行动计划。英国在落实联合国"妇女、和平与安全"议程的过程中，在国家行动计划的制定中更聚焦核心议题、更突出外交导向。第三份国家行动计划的出台，表明英国国家行动计划的发展进入了一个新阶段。

一　《妇女、和平与安全英国国家行动计划（2014—2017）》的提出

2013年，联合国安理会连续通过的关于妇女、和平与安全的两个重要决议是推动第三份英国国家行动计划出台最直接的外部因素。2013年6月24日，在联合国安理会第6984次会议上通过了第2106（2013）号决议。决议对于冲突中的性暴力问题给予高度重视。决议确认了八国集团外长于4月11日在伦敦通过的《防止冲突中性暴力宣言》和该宣言就此做出的承诺。决议申明性暴力如果作为一种战争方法或策略，或作为针对平民发动的广泛或有计划攻击的一部分来使用或施行，可严重加剧武装冲突并延长其持续时间，阻碍恢复国际和平与安全。决议指出性暴力可构成危害人类罪，或是构成灭绝种族罪，再次要求武装冲突所有各方立即完全停止一切性暴力。决议重申必须在适当时机，在调解工作、停火和平协议中处理武装冲突中和冲突后的性暴力问题，提请注意酌情采用综合做法在武装冲突中和冲突后处理过渡司法问题，包括采取各种司法和非司法措施，从法律约束、机制建设和预防处理等方面全面提出了消除冲突中的性暴力的必要性和具体途径。[1]

2013年10月18日，在联合国安理会第7044次会议上通过了第2122（2013）号决议。决议在更广泛的范围内进一步关注到冲突中性暴力的问题。决议表示，深切关注妇女在武装冲突中和冲突后遭受的各种威胁、人权受到的侵犯和践踏，认识到必须进一步开展工作，确保采取过渡司法措施处理各种侵犯和践踏妇女人权的行为，确认被迫流离失所、强迫失踪和毁坏民用基

---

1. 联合国安理会：《第2106（2013）号决议》，S/RES/2106（2013），参见https://undocs.org/zh/S/RES/2106（2013），最后访问日期：2020年8月1日。

础设施对妇女和女童产生的不同影响。决议再次强烈谴责武装冲突中和冲突后所有针对和（或）直接影响平民（包括妇女和女童）的违反国际法的行为，包括强奸和其他形式的性暴力和性别暴力、杀害和致残、阻碍人道主义援助和大规模强迫流离失所。决议鼓励部队和警察派遣国提高派到联合国维和行动的女军事人员和警察的比例；鼓励部队和警察派遣国为所有军事和警察人员提供适当培训，以帮其履行职责；鼓励联合国相关实体提供适当指导或培训单元，包括以联合国部署前情况设想为基础，进行防止性暴力和性别暴力问题培训。决议要求在2015年进行一次高级别审查，以评估全球、区域和国家在执行联合国安理会第1325（2000）号决议方面的进展等。[1]

第三份英国国家行动计划的提出充分结合了英国政府首倡的"冲突中的性暴力"议题。在联合国"妇女、和平与安全"议程的众多议题中，"冲突中的性暴力"是英国政府关注已久的一项重要议题。自2012年5月，英国外交大臣黑格首次提出"防止冲突中性暴力倡议"以后，在2013年4月举行的八国集团外长会议上，英国作为轮值主席国又将"冲突中的性暴力"作为会议的主要议题，并促成了首个宣言——《防止冲突中性暴力宣言》的通过。同年6月，英国积极推动联合国安理会第2106（2013）号决议通过了一系列涉及冲突中性暴力的内容。9月24日，英国外交大臣在联大第68届会议上宣布了《终止冲突中性暴力承诺宣言》。

2014 年 6 月 10 日至 13 日，英国外交大臣黑格与联合国难民署高级专

---

1. 联合国安理会：《第2122（2013）号决议》，S/RES/2122（2013），https://undoes.org/zh/S/RES/2122（2013），最后访问日期：2020年8月1日。

员特使安吉丽娜·朱莉共同主持召开了"制止冲突中性暴力全球峰会"，这是涉及该议题最大规模的一次国际性会议。"防止冲突中性暴力倡议"是英国政府在推动联合国"妇女、和平与安全"议程中所倡导的一项重要议题。正是在这次全球峰会上，英国政府正式发布了《妇女、和平与安全英国国家行动计划（2014—2017）》（UK National Action Plan on Women, Peace & Security 2014-2017），这也标志着第三份英国国家行动计划是在更为广阔的国际平台上提出的。

二 《妇女、和平与安全英国国家行动计划（2014—2017）》的内容

2014年，英国政府出台的第三份国家行动计划颇具新意。一方面，它借助英国在"冲突中的性暴力"议题上的首倡地位，达到进一步提高知名度和影响力的目的；同时，国家行动计划的内容中也增加了新要素和新导向。另一方面，英国国家行动计划内容的更新与发展展现出更为复杂的多层评估和报告体系。除了《妇女、和平与安全英国国家行动计划（2014—2017）》，英国政府还同时发布了《妇女、和平与安全英国国家行动计划（2014—2017）：执行计划》（UK National Action Plan on Women, Peace & Security 2014-2017：Implementation Plan）、《妇女、和平与安全英国国家行动计划（2014—2017）：提交议会报告》（UK National Action Plan on Women, Peace & Security 2014-2017：Report to Parliament），以及由社会发展指导小组（SDD）提供的外部评估报告等。

（一）《妇女、和平与安全英国国家行动计划（2014—2017）》

从内容来看，《妇女、和平与安全英国国家行动计划（2014—2017）》主

要体现出以下五大特点。

第一，妇女、和平与安全在英国国家安全与外交中的重要性进一步凸显。行动计划用单独章节阐述了妇女、和平与安全的重要性，开宗明义地指出，"保证冲突地区的性别平等是英国国家安全的核心"，"保护妇女和女童的利益反映出英国的价值观"。[1]计划主张无论是与政府、民间社会还是私营部门合作，都必须将性别观点纳入关于冲突与建设和平的所有工作。行动计划将妇女、和平与安全上升到战略层面，首次提出了"战略框架"（strategic framework）一词。同时，英国政府将不断增加在"妇女、和平与安全"议程中的服务对象与合作伙伴。计划明确提及英国政府已确定与之合作的"重点国家"。

第二，"妇女、和平与安全"议程获得专项资金资助，并成为英国国家能力建设的重要组成部分。英国国家行动计划（2014—2017）的执行计划明确表示将确保把"妇女、和平与安全"议程充分纳入新基金。[2]2015年，英国政府成立了"冲突、稳定与安全基金"（The Government's Conflict, Stability and Security Fund，CSSF），以增强英国跨政府合作的能力，防止威胁英国利益的冲突的发生。冲突、稳定与安全基金是《国家战略防御与安全审查（2015）》（National Strategic Defence and Security Review 2015）和《英国

---

1. FCO, "UK National Action Plan on Women, Peace & Security 2014–2017,"p.5,https://www.gov.uk/government/publications/uk–national–action–plan–on–women–peace–and–security–2014–to–2017–report–to–parliament–december–2017,accessed on Oct.31, 2020.

2. FCO, "UK National Action Plan on Women, Peace & Security 2014–2017," p.20,https://www.gov.uk/government/publications/uk–national–action–plan–on–women–peace–and–security–2014–to–2017–report–to–parliament–december–2017,accessed on Oct.1, 2021.

援助战略》（The UK Aid Strategy）确定的优先事项，并接受国家安全委员会
（The National Security Council, NSC）的直接战略指导。由此可见，"妇女、
和平与安全"议程已包括在英国的海外安全利益之内，与英国的国家能力建
设息息相关。[1]

第三，强调对妇女在缔造和平和建设和平中的作用的全面理解。为了改
变社会和文化规范，创造有利于妇女和女童的环境，男人与男童的相关工作
也与维护妇女和女童权利的计划目标密切相关。英国国家行动计划指出："男
人和男童是促进'妇女、和平与安全'议程的中心部分，需要与妇女和女童
一起参与该议程。男性和男童、妇女和女童都可能是暴力的实施者和幸存者，
包括性暴力和基于性别的暴力。"在支持妇女和女童参与、保护其权利方面，
男人和男童是不可忽视的合作伙伴。[2]

第四，在文本结构上，突破并发展了联合国框架下的四大支柱体系，增
设了"国家能力"（National Capability）支柱。英国国家行动计划（2014—
2017）的"成果和框架"列出五大支柱，即在延续联合国框架下的参与、保
护、预防、救济与恢复四大支柱的基础上，新增了"国家能力"这一新的支
柱，以此"确保能够有效地发展、协调和管理其在受冲突影响国家的国防、
外交和发展工作，并评估如何有效地执行联合国安理会有关妇女、和平与安

1. MOD, "National Strategic Defence and Security Review 2015,"p.15, https://assets.publishing.
service.gov.uk/government/uploads/system/uploads/attachment_data/file/555607/2015_Strategic_
Defence_and_Security_Review.pdf,accessed on Oct.31, 2020.

2. FCO, "UK National Action Plan on Women, Peace & Security 2014–2017," pp.1,29, https://www.
gov.uk/government/publications/uk–national–action–plan–on–women–peace–and–security–2014–to–
2017–report–to–parliament–december–2017,accessed on Oct.1, 2021.

全的决议"。行动计划要求"在政府各部门推广将妇女视为英国应对冲突和不稳定的工作的组成部分的文化"。[1]具体而言，主要通过共享各级决策者所需的信息、技术和资源，以及确保行动计划过程中的透明性这两个途径，来实现英国在妇女、和平与安全方面的承诺。行动计划提供了三项"指标"，用以衡量"国家能力"建设的成果：政府部门决策人员在妇女、和平与安全方面的人均培训时长；跨政府共享信息、实践范例和经验教训的程度；是否在最后期限内实施国家行动计划。[2]"国家能力"支柱更多是一个愿景。因此，在行动计划的附录"妇女、和平与安全干预框架"中，四大支柱仍然是预设成果和提出实施途径的固定参考，"国家能力"仅被当作保证四大支柱成果的一项活动。[3]

第五，进一步扩充和明确了双边和多边合作的重点国家和区域的范围。在双边合作方面，行动计划提出了六个重点国家：阿富汗、缅甸、刚果（金）、利比亚、索马里和叙利亚。在多边合作方面，聚焦于联合国、北约、欧盟和非盟。虽然行动计划指出，英国政府将寻求支持、协助其他国际、地区和次区域组织的工作，但并未明确列举名称，也未说明如何支持与合作。[4]

---

1. FCO, "UK National Action Plan on Women, Peace & Security 2014–2017," p.30, https://www.gov. uk/government/publications/uk–national–action–plan–on–women–peace–and–security–2014–to– 2017–report–to–parliament–december–2017,accessed on Oct.1, 2021.

2. FCO, "UK National Action Plan on Women, Peace & Security 2014–2017," p.18, https://www. gov.uk/government/publications/uk–national–action–plan–on–women–peace–and–security–2014–to– 2017–report–to–parliament–december–2017, accessed on Oct.1, 2021.

3. FCO, "UK National Action Plan on Women, Peace & Security 2014–2017," p.31 https://www.gov. uk/government/publications/uk–national–action–plan–on–women–peace–and–security–2014–to– 2017–report–to–parliament–december–2017,accessed on Oct.1, 2021.

4. FCO, "UK National Action Plan on Women, Peace & Security 2014–2017," pp. 20–24, https:// www.gov.uk/government/publications/uk–national–action–plan–on–women–peace–and–security– 2014–to–2017–report–to–parliament–december–2017, accessed on Oct.1, 2021.

（二）《妇女、和平与安全英国国家行动计划（2014—2017）》的实施

在英国国家行动计划（2014—2017）实施过程中，英国更关注自身国家能力对于"妇女、和平与安全"议程的影响，以及该计划在重点国家的适应情况。计划针对当地排斥和歧视女性的结构性根源，更为有效地设计帮扶项目，加大支持力度。但这一阶段的国家行动计划仍在蓝图设计、执行责任和资源支持上存在不足之处。

第一，对英国国家总体战略所产生的影响极为有限。英国国防部发布的《国家安全战略和战略防御安全审查》（The National Security Strategy and Strategic Defence and Security Review，SDSR），将"妇女、和平与安全"议程纳入其中，但促进妇女、和平与安全的相关问题并未被广泛加以讨论和吸收。英国政府仍须明确妇女、和平与安全在国家战略上配置资源的权利，确保跨部门有效合作，以此保证达到该议程相关指标并取得效果。第二，缺乏明确的责任划分。对国家、地方政府部门以及非政府组织均未设置明确的考核标准。英国政府缺乏在制定战略目标和执行相关政策上的承诺。从责任对象来看，受援助国也未承担应尽的责任和义务，譬如积极参与英国国家行动计划、回答与计划相关的背景问题、提供信息参考和及时反馈英国国家行动计划在当地的执行情况等。第三，支持性资源不足。主要体现在政府人力和培训不足、高层支持较少和拒绝对妇女权益组织（WROs）提供直接支持。资源投入对任何一个要切实付诸实践的行动计划而言都是重要的先天条件。英国国家行动计划的最终落实在很大程度上依赖于"重点国家"（focus country）在终端环节的执行，这需要招聘和培训大量具有妇女、和平与安全专业背景的工作

人员。此外，英国政府各部门高层行政人员的支持对于落实国家行动计划具有重要作用。熟悉妇女、和平安全问题的高层政治家通过沟通内部信息和加大对该领域关注力度的方式，可更直接地影响国家行动计划和相应政策的制定和施行。英国较少直接支持妇女权利组织的做法也广受诟病。除了对缅甸、阿富汗以及大型非政府组织等提供援助款项外，英国政府避免对大部分妇女权利组织提供直接支持。

毋庸置疑，英国政府对于"妇女、和平与安全"议程的重视程度及在该议程上的影响力与日俱增。2016年3月31日，联合国安理会第2272（2016）号决议强调了打击联合国维和人员和外国军人在派驻国执行任务期间的性剥削和性虐待行为。英国在推动安理会通过第2272（2016）号决议方面发挥了关键作用。[1]4月，乔安娜·罗珀（Joanna Roper）被任命为英国外交和联邦事务部第一位性别平等问题特使（The Foreign & Commonwealth Office's Special Envoy for Gender Equality），这有助于英国在国家和国际层面上采取更协调一致的立场以促进性别平等。同时，英国政府还通过组织和参与妇女、和平与安全相关的国际会议，塑造领先形象，进一步发挥影响力。[2]

（三）三份英国国家行动计划的特点分析

梳理英国政府制定的三份国家行动计划及其年度报告，不难发现英国落实"妇女、和平与安全"议程体现出以下四方面的特点。

---

1. GAPS, "Assessing UK Government Action on Women,Peace and Security in2017," p.7, http://gaps-uk.org/wp-content/uploads/2017/12/Assessing-UK-Government-Action-on-Women-Peace-and-Security-in-2017.pdf，最后访问日期：2022年10月3日。

2. HM Government, "Special Envoy for Gender Equality: Joanna Roper CMG," https://www.gov.uk/government/people/joanna-roper/,accessed on Oct.1, 2020.

第一，英国国家行动计划是英国在履行联合国安理会相关决议和吸收国内女性组织意见的过程中不断发展和完善的。联合国安理会第1325（2000）号决议及其后续9个决议的出台，标志着联合国框架下"妇女、和平与安全"议程的形成。一方面，英国国家行动计划的提出、发展和完善一直紧紧跟随联合国"妇女、和平与安全"议程的发展。从时间来看，直至2010年之后，才出现了各国通过制定国家行动计划来履行联合国安理会第1325（2000）号决议及其后续决议的高潮。据统计，在98个已制定国家行动计划的国家中，有29个国家是在2010年之后颁布国家行动计划的，其中有20个国家是在2010年至2011年间制定计划的。[1]2010年，英国政府出台的第二份国家行动计划才逐步明确了本国在落实"妇女、和平与安全"议程上的具体政策及原则方向，在一定程度上成为日后英国国家行动计划的蓝本。

另一方面，由英国女性组织提出的年度影子报告是促使国家行动计划不断完善和改进的动因之一。2011年11月提出的针对国家行动计划年度评估报告的第一份影子报告，着重强调提供专业术语参考、加强指标监控、明确资金渠道、密切与民间社会的关系等具体内容。[2]这些建议在一定程度上得以贯彻和执行，从而增加了国家行动计划的性别内涵。同时，与法、德等欧洲大国以及美国相比，英国国家行动计划具有制定早、修订频繁、监督有力的特点。据芭芭拉·米勒、米兰德·波尼克和艾斯林·斯万的统计，截至2013年底，

1. "National Action Plans," http://www.peacewomen.org/assets /file/NationalActionPlans/miladpournikanalysisdocs/interactive_ nap_map_2014.pdf, accessed on Oct.1, 2021.
2. GAPS, "UK National Action Plan on Women Peace and Security: A Year on Shadow Report of the First Annual Review," pp.4–5,https://gaps–uk.org/wp–content/uploads/2019/09/NAP–Shadow–Report–APPG–GAPS–2011.pdf,accessed on Oct. 6, 2021.

只有9个国家通过多种途径来评估国家行动计划，并全部完成了执行周期。[1]

第二，英国已逐步从履行联合国安理会决议向构建话语主导权转变。这一转变集中体现在2011年英国国家行动计划的年度评估报告中。该年度评估报告明确提出将妇女、和平与安全问题纳入英国海外安全战略的范畴，同时，主张通过密切跨部门合作来进行有效的管理。2012年的年度评估报告又首次提出了"防止冲突中性暴力倡议"，而次年联合国才通过对此议题的相关决议。2013年的年度评估报告，指出英国在落实"妇女、和平与安全"议程方面已达到国际领先地位。2014年发布的新版国家行动计划体现出三个新特点：一是在名称上直接称之为"英国妇女、和平与安全国家行动计划"，不再提及"履行联合国安理会第1325（2000）号决议"；二是文本模板全部更新；三是政府报告的特质减弱，宣传和推广的意味大大增强。

第三，从英国国家行动计划所倡导的议题来看，英国在"妇女、和平与安全"议程上逐步体现出国内议题国际化的导向，英国积极利用多边平台推广其议题。2012年5月，英国政府首次提出"防止冲突中性暴力倡议"。2014年6月，就该议题召开了最大规模的全球峰会，这一倡议是其国内"结束针对妇女和女童的暴力"的女性主义议题在国际层面的反映。2014年6月，在"制止冲突中性暴力全球峰会"上，英国外交大臣黑格指出："这是一项涉及英国外交、安全与发展的事务，并不仅仅出于道德的责任，而是因为它对于促进全世界的和平、安全

---

1. Barbara Miller, Milad Pournik and Aisling Swaine, "Women in Peace and Security through United Nations Resolution 1325: Literature Review, Content Analysis of National Action Plans，and Implementations," Washington DC: George Washington University, 2014, p.144.

与繁荣这一共同目标的实现是极为关键的。"[1] 英国借助联合国、八国集团、北约等多边机构来积极倡导其国家议题。2013年3月，英国在联合国妇女地位委员会上提出防止针对妇女与儿童暴力行为的议题。4月，八国集团外长签署了关于冲突中的性暴力问题的宣言。6月通过的联合国安理会第2106（2013）号决议，也是在由英国担任联合国安理会轮值主席期间进行公开辩论的。在北约内部，英国积极努力将联合国安理会第1325（2000）号决议列入2012年北约首脑峰会的议程。[2]

英国在"妇女、和平与安全"议程上的不断发展也是促进欧盟推进"妇女、和平与安全"议程的重要基础。一国的外交政策至少涵盖了外交、发展、安全和国防等方面的内容。而"妇女、和平与安全"议程，在联合国的积极倡导和参与国的努力推动下，已成为争夺制定全球性别规范领导权的一个重要领域。在履行联合国妇女、和平与安全相关决议的过程中，英国处于各国的前列。正因为如此，英国通过完善国家行动计划来推动"妇女、和平与安全"议程，在将性别观点纳入外交政策方面已表现出一定的国际领导作用。[3]

与之相比，欧盟虽然也已取得一定进展，但欧盟的特殊性在于其政治结构的复杂性，这使得制定统一的妇女、和平与安全政策面临相当的困难。由于各成员国在发展阶段上的差异以及诸多利益分歧，加上欧盟在性别议题上的超国家权能较为有限，因此，作为一个地区组织，欧盟虽然在性别议题上

1. HM Government, "Launch of the UK National Action Plan on Women Peace and Security," http://www.gov.uk/government/news/launch-of-the-uk-national-action-plan-on-women-peace-and-security, accessed on Sept.31,2020.

2. HM Government, "How We Are Working with NATO to Prevent Sexual Violence Against Women," http://www.gov.uk/government/case-studies/women-peace-and-security/,accessed on Sept.31, 2020.

3. Toni Haastrup,Katharine A. M. Wright and Roberta Guerrina, "Bringing Gender in? EU Foreign and Security Policy after Brexit," *Politics and Governance* 7（2019）: 62.

一直是积极的引领者，特别是在消除针对女性的暴力行为等方面付出了重要的努力，[1]但欧盟在推动"妇女、和平与安全"议程的发展上并无突出表现，出台相关政策文件的时间也较晚。直到2018年12月，欧盟理事会才发布了《欧盟关于妇女、和平与安全战略办法》，这是欧盟致力于将性别观点纳入外交政策领域主流化的重要一步。该战略特别强调，所有欧盟外部行动都必须基于可靠的性别和冲突分析，以识别和解决暴力的性别根源。战略发布后，有专家指出新的战略必须强调国际、国家和地方在改变性别规范及建设和平中的重要性。欧盟制定了新的战略方针，强调了妇女在与和平及安全相关的所有政策和规划领域中的领导的重要性。[2]

作为欧盟的重要成员国和领导型国家，英国在外交政策中倾向于表现出性别意识，并试图在欧盟和北约等区域组织内发挥带头作用，这使得英国在"妇女、和平与安全"议程上的理念与实践均可能在欧盟层面得以"复制"。欧盟妇女、和平与安全战略是在英国脱欧公投的两年后提出的，是不断磋商和谈判的结果，其中也包括了来自英国政府和社会各界的"妇女、和平与安全"议程发展方面的经验。

毫无疑问，英国和欧盟都越来越重视外交政策中的性别化视角。英国政

---

1. 例如，早在2009年，欧盟就已制定了《消除对女性暴力指导方针》，并推出中文版。指导方针指出欧盟在消除针对女性的暴力行为方面的三个目标：预防对女性的暴力行为及一切形式的歧视行为；为受害者提供保护和支持；确保施暴者的法律责任能够得到追究。参见《欧盟"消除对女性暴力指导方针"中文版在京发布》，http://news.sohu.com/20090707/n265044884.shtml.，最后访问日期：2021年10月1日。

2. Laura Davis, "Time to Engage, Empower, Protect and Support Women and Girls in Peacebuilding," https://eploblog.wordpress.com/2018/12/19/time-to-engage-empower-protect-and-support-women-and-girls-in-peacebuilding/,accessed on Sept.31, 2020.

府在制定、修订以及评估其妇女、和平与安全国家行动计划方面已形成一套较为完善且多元化的机制，并已将计划纳入英国外交和安全事务的统一框架内。同时，英国作为"防止冲突中性暴力倡议"的首倡者和推动者，努力争取国际话语权和在"妇女、和平与安全"议程上的制高点和领导者地位。通过制定妇女、和平与安全战略，欧盟表现出在"妇女、和平与安全"议程方面的积极性和主动性。欧盟在争取"战略自主"（strategic autonomy）的同时，通过将性别观点纳入传统政策领域来赢得国际社会的关注。

第四，英国妇女、和平与安全国家行动计划已成为其国家安全、外交战略的重要组成部分，是增强英国在冷战后乃至后危机时代国际影响力的重要手段。一是"国家能力"建设在制定和执行国家行动计划中的作用突出。通过加强英国国内政府部门和军队的信息分享、工作协调和统一评估等，增强英国维护妇女和女童权益的国家能力，形成机制效能。二是明确提出"战略"一词，设计了一套包括制定政策、维护和平、基于性别的暴力、人道主义反应、安全与司法、预防和打击极端暴力主义、英国国家能力等7大战略成果的框架。三是关注的重点国家的数量不断增加。

第二节　强调整体性：第四份英国国家行动计划

联合国安理会第1325（2000）号决议通过后，后续决议的通过使"妇女、和平与安全"议程的建设获得进一步发展。同时，欧洲一体化面临的多重困境以及英国脱欧的曲折进程也成为第四份英国国家行动计划出台的重要背景。

一 《妇女、和平与安全英国国家行动计划（2018—2022）》的提出

2015年是联合国安理会第1325（2000）号决议通过15周年。6月19日，联合国大会通过决议（A/RES/69/293），宣布6月19日为"消除冲突中性暴力行为国际日"，以促使人们进一步认识到结束冲突中性暴力的必要性，纪念世界各地性暴力受害者，并向所有为消除性暴力罪行勇敢献身的人们致敬。同时，这一天也是联合国安理会第1820（2008）号决议通过的日子。这一决议是对"成为一种战争策略和建设和平的障碍的性暴力"的谴责。[1]10月13日，联合国秘书长潘基文在纪念大会上特别强调了暴力极端主义对妇女和女童权益的伤害，强调应格外关注在和平与安全行动中脆弱的妇女，特别是土著妇女的生存状况和权益保护。他指出："一个共同的主题已经出现，即任何改革都必须将性别平等和妇女的领导作为核心要素，并且必须以人权为基础。"[2]

2015年10月13日，联合国安全理事会第7533次会议通过了第2242（2015）号决议。联合国安理会第2242（2015）号决议的通过是联合国框架下"妇女、和平与安全"议程构建的重要一步。决议注意到全球和平和安全局势不断变化，尤其是可滋生恐怖主义的暴力极端主义势头上升，难民和境内流离失所者人数增加；重申安理会要更加关注妇女、和平与安全问题，因为这一问题贯穿安理会议程的所有相关专题工作领域。

---

1. 联合国：《消除冲突中性暴力行为国际日》，https://www.un.org/zh/events/elimination-of-sexual-violence-in-conflict/，最后访问日期：2020年8月1日。

2. UN, "Security Council Renews Commitment to Landmark Resolution on Women, Peace and Security," https://news.un.org/en/story/2015/10/512482-security-council-renews-commitment-landmark-resolution-women-peace-and-security, accessed on Dec.31, 2020.

联合国安理会第2242（2015）号决议确认了联合国安理会第1325（2000）号决议通过15周年的重要意义和决议取得的进展。第2242（2015）号决议确认有机会而且需要进一步落实"妇女、和平与安全"议程，继续深切关注妇女在许多维护国际和平与安全的正式进程中和机构中尚没有足够的代表权，国家、区域和国际上涉及政治、和平与安全的机构中担任高级职务的妇女人数尚不足，人道主义对策尚未充分考虑性别平等等问题。决议认识到一些国家和组织不支持妇女发挥领导作用，妇女、和平与安全方面的工作缺少资金，维护国际和平与安全工作由此受到不利影响等问题。决议鼓励会员国在妇女、和平与安全方面提供更多资金，包括为发生冲突的地方和处于冲突后局势中的地方的促进性别平等和增强妇女权能的方案提供更多援助；鼓励会员国通过能力建设等途径，支持处于武装冲突和冲突后局势的国家执行关于妇女、和平与安全的决议；要求加强与增强妇女权能和促进性别平等相关的国际组织合作，邀请援助提供者跟踪援助进展情况，重点关注性别平等问题的援助的进展情况。[1]

在区域层面，自2015年以来，欧洲一体化进程陷入经济、社会及政治多重困境，是影响英国国家行动计划的完善以及"妇女、和平与安全"议程建设的重要的外部因素。2008年金融危机的爆发以及随后而来的欧元区主权债务危机给欧洲经济以沉重打击。欧债危机是欧洲经济一体化发展进程中遭受的重创，欧洲各国的经济经过短暂恢复后，很快陷入衰退和疲软；2013年，欧元区国家经济发展再次停滞，欧盟各国的经济难以摆脱危机的影响，难以

---

1. 联合国安理会：《第2242（2015）号决议》，S/RES/2242（2015），https://undocs.org/zh/S/RES/2242（2015），最后访问日期：2022年2月8日。

进入经济发展的快车道。[1]2011年，叙利亚内战引发的难民潮迅速升级为难民危机。2014年，德国、瑞士、英国和美国成为叙利亚战争爆发以来除中东地区以外接收难民数量居前几位的国家。[2]大批难民的涌入给德、英等欧洲大国以及中东欧各国的治理带来巨大挑战，社会安定与治安问题凸显。难民危机成为引发欧洲社会与政治危机的重要因素，这一时期，法国、意大利、德国和英国等国的民粹主义开始抬头。

2016年6月23日，英国脱欧公投的成功成为震荡英国和世界的"黑天鹅"事件。此后，英国的脱欧进程一拖再拖，经历了冗长谈判、多次延迟、政府更迭、议会否决和脱欧过渡期后，成为一场看不见终点的"马拉松"，导致英国社会疲态尽显，政治生态和民众心理均遭割裂，引发多重社会危机。2020年12月31日脱欧过渡期结束，标志英国正式脱离欧盟。至此，持续了近五年的英国脱欧大戏落下帷幕。

自英国政府发布第三份国家行动计划以来，英国在不断进行评估和总结的同时，也在酝酿新版国家行动计划的出台。而自2016年以来的英国脱欧进程，无疑成为这一时期最大的外部变量。在英国脱欧的背景下，英国国家行动计划仍不断完善和修订，推动英国"妇女、和平与安全"议程的发展。

（一）英国的脱欧进程

欧债危机的爆发使得英国国内经济形势迅速恶化。面对严峻的经济形势，

---

1. 田小惠、杨羽茜：《法国国民阵线的转型及影响》，《现代国际关系》2018年第10期，第29～37页。

2. Nicole Ostrand，"The Syrian Refugee Crisis: A Comparison of Responses by Germany, Sweden, the United Kingdom, and the United States," *Journal on Migration and Human Security* 3（2015）:257.

2010年上台的卡梅伦（David Cameron）政府亟须拿出应对措施。在数百名保守党议员联名致信的压力下，卡梅伦同意再次通过全民公投的方式决定英国是否继续留在欧盟。2013年1月23日，卡梅伦在演讲中首次正式提及英国脱欧公投。[1]2015年，卡梅伦在竞选中承诺，如若保守党获胜，将在2017年底前通过全民公投来决定英国的去留。2016年6月23日，英国举行关于是否脱离欧盟的全民公投，结果51.9%的英国人赞成脱欧。卡梅伦首相随即宣布辞职。7月13日，特雷莎·梅（Theresa May）接替卡梅伦就任英国首相。

2017年2月，英国政府发布了《英国退出欧盟与欧盟建立新型伙伴关系》白皮书（The United Kingdom's Exit from and New Partnership with the European Union），阐述了英国脱欧的十二项准则，表达了英国退出欧盟单一市场、收回边境控制权、结束欧盟司法管辖权并与欧盟建立全新战略伙伴关系的坚定决心。[2]

脱欧进程第一阶段（2017年3~12月）。2017年3月16日，英国女王伊丽莎白二世批准脱欧法案，授权特雷莎·梅政府启动脱欧程序。英国政府经议会批准，援引《欧盟条约》第50条（Article 50 of the Treaty on European Union），正式启动脱欧程序，由此开启了英国与欧盟达成全面自由贸易协议的脱欧谈判阶段。欧盟委员会任命米歇尔·巴尼耶（Michel Barnier）为首席谈判代表。4月29日，欧盟27国领导人一致通过了与英国谈判的指导方针。该方针对于谈判框架、欧盟的总体立场与原则、分阶段脱欧方法做出明确规定。方针规定谈判第

---

1. David Cameron, "EU Speech at Bloomberg," Jan. 23, 2013,https://www.gov.uk/government/speeches/eu-speech-at-bloomberg,accessed on Dec.2, 2020.

2. HM Government, *The United Kingdom's Exit from and New Partnership with the European Union*（UK:APS Group, 2017）, p.67.

一阶段集中讨论欧盟和英国公民权利、金融解决方案以及北爱尔兰局势三大问题。7月，特雷莎·梅政府组建了脱欧事务部，任命"硬脱欧派"官员大卫·戴维斯（David Davis）为脱欧事务大臣（Brexit Secretary），负责英方与欧盟关于各项脱欧条款的谈判工作。在10月的保守党年会上，特雷莎·梅提出将于2017年3月底启动脱欧程序。

脱欧进程第二阶段（2017年12月~2018年6月）。2017年12月8日，欧盟委员建议欧洲理事会同意脱欧谈判进入第二阶段。12月15日，欧洲理事会拟订第二阶段谈判指导方针。谈判第二阶段主要讨论未来欧盟与英国关系框架和英国提出的过渡安排。2018年1月29日，欧洲理事会通过了谈判补充指令。[1]指令确定了过渡期时限、欧盟法律适用、贸易政策与国际交易以及欧盟机构四个方面的问题，并建议过渡期结束日期为2020年12月31日。6月26日，英国女王批准英国脱欧法案（Withdrawal Act），允许英国退出欧盟。然而，特雷莎·梅面临政府内对脱欧协议的严重分歧。

脱欧进程第三阶段（2018年7月~2019年7月）。2018年7月，脱欧事务大臣戴维斯因认为特雷莎·梅的脱欧计划太"软弱"而辞职，两天之后"脱欧派"外交大臣约翰逊也向首相递交辞呈。在此情况下，英国政府于7月12日发布《英国与欧盟未来的关系》（The Future Relationship between the United Kingdom and the European Union）白皮书，就脱欧后英国与欧盟的贸易自由提出方案，白皮书内容被认为英国政府倾向实行"软脱欧"计划。[2]11月25日，

---

1. Council of the EU, "Brexit: Council（Article 50）Adopts Negotiating Directives on the Transition Period," General Secretariat of the Council,Jan.29,2018,p.1.

2. HM Government, *The Future Relationship between the United Kingdom and the European Union*（UK: APS Group,2018）, p.97.

欧盟除英国外的27国领导人一致通过了英国脱欧协议草案。但英国下议院却于2019年1月15日、3月12日、3月29日三次否决了英国脱欧协议草案，使得英国脱欧在通过国内立法程序的过程中遭遇巨大挫折。英国国内不同党派对于脱欧方案纷争不断。工党希望维持关税同盟，保守派反对脱欧法案的财政解决方案以及北爱尔兰和爱尔兰之间边境管制的担保（the backstop）方案，自由民主党和苏格兰民族党试图通过二次公投来扭转英国脱欧大势。4月10日，欧盟同意将脱欧日期延至10月31日。由于协议未获批准，特雷莎·梅于7月辞去首相职务。至此，英国与欧盟进行了超过20场谈判，付出了巨大的努力与代价，但英国与欧盟之间以及英国内部党派之间始终存在分歧，使得脱欧进程更为曲折。

脱欧进程第四阶段（2019年7月~2020年12月）。7月24日，约翰逊（Boris Johnson）接替特雷莎·梅就任英国首相。10月17日，约翰逊政府与欧盟谈判，达成新的脱欧协议（Withdrawal Agreement）。[1]协议主张在爱尔兰和北爱尔兰边境问题上采取担保方案：英国将不再与欧盟建立关税同盟，但允许北爱尔兰按照欧盟成员国爱尔兰的规定采用欧盟海关规则，从而避免了两者之间的硬边界。过渡期结束后，英国将不受欧盟法律约束，不再履行公平竞争的承诺。北爱尔兰仍将在英国的关税区和增值税区，但将与欧盟在这些地区的规则保持一致。过渡期结束后，北爱尔兰将投票决定是否希望继续这一安排。英国议会批准了上述脱欧协议，但却拒绝在10月31日最后期限前将其付诸法律。10月22日，英国下议院否决了约翰逊为推动新脱欧协议尽快在议会通过而制定的立法时间表。经过一系列磋商，最终英国议会于1月23日、欧盟于1月30日批准

---

1. UK Parliament，"The October 2019 EU UK Withdrawal Agreement," Oct. 18, 2019,https://commonslibrary.parliament.uk/research–briefings/cbp-8713/, accessed on Apr.11, 2020.

了该协议，协议于1月31日生效，即英国于2020年1月31日离开欧盟。同时，英国和欧盟将在同年12月31日前谈判双方未来的关系。[1]在过渡期内，英国仍是欧盟关税同盟和单一市场的一部分，但不再是欧盟政治机构的一部分。2020年12月31日过渡期结束，英国正式完全脱离欧盟，标志着英国脱欧进程的终结。

（二）"全球英国"：脱欧后的英国外交

漫长的脱欧进程对于英国经济、贸易和就业形势带来了诸多负面影响。早在脱欧公投前，卡梅伦及财政大臣乔治·奥斯本（George Osborne）即指出，脱欧将会对英国经济造成重创。卡梅伦指出，脱欧后英国经济将面临衰退，为应对此情况政府将不得不增税或减少财政支出，这将给民众日常生活带来诸多不利影响。奥斯本也警告称，一旦脱欧，英国会"穷"很多，政府也将采取更为紧缩的财政政策，并调高相应的税率。

2016年4月，经合组织发布报告《英国脱欧的经济影响：一项加税决定》（The Economic Consequences of Brexit: A Taxing Decision）。报告指出，如果英国脱欧，与留在欧盟相比，其经济到2020年将缩减3%，到2030年将缩减5%。报告认为，在未来很长一段时间内，英国脱欧都将增加英国民众的税收负担。曲折冗长的脱欧进程也使得英国未来的经济前景充满不确定性。据统计，英国经济增长率从2015的2.4%下降到2018年的1.5%。[2]英国政府预计，脱欧将在15年内使得英国的经济增长率降低6.7%。英国将失去世界第五大经

---

1. Asa Bennett, "How Will the Brexit Transition Period Work?," Jan. 31, 2020, https://www.telegraph.co.uk/politics/2020/01/31/brexit-2020-transition-period-eu/, accessed on Feb.2,2020.

2. UK Office for National Statistics, "Gross Domestic Product: Q-on-Q4 Growth Rate CVM," Feb. 11,2020,https://www.ons.gov.uk/economy/grossdomesticproductgdp/timeseries/ihyr/pn2,accessed on Apr.11, 2020.

济体的地位，被法国赶超。[1]

英国脱欧是对英国与欧盟关系的一次全面重塑，对于英国的外交也产生深远影响。在脱欧进程中，英国政府也同步酝酿着新的外交理念和战略。2016年7月，英国外交大臣约翰逊在《每日电讯报》发表的文章中首次提出"全球英国"（Global Britain）的外交理念。[2]10月，特雷莎·梅首相进一步阐述了"全球英国"的愿景。她指出英国虽然与欧盟是亲近的朋友、盟友以及重要的贸易伙伴，但英国要超越欧洲大陆，在更广阔的世界中发现机遇，与老朋友和新伙伴发展经贸关系。[3]特雷莎·梅首相在以"脱欧后的英国：全球英国展望"（Britain after Brexit：A Vision of a Global Britain）为题发表的就职演讲中指出："公投后的英国面临着重大变革的时代，告别欧盟的英国将扮演一个更勇敢而积极的全球角色。"[4]但这一过程也将异常艰难。正如欧洲理事会主席图斯克（Donald Tusk）在结束第一谈判阶段后所指出的，英国脱欧"分手困难，而分手后再建立新的关系则更为艰难"。[5]2017年1月，特雷莎·梅在兰卡

1. UK House of Commons Library, "Brexit Deal: Potential Economic Impact," Oct. 18, 2019,https://commonslibrary.parliament.uk/brexit/brexit-deal-potential-economic-impact/,accessed on Apr.11, 2020.

2. Boris Johnson, "Brexit frees us to build a truly global Britain," *The Telegraph*, 16 Jul. 2017,http://www.telegraph.co.uk/opinion/2016/07/16/brexit-frees-us-to-build-a-truly-global-britain/, accessed on Apr.10, 2020.

3. Theresa May, "Read in Full: Theresa May's Conservative Conference Speech on Brexit," 2 Oct. 2016, https://www.politicshome.com/news/uk/political-parties/conservative-party/news/79517/read-full-theresa-mays-conservative,accessed on Apr.10, 2020.

4. "Theresa May's Brexit Speech in Full," http://www.telegraph.co.uk/news/2016/10/02/theresa-may-brexit-boris-johnson-david-davis-liam-fox-live/,accessed on Apr.10, 2020.

5. "The Observer View on Brexit Developments," http://www.theguardian.com/commentis free/2017/dec/09/observer-view-eu-talks-soft-brexit/,accessed on Apr.10, 2020.

斯特宫演讲中正式阐述了英国未来在脱欧谈判中的立场，其中特别谈及了如何推动脱欧后"全球英国"的实现。[1]此后，杰里米·亨特（Jeremy Hunt）、多米尼克·拉布（Dominic Raab）在担任外交大臣期间，根据英国脱欧进程发展的不同阶段，在世界各国不同场合多次强调脱欧后英国的"全球角色"。2021年3月，英国政府发布《竞争时代的全球英国：安全、国防、发展与外交政策综合评估》等报告，标志着"全球英国"外交理念的正式确立。

在脱欧进程中，英国政府通过"全球英国"外交理念来努力"构建全球新角色"，既是为了降低脱欧过程中的摩擦力和确保英国社会凝聚力的重要说辞，也是英国政府必须努力追求的外交目标。[2]对英国而言，脱欧公投后英国政府提出的"全球英国"的外交新定位更有利于与欧盟以外的国家建立更深入的合作关系。经过十多年的发展，英国"妇女、和平与安全"议程已成为英国外交、安全政策中的有机组成部分。在推进议程发展过程中，英国逐渐在性别议题上取得引领地位。在脱欧背景下，英国外交的调整和转型必将对"妇女、和平与安全"议程的进一步发展产生重要影响。

（三）脱欧对于英国落实"妇女、和平与安全"议程的影响

英国的脱欧进程既对英国与欧盟在妇女、和平与安全方面的合作产生了影响，也对英国国内女性主义议题的发展产生了多重影响。

---

1. Theresa May, "The Government's Negotiating Objectives for Exiting the EU: PM Speech, " https://www.gov.uk/government/speeches/the-governments-negotiating-objectives-for-exiting-the-eu-pm-speech,accessed on Apr.10, 2020.
2. 冯存万：《构建全球新角色：退欧框架下的英国外交评析》，《国际论坛》2018年第4期，第37～43页。

1.英国与欧盟在妇女、和平与安全方面的合作

脱欧是英国政府对英欧关系的历史性重大调整和重新定位。英国脱欧后将着重寻求作为国际行为体的角色和定位，在外交上注重加强与美国的盟友关系。英国将可能促进欧盟和北约在"妇女、和平与安全"议程上进一步接触。同时，"妇女、和平与安全"议程可能继续成为英欧之间共同合作的领域。

在脱欧进程中，英国一直继续支持欧盟在妇女、和平与安全方面的工作。2019年1月，欧盟、北约和联合国就防止性剥削和性虐待问题举行工作坊，英国提供帮助。3月，英国推动召开在波斯尼亚和黑塞哥维那举行的西巴尔干妇女、和平与安全高级别会议。这是英国促进与欧盟、北约合作而做出的诸多努力的一部分。

对欧盟而言，英国脱欧有助于其反思并加强外交与安全领域内性别议题推动者身份的构建。欧盟一直是两性平等政策的倡导者和实践者，致力于在相关政策领域建立法律秩序，持续讨论性别议题。从欧洲一体化的发展来看，促进两性平等是一项基本准则。以欧盟委员会（European Commission）、欧洲议会（European Parliament）和欧洲对外行动署（European External Action Service）为代表的欧盟超国家机构和外交机构，在不同程度上都努力将性别观点纳入主流化视角。

欧盟注重落实联合国框架下的"妇女、和平与安全"议程，致力于通过一系列政策和决议将性别观点纳入外交事务的主流框架。2008年，欧盟出台了《欧盟落实联合国安理会关于妇女、和平与安全的第1325（2000）号及第1820（2008）号决议的全面方法》（Comprehensive Approach to the EU Implementation of UN Security Council Resolutions 1325 and 1820 on WPS）。

此后，欧盟又制定了《性别行动计划（2010—2015）》（Gender Action Plan 2010-2015）。计划重点加强保护妇女和女童免受基于性别的暴力，并主张增加妇女在和平进程中的参与作用。在2016年出台的《欧盟外交与安全政策全球战略》（The Global Strategy for the EU's Foreign and Security Policy）中，欧盟再次重申了在关于冲突问题的解决方案中融入"妇女、和平与安全"议程的重要性，也特别强调了加强妇女参与外交决策的必要性。2018年，欧盟通过了《欧盟妇女、和平与安全战略方针》（EU Strategic Approach to Women, Peace and Security）。2019年，欧盟制定了《欧盟妇女、和平与安全行动计划》（EU Action Plan on Women, Peace and Security）。[1]

英国和欧盟都将妇女、和平与安全作为吸引外部参与者的一项重要工具。在脱欧进程中,英国试图将"妇女、和平与安全"议程纳入"全球英国"的外交体系，而"全球英国"理念所强调的经济贸易、安全等这些国家硬实力的体现，更多蕴含着"男性化"的力量特质。自2016年英国举行脱欧公投以来，与脱欧相关的事项已占据英国绝对的政治话语空间。随着脱欧进程的推进，英国在欧盟内部决策过程中日益被边缘化。有学者指出，这在一定程度上有助于欧盟将性别观点纳入外交与安全等主流政策领域，英国脱欧越来越多地成为欧盟组织内进一步致力于两性平等的主要战略工具。[2]还有学者指出，欧盟

---

1. Sophie Desmidt, "How the Women, Peace and Security Agenda Is Integrated into the EU's Gender Action Plan," October,2021,https://ecdpm.org/wp-content/uploads/Women-Peace-Security-Agenda-Integrated-EU-Gender-Action-Plan-ECDPM-Briefing-Note-141-2021.pdf,accessed on Mar.5, 2022.

2. Roberta Guerrina, Katharine Wright and Toni Haastrup, "Living up to the Women, Peace and Security Agenda? Gender Must Be a Core Element of Brexit Negotiations," Feb. 19, 2020, https://blogs.lse.ac.uk/brexit/2020/02/19/living-up-to-the-women-peace-and-security-agenda-gender-must-be-a-core-element-of-brexit-negotiations/,accessed on Apr.29, 2020.

自身在推动"妇女、和平与安全"议程的发展中也并未排除英国。但毫无疑问，脱欧协议中并未涉及性别议题，这从另一个侧面也表明性别议题并非英国与欧盟未来关系的核心内容。[1]

2.英国国内女性议题的发展

在国内长期且影响广泛的妇女运动和女性主义的推动下，英国一直高度重视性别平等和性别议题。英国在被纳入欧洲一体化进程的47年中，在一定程度上也在被逐步"欧洲化"。在脱欧背景下，英国在妇女法律权利保护、经济地位和政治参与等方面均受到不同程度的影响。

在法律权利保护方面，脱欧对于英国女性权益保护将产生深远影响。欧洲法院（European Court of Justice）和欧洲人权委员会（European Commission on Human Rights）的法律在确保英国两性平等方面发挥着重要作用。《欧盟基本权利宪章》（Charter of Fundamental Rights of the European Union）规定了妇女在就业、工作和工资方面的权利，包括了英国法律未覆盖的一些关键权利，如尊严权、不歧视性别、公平公正的工作条件和儿童权利等。脱欧后，英国将不再受该宪章约束。这意味着对于妇女权利的保护遭到削弱，基本权利的保护水平有所降低，在基本人权保护方面将造成英国和欧盟的差距。同时，英国也将不再由欧洲法院管辖，也不受欧盟判例法的约束，这将降低英国对妇女的法律保护和英国平等法的标准。

欧洲人权委员会和妇女与平等委员会批评英国政府未参与关键的修正案

---

1. Toni Haastrup, Katharine A. M. Wright and Roberta Guerrina, "Bringing Gender in? EU Foreign and Security Policy after Brexit," *Politics and Governance* 7（2019）: 68.

和提案，未将妇女和两性平等议题纳入脱欧法案，在英国脱欧后未能充分保护平等法。脱欧法案并未提及妇女或两性平等，脱欧协议仅在附件中有四页提及妇女议题。英国政府并未讨论在脱欧后将如何保障人权。英国政府关于平等问题的分析报告并未充分解决两性平等问题，也未充分说明脱欧对妇女权利和平等法的影响有多大。在脱欧进程中，关于英国妇女议题的讨论十分有限。

在社会经济层面，脱欧对英国妇女也有一系列影响。英国妇女充当家庭贫困的主要"减震器"。妇女是家庭的主要预算计划者和消费者，是家庭食品的主要采购者和制备者。忽略性别问题的贸易政策和协定将造成妇女的经济劣势。英国脱欧造成的食品价格上涨和短缺，将影响妇女，特别是低收入家庭的妇女。公共服务开支削减和人员短缺将影响妇女成为这些服务的主要使用者。

在公共服务方面，英国脱欧后国民保健服务的削减和短缺可能对妇女造成不利影响。在失去欧盟宪章和关于同工同酬的条约的保护后，英国的性别薪酬差距可能扩大。持续的紧缩政策将通过导致家庭和女性贫困、税收的性别差异和福利变化、削减女性主导的公共服务、减少女性的劳动参与和扩大性别工资差距，对妇女产生不同程度的影响。女工面临着脱欧导致的失业（特别是在以女性为主的服装、服务和护理部门）、工资增长缓慢、男女工资差距扩大。英国政府并未采取足够的措施来应对这些威胁。

就妇女政治参与而言，从电视节目到谈判桌，妇女的声音仍然非常有限。女性在媒体报道、议会辩论、竞选工作、脱欧事务部和谈判代表等关键决策职位中的代表性长期不足，女性的声音、女性与脱欧的话题也被边缘化，议会没有相关的正式辩论。在媒体对英国脱欧的报道中，女性的代表性长期不足。而英国脱欧的主要声音来自白人男性。在全民公投期间，男性占据了新闻报道的85%，电视报道的发言时间占73%，新闻语录占92%。在公投投票、脱欧意见和结果偏好方面，男女之间的性别差异在于：女性投票支持留欧的比例为51%（男性为45%）；年轻男性投票脱欧的比例是年轻女性的两倍；女性比男性更喜欢二次公投、留欧和单一市场。英国脱欧在很大程度上是通过男性语言和男性声音来表达的。[1]

女性政治家在议会有关脱欧的辩论中代表性不足。妇女几乎完全没有出现在关于脱欧的辩论中。妇女被系统地排除在具有影响力和决策权的关键职位之外。女性政治家在有影响力的政治团体中的代表性长期不足。虽然女性在英国脱欧期间（尤其是特雷莎·梅）在政治上的地位日益突出，然而歧视依然存在。

在脱欧协议中，妇女的权利被视为是可牺牲和不值得被主流关注的。欧洲人权委员会（Equality and Human Rights Commission, EHRC）和英国下议院妇女特别委员会（House of Common's Women's Select Committee）指出，相关媒体报道只集中在少数白人男性保守政治人士身上，女性的声音愈发微弱；议会辩论主要由男性主导；妇女和英国脱欧问题只有少数女性人物的"稀疏"干预；英国政府拒绝采取明确、必要的措施保护妇女的平等权益免受英国脱欧的负面影响。有学者指出，越来越多的证据表明，妇女的权利保护及两性

---

1. Roberta Guerrina, " The Gender Story of Brexit: From Under-Representation of Women to Marginalisation of Equality," in G. Abels, A. Krizsan, H. MacRae, & A. van der Vleuten, eds., *The Routledge Handbook of Gender and EU Politics*（London:Routledge,2021）, pp. 392–403.

平等事业进展缓慢，妇女被认为是英国脱欧之后首当其冲的受害者。[1]

二 《妇女、和平与安全英国国家行动计划（2018—2022）》的内容

2018年1月，在英国脱欧进程进入第二阶段，脱欧前景尚不明朗的背景下，特雷莎·梅政府发布了《妇女、和平与安全英国国家行动计划（2018—2022）》（UK National Action Plan on Women, Peace & Security 2018–2022），这也是英国政府发布的第四份国家行动计划。行动计划概述了联合国妇女、和平与安全框架下的7项战略成果和相关指标组成的监测和评价框架，明确指出政府部门从核心预算中为妇女、和平与安全工作提供资金支持。计划仍强调外交和联邦事务部、国防部和国际发展部的共同负责和协调配合，同时强调与"和平与安全性别行动"等民间社会和以伦敦经济学院妇女、和平与安全中心为代表的学术界的充分合作。

（一）《妇女、和平与安全英国国家行动计划（2018—2022）》

英国国家行动计划（2018—2022）延续了联合国框架下"妇女、和平与安全"议程的基本宗旨和原则。在欧洲地区形势错综复杂，危机叠加，特别是在英国脱欧进程的背景下，英国国家行动计划（2018—2022）也体现出诸多新动向。英国国家行动计划（2018—2022）模糊了参与、保护、预防、救济与恢复四大支柱的作用，把7项战略成果作为"妇女、和平与安全"议程的新基石。7项战略成果仍服务于四大支柱，并与9个重点国家以及英国领导方

---

1. Mary Honeyball MEP and Hannah Manzur, *Women and Brexit Report Executive Summary and Key Points*（Brussels:European Parliament,2019）,p.1.

式和内容相匹配。第四份国家行动计划明确要求英国政府应继续加强领导力建设，以履行对全球妇女、和平与安全的承诺。7 项战略成果之间相辅相成，其中"国家能力"建设作为第七项战略成果，是前 6 项战略成果的动力。7 项战略成果及其内容的调整具体如下。

第一，在"维护和平"方面，要求在制定和平行动的国际标准及执行任务时坚持采纳性别观点。[1]联合国安理会第 1325（2000）号决议及其后续相关决议指出，应将性别观点纳入和平特派团。和平行动在预防暴力和保护冲突环境中的妇女和女童的权利方面发挥着关键作用。维和人员必须能够认识到妇女和女童受冲突影响的不同方式，必须对她们进行培训，以防止冲突中暴力行为的发生和使她们学会如何应对暴力。维和特派团在执行任务中越来越多地规定了妇女地位，并提供了关于性别议题的专门知识。[2]大量证据表明，包括妇女在内的维和特派团执行任务更加有效，更能够与当地居民，特别是妇女和女童进行接触。[3]然而，在一些联合国工作人员和维和人员中存在性剥削和性虐待问题。因此，性别观点的采纳意味着将使对妇女、男性、男童和女童的关切成为设计、执行、审查和评价政策方案和军事行动，以及监测核查的组成部分。和平行动的根本要求是军事、警察和民事行动人员能够采纳性别

---

1. HM Government, "UK National Action Plan on Women, Peace & Security 2018 – 2022," p.6, https://assets.publishing.service.gov.uk/government/uploads/system/uploads/attachment_data/file/677586/FCO1215–NAP–Women–Peace–Security–ONLINE_V2.pdf, accessed on Oct.1, 2021.

2. R.Coomaraswamy, "Preventing Conflict, Transforming Justice, Security the Peace: A Global Study on the Implementation of United Nations Security Council Resolution 1325," p.144.http://www.unwomen.org/~/media/files/un%20women/wps/highlights/unw–global–study–1325–2015.pdf,accessed on Apr.20, 2020.

3. UN Peacekeeping, "Women in Peacekeeping," http://www.un.org/en/peacekeeping/issues/women/womeninpk.shtml,accessed on Apr.20, 2020.

观点，确保妇女和女童得到更有效的支持和更好的保护，确保并履行两性平等的承诺。

英国国家行动计划（2018—2022）提出，在维和行动中，应以"国际标准"为制度要求，英国可通过外交努力来影响"国际标准"的制定和授权。具体而言，主要通过军事、政治和人道主义方面的贡献，以及通过不断增强和扩大国际伙伴的能力来达到影响"国际标准"的目的。英国政府明确表示，联合国应采取行动以显示对于妇女和女童最高标准的保护。英国国家行动计划支持联合国秘书长的零容忍态度，以及防止虐待的措施，支持调查所有指控，支持分析年度报告进展情况的具体行动。英国支持以幸存者为中心的方法，支持对犯罪者采取适当的法律行动，主张改进对军警和非军警人员的培训，增加部署在和平行动中的妇女人数。英国政府认为，恢复、维持和支持和平的有效的干预措施可防止冲突和暴力行为，包括针对妇女和女童的冲突和暴力；对性别问题有敏感认识的和平行动将能够更好地保护妇女和女童以及男性和男童免受暴力的侵害。

第二，在"安全和司法"方面，要求安全及司法机构应更多关注妇女和女童群体，并对她们的权利和需求做出回应。尽管国际社会已对妇女地位作出了一些承诺，但却往往忽略了她们的具体需求。暴力行为发生的地方往往具有男性主导和性别偏见的特性，这意味着妇女和女童可能无法得到保护。此外，妇女和女童在获得安全和法律权利方面面临着更多障碍，包括识字率低、流动性差和信息水平低，她们遭受二次受害的风险高，常因性别暴力而遭受侮辱。因此，将两性平等和性别观点纳入国防、安全和司法管理，可直接减少暴力冲突的风险，有助于提高安全和司法水平以及行动效力。英国政府积极支持国家、地区和国际行为体的多边防卫、安全和司法进程，支持改善为妇女和女童提供的防卫、安全和司法服务，特别是在性别暴力方面。英国政府主张增加安全部门中女性职员的人数和晋升机会；建立机构，制定解决安全保障方面性别不平等问题的对策；提高妇女在安全部门的比例，保护在安全部门工作的妇女的安全和权利；将两性平等观念充分纳入管理和监督机制，并充分认识建立各国和多边安全协调机制的重要性。

第三，在决策方面，鼓励妇女参与决策进程，增加妇女人数，包括让妇女参与社区和国家预防冲突和建设和平的进程。妇女和女童在正式和非正式的各级决策中的代表性仍旧不足。英国政府认为支持妇女和女童参与政治生活、调解、预防冲突、建设和平以及冲突后重建国家和社区的进程，对于建设持久和平与稳定至关重要。英国政府支持旨在预防或解决冲突的进程，包括通过预警、调解、对话和和解进程；通过国家行动计划支持受冲突影响地区的合法和有效的治理机构。英国将在多边和双边外交中积极行动，以影响和改变受冲突影响的国家的政治环境，使妇女能够参与决策进程，倡导妇女被赋予参与决策的权利，甚至让其发挥领导作用。

第四，对"基于性别的暴力"的重视。"基于性别的暴力"是指任何违背个人意愿的有害行为，这种行为是基于男女性别差异。[1]"针对妇女和女童的暴力"是指导致或可能导致身体、性方面的伤害的任何基于性别的暴力行为，或对妇女的心理造成伤害或痛苦的行为，包括威胁、胁迫或任意剥夺

1. Inter Agency Standing Committee, "Guidelines for Integrating Gender-based Violence Interventions in Humanitarian Action," http://gbvguidelines.org/wp/wp-content/uploads/2015/09/2015-IASCGender-based-Violence-Guidelines_lo-res.pdf,accessed on Apr.20, 2020.

自由。英国政府认为，基于性别的暴力是一种侵犯人权的行为，给个人、家庭、经济和社会带来了沉重的负担。在冲突地区工作的妇女面临着特别的暴力行为风险，包括性暴力、骚扰和诽谤。男性和男童也可能遭受与冲突有关的暴力侵害。英国在打击和应对冲突中的"基于性别的暴力"行动方面占据全球领导地位。英国政府提出了《结束对妇女和女童的暴力行为跨政府战略（2016—2020）》，通过了《保护性暴力和性威胁受害者倡议》（Protection of Victims of Sexual Violence or Intimidation，PVSVI）。英国国际发展部关于两性平等的战略构想侧重于在和平、冲突和危机中应对各种形式的暴力侵害妇女的问题。英国倡导消除一切形式的暴力侵害妇女的问题，认为解决联合国维和人员的性剥削和性虐待问题对于防止暴力侵害儿童也至关重要。

第五，主张通过"人道主义应对"来有效地满足妇女和女童的需求。冲突所导致的流离失所现象日益增多，人道主义危机日益严峻。两性不平等、性暴力的增加，对妇女和女童的影响更为严重。有证据表明，危机加剧了现有的性别不平等，妇女在月经、怀孕和哺乳期间面临卫生条件不足、无法获得性健康和生殖健康服务，以及更高的暴力、剥削和虐待风险。[1]英国政府将通过直接向当地提供资金或向以联合国相关机构为主的多边机构提供资金等方式参与人道主义干预。英国主张对基于性别的暴力进行干预，并将之纳入人道主义行动的准则。

第六，主张确保妇女参与和领导制定预防和打击暴力极端主义的战略。妇女和女童易受暴力极端主义的影响，往往成为极端主义团体的目标，性暴力和

---

1. R. Coomaraswamy, "Preventing Conflict, Transforming Justice, Security the Peace: A Global Study on the Implementation of United Nations Security Council Resolution 1325," http://www.unwomen. org/media/files/un%20women/wps/highlights/unw-global-study-1325-2015.pdf/, accessed on Apr.20, 2020.

基于性别的暴力也被极端主义团体用作一种策略。[1]因此，应加强妇女参与打击暴力极端主义以及以多种方式防止暴力极端主义的努力。联合国安理会第2242（2015）号决议和联合国秘书长防止暴力极端主义行动计划概述了将预防和打击暴力极端主义纳入世界和平进程的承诺，敦促各会员国确保妇女参与和领导制定打击暴力极端主义的战略。英国承诺："确保打击暴力极端主义的海外工作。妇女将在执行海外打击暴力极端主义工作方案中处于中心地位。"[2]

第七，加强"英国能力"（UK Capability）的建设。在英国国家行动计划（2018—2022）中，"英国能力"建设的指标更为宏观和概念化，共有四大指标：将性别问题纳入国家安全战略的主流；将妇女、和平与安全纳入国家跨部门业务计划和方案；将适当和适用的性别问题纳入军事理论和训练材料的主流，并任命军事性别问题顾问；将性别分析纳入冲突分析和研究。[3]英国政府继续加强履行妇女、和平与安全承诺的能力、流程和领导力。具体而言，"能力"是指英国政府通过开发必要的资源，提供专门知识和培养技能，促进两性平等，增强履行妇女、和平与安全承诺的能力。"领导力"是英国政府设定的愿景。英国与伙伴国家、国际组织等一起推动"妇女、和平与安全"议程的共同行动。"流

1. UN Security Council, "Resolution 2242," http://www.securitycouncilreport.org/atf/cf/%7B65BFCF9B–6D27–4E9C–8CD3–CF6E4FF96FF9%7D/s_res_2242.pdf,accessed on Apr.23, 2020.

2. S. Verma, "The UK Firmly Believes that the 15th Anniversary must Represent the Start of A New Era on Women, Peace and Security," https://www.gov.uk/government/speeches/the-uk-firmly-believes-that-the-15th-anniversary-must-represent-thestart-of-a-new-era-on-women-peace-and-security/, accessed on Apr.20, 2020.

3. HM Government, "UK National Action Plan on Women, Peace & Security 2018–2022," p.26, https://assets.publishing.service.gov.uk/government/uploads/system/uploads/attachment_data/file/677586/FCO1215–NAP–Women–Peace–Security–ONLINE_V2.pdf, accessed on Oct.2, 2021.

程"是确保领导力和能力转化为具体行动以使英国履行在"妇女、和平与安全"议程方面的承诺的机制和系统。英国努力将性别平等议题纳入所有预防、解决和冲突后重建的行动中，有助于英国政府在国家行动计划之外确立更广泛的性别平等优先事项。这一战略成果超越并支持其他六项战略成果。

（二）《妇女、和平与安全英国国家行动计划（2018—2022）》的特点分析

英国国家行动计划（2018—2022）除注重七项战略成果框架的构建和加强对"重点国家"的援助外，还体现出以下诸多特点。

第一，明确了"妇女、和平与安全"议程在英国外交与安全事务中的重要地位。英国国家行动计划（2018—2022）将"妇女、和平与安全"议程全面纳入英国国家安全和战略层面，是英国国家利益的重要组成部分。第三份英国国家行动计划，只提出，"保证冲突地区的性别平等是英国国家安全的核心"。[1]而英国国家行动计划（2018—2022）的开篇即指出："'妇女、和平与安全'议程以及在全球范围内促进性别平等是英国政府的重中之重，是英国国家利益之所在，是促进和平、稳定、经济发展和减贫的重要途径。"[2]

第二，对国家行动计划的体例进行修改和完善。一方面，将计划所涵盖的时间范围从4年延长至5年，并以此作为制定和完成长期任务目标的基础。

---

1. FCO, "UK National Action Plan on Women, Peace & Security 2014–2017," p.1, https://www.gov.uk/government/uploads/system/uploads/attachment_data/file/319870/FCO643_NAP_Printing_final3.pdf, accessed on Apr. 10, 2020.

2. HM Government, "UK National Action Plan on Women, Peace & Security 2018–2022," p.1, https://assets.publishing.service.gov.uk/government/uploads/system/uploads/attachment_data/file/677586/FCO1215–NAP–Women–Peace–Security–ONLINE_V2.pdf,accessed on Apr.10, 2021.

时任外交大臣约翰逊宣称这一改革有利于英国和执行伙伴实现长期目标和展示所获成果。[1]2017年发布的《终线报告：英国妇女、和平与安全国家行动计划》（Endline Report：UK National Action Plan on Women Peace and Security）的结论部分，建议以5年为一阶段制定和执行国家行动计划，并指出："目前这项为期3年的国家行动计划时间太短，难以对6个'重点国家'制定援助方案，因此，需要更长的时间才能够将国家行动计划纳入方案设计。"[2]

另一方面，注重规范性和普及性。英国国家行动计划（2018—2022）首次对"国家行动计划"的内涵做了具体规定，明确指出，国家行动计划是一份指导性的国家政策文件，重点关注英国政府在安全、外交和发展工作中采取的各项举措，并对这些举措所产生的结果进行评估。国家行动计划有助于为相关工作人员和合作伙伴提供指导，从而确保妇女和女童处于预防、解决和应对冲突的过程的中心地位。妇女是解决冲突和建设和平与稳定的关键。国家行动计划旨在确保英国政府在适当情况下推行对于性别问题有敏感度的政策和方法。[3]上述两项体例方面的调整，使得英国国家行动计划既体现出作为一项国家政策的连续性，也体现出作为一份"普及性文件"的推广特性。

第三，体现了英国政府在落实"妇女、和平与安全"议程上的国家愿景

---

1. HM Government, "UK National Action Plan on Women, Peace & Security 2018–2022," p.12, https://assets.publishing.service.gov.uk/government/uploads/system/uploads/attachment_data/file/677586/FCO1215–NAP–Women–Peace–Security–ONLINE_V2.pdf,accessed on Apr. 10, 2020.

2. SDD, "Endline Report：UK National Action Plan on Women,Peace and Security," p.50,https://assets.publishing.service.gov.uk/government/uploads/system/uploads/attachment_data/file/631120/NAP_ENDLINE.pdf,accessed on Mar.28,2022.

3. HM Government, "UK National Action Plan on Women, Peace & Security 2018–2022," p.4, https://assets.publishing.service.gov.uk/government/uploads/system/uploads/attachment_data/file/1022064/FCO1215–NAP–Women–Peace–Security–ONLINE_V2.pdf, accessed on Apr.10, 2021.

和现实目标，已超越了履行联合国决议精神的"国家级实施计划"。国家行动计划更多地体现了英国在实现全球"妇女、和平与安全"议程上的愿景，而非在固定的国家或地区施行计划，从而提高了计划的适应性。具体体现在以下三方面。一是合作对象的选择范围不断扩大。国家行动计划（2018—2022）第四部分明确指出要"在全球范围内"推进计划的运行，"继续与联合国、北约、欧安组织等组织合作"。二是在全球范围内为广泛的双边及多边合作提供资金。国家行动计划（2018—2022）明确表示"要为多边合作提供'核心资金'"。[1]英国政府部门已从核心预算中拨付用于资助妇女、和平与安全工作的资金，如外交和联邦事务部的全球英国基金（The FCO's Global Britain Fund）等跨政府基金，就资助该领域的工作。三是推动"妇女、和平与安全"议程的全球信息对称。2018年4月，在英联邦政府首脑会议上，英国政府承诺投入160万英镑，用于增加妇女在和平进程中的参与度，包括建立英联邦妇女联系网络（The Network of Women Mediators across the Commonwealth，WMC）。[2]该网络致力于建立一个让女性相互学习的平台。截至2018年，已有140多名申请者申请加入该网络。四是"妇女、和平与安全"议程并非仅为一项实施计划，而是已上升为国家的"性别战略"。[3]

---

1. HM Government, "UK National Action Plan on Women, Peace & Security 2018–2022," p.23, https://assets.publishing.service.gov.uk/government/uploads/system/uploads/attachment_data/file/677586/FCO1215–NAP–Women–Peace–Security–ONLINE_V2.pdf, accessed on Apr.10, 2021.

2. HM Government, "UK National Action Plan on Women, Peace and Security 2018–2022: Annual Report to Parliament 2018," p.8. https://www.gov.uk/government/publications/uk–national–action–plan–nap–on–women–peace–and–security–wps–2018–to–2022–report–to–parliament–december–2018,accessed on Apr.10, 2021.

3. GAPS, "Assessing UK Government Action on Women, Peace and Security in 2018," p.12,http://gaps–uk.org/wp–content/uploads/2019/01/Assessing–UK–Government–Action–on–Women–Peace–and–Security–in–2018.pdf, accessed on Oct.3,2022.

第四，在联合国安理会第1325（2000）号决议所确定的四大支柱的基础上增加了新的战略目标。在国家行动计划（2014—2017）中，与联合国决议的参与、保护、预防、救济与恢复四大支柱相呼应，英国设计了四个目标：促进妇女和女童在和平进程和决策过程中的参与，防止冲突和对妇女和女童的一切形式的结构性和身体暴力（包括性暴力和基于性别的暴力），保障冲突后妇女和女童的身心健康和经济安全等人权，优先关注妇女和女童在冲突后的具体需要。这表明英国落实"妇女、和平与安全"议程的计划仍是基于联合国框架下的设计。英国国家行动计划（2018—2022）以"具体、可衡量、可实现、相关性"[1]为标准制定了"七大战略目标"，从决策制定、维和行动、性别暴力、人道主义、安全与正义、预防和打击暴力极端主义、英国国家能力7个方面对妇女、和平与安全的战略设想做出规划并进一步增强英国的领导力。

第五，加强对国际实践与海外援助的关注，同时注重加强当地妇女民间团体的作用。第四份英国国家行动计划将"重点国家"的数量增加了50%，即从6个增至9个。这9个国家分别是：阿富汗、缅甸、刚果（金）、伊拉克、利比亚、尼日利亚、索马里、南苏丹和叙利亚。其中伊拉克、尼日利亚和南苏丹是首次出现。由于英国一直是全球妇女、和平与安全领域的积极参与者，新增的3个"重点国家"在之前也多次与英国政府合作，共同推动关于妇女、和平与安全相关事项的落实。早在2015年，英国政府在向议会提交的关于英国国家行动计划的报告中，就提到英国提供60万英镑的资助用于支持尼日利亚、伊拉克等国的基层组织

---

1. HM Government, "UK National Action Plan on Women, Peace & Security 2018–2022," p.5,https://assets.publishing.service.gov.uk/government/uploads/system/uploads/attachment_data/file/677586/FCO1215–NAP–Women–Peace–Security–ONLINE_V2.pdf,accessed on Apr.10, 2021.

以促进当地妇女的政治参与。[1]在英国外交和联邦事务部2017年的年度报告中，还特别介绍了英国在伊拉克打击"达伊沙"的事件。[2]伊拉克、南苏丹和尼日利亚作为饱受暴力和极端主义困扰的国家，具有相同的背景。"重点国家"的增多有助于英国政府更好地了解妇女、和平与安全的现实背景并获取所需信息，同时也能够在国际层面进一步提高英国国家行动计划的辐射力和影响力。

与前三份国家行动计划不同，第四份国家行动计划强调满足当地妇女民间社会力量的地方需求，通过建立伙伴关系以保证英国海外安全和稳定。此外，第四份国家行动计划未提及裁军问题，特别是关于英国向非洲和中东各国冲突地区转让武器的问题。

第六，注重加强战略间的适应性，清晰阐述了如何与内容更广泛的政策和战略相适应。这首先体现在制定和执行国家行动计划中，英国政府间多部门的分工协作上。英国妇女、和平与安全的相关工作由英国外交和联邦事务部、国防部和国际发展部共同领导。国家安全秘书处联合方案中心为冲突、稳定与安全基金（CSSF）小组提供咨询和方案管理支持。稳定机构也在这一过程中帮助组建了由性别和冲突问题顾问组成的骨干队伍和"防止冲突中性暴力倡议"专家小组。而妇女、和平与安全国家行动计划中的外交、发展和安全工作则由英国政策和规划小组领导，并由妇女、和平与安全跨政府工作

---

1. HM Government, "UK National Action Plan on Women, Peace and Security 2014–2017:Report to Parliament," p.12,https://www.gov.uk/government/publications/uk–national–action–plan–on–women–peace–and–security–2014–to–2017–report–to–parliament–december–2017,accessed on Nov.10, 2020.

2. FCO, "Foreign & Commonwealth Office Annual Report and Accounts 2016–2017, " p.11, https://assets.publishing.service.gov.uk/government/uploads/system/uploads/attachment_data/file/625651/FCO–annual–report–2017–web–accessible.pdf, accessed on Nov.10, 2020.

组监测。此外，英国国家行动计划还体现出与其他战略较强的互补性上。计划补充了国内战略和跨国重点战略（strategies on transnational priorities），如《终止对妇女和女童的暴力行为战略》（The Ending Violence Against Women and Girls Strategy）。

第七，注重对重点议题的外部评估及对其的专门性指导。2019年1月21日，"妇女、和平与安全副议会团体"与"和平与安全性别行动"共同编写了就英国国家行动计划（2018—2022）向议会提交的口头报告。[1]本次报告提出7项战略成果：1.妇女可更有意义和代表性地参与到决策过程中，包括组织机构与国家层面；2.性别视角始终用于制定维和行动的国际标准与执行任务过程中；3.结合有效的预防措施和对性暴力的应对，尤其是针对妇女和儿童的暴力行为，干预措施的数量在增加，规模在扩大；4.人道主义行为者和干预措施的参与和领导能够更有效地满足妇女和女童的需求；5.安全和司法行为者对妇女和女童更为负责，能够对她们的权利和需求做出回应；6.确保妇女能够参与和领导制定预防和打击暴力极端主义的战略；7.英国政府继续增强其能力，以兑现对妇女、和平与安全相关问题做出的承诺[2]。

2019年10月2日，英国外交和联邦事务部与稳定机构联合发布了第一份指导说明，即《英国关于妇女、和平与安全的国家行动计划（2018—

---

1. GAPS, "Gender Action for Peace and Security," https://www.devex.com/organizations/gender-action-for-peace-and-security-gaps-113822,accessed on Dec.2, 2020.

2. HM Government, "UK National Action Plan on Women, Peace and Security 2018-2022: Annual Report to Parliament 2018," https://assets.publishing.service.gov.uk/government/uploads/system/uploads/attachment_data/file/765743/UK_National_Action_Plan_on_Women_Peace_and_Security_2018_-2022_annual_report_to_Parliament_2018.pdf, accessed on Nov.10, 2020.

2022）指导说明——实施战略结果6：预防和打击暴力极端主义》（UK National Action Plan on Women, Peace and Security 2018-2022: Guidance Note—Implementing Strategic Outcome 6: Preventing and Countering Violent Extremism）。[1]说明用于提供英国国家行动计划为达到战略成果6所需的指导框架。暴力极端主义是联合国"妇女、和平与安全"议程中的关注重点，也是英国政府近些年关注的海外安全的重点。早在2017年联合国安理会通过的第2395（2017）号决议，就提及了恐怖主义行为对国际和平与安全造成的威胁，以及反恐战略对妇女人权和妇女组织的影响。在2019年7月发布的《国家安全战略和战略防御安全审查第三年度报告》中，英国政府肯定了"恐怖主义、极端主义和不稳定造成的威胁日益增加"的趋势，由此而更加注重政府部门的系统协调和政策融合。[2]

第八，体现出脱欧进程中英国落实"妇女、和平与安全"议程的新动向。英国政府通过制定和执行国家行动计划，为推动"妇女、和平与安全"议程的发展做出了贡献。同时，也为欧盟"妇女、和平与安全"议程提供了经验。在区域层面，英国脱欧增加了英国与欧盟在"妇女、和平与安全"议程上合作的不确定性。在国内层面，英国脱欧对于英国国内女性主义运动的发展也产生了较大影响。

---

1. HM Government, "UK National Action Plan on Women, Peace and Security 2018 – 2022: Guidance Note—Implementing Strategic Outcome 6: Preventing and Countering Violent Extremism," https://www.gov.uk/government/publications/uk-national-action-plan-on-women-peace-and-security-2018-to-2022-guidance-note-preventing-and-countering-violent-extremism/,accessed on Apr.10, 2020.

2. HM Government, "NSS and SDSR 2015: Third Annual Report," p.6, https://www.gov.uk/government/publications/nss-and-sdsr-2015-third-annual-report-2, accessed on Apr. 10, 2020.

英国政府制定并完善国家行动计划的根本目的在于全面实现国家安全利益，包括妇女在内的人的安全也是国家安全的重要组成部分。英国国家行动计划需要根据内外环境的变化不断进行调整和修订，以更好地适应政治、经济和社会现实的迅速变化。英国政府颁布的《2015年国家安全战略和战略防御安全审查》（National Security Strategy and Strategic Defence and Security Review 2015）报告明确指出："妇女全面获得政治、社会和经济权利是21世纪最伟大的成就之一，是维护海外和平与稳定的关键，具有优先地位。"[1] 而2010年卡梅伦政府发布的《英国国家安全报告》却并未谈及妇女、和平与安全对于英国国家安全建设的重要意义。[2]

作为具有近半个世纪欧盟成员国身份的英国，在脱欧公投之前，英国在构建"妇女、和平与安全"议程"国家特性"的同时也兼具欧盟成员国的身份。在对"妇女、和平与安全"议程的具体议题进行倡议方面，英国早于欧盟，为欧盟制定相关政策提供了样本。早在2006年，英国政府出台的第一份国家行动计划就已承诺实施"防止冲突中性暴力倡议"，而此时欧盟尚未制定相关政策。在2010年英国政府提出的第二份国家行动计划中，进一步将"防止冲突中性暴力倡议"作为全球"妇女、和平与安全"议程的重要组成部分。在这一过程中，英国同时承诺支持欧洲安全与合作组织的相关工作。这表明英国政府通过采取更广泛的多边外交的形式，来获得全球范围内"防止冲突

---

1. HM Government, "National Security Strategy and Strategic Defence and Security Review 2015," p.64, https://assets.publishing.service.gov.uk/government/uploads/system/uploads/attachment_data/file/478933/52309_Cm_9161_NSS_SD_Review_web_only.pdf,accessed on Aug.25, 2020.

2. HM Government, "A Strong Britain in an Age of Uncertainty: The National Security Strategy, " https://assets.publishing.service.gov.uk/government/uploads/system/uploads/attachment_data/file/61936/national–security–strategy.pdf,accessed on Aug.25, 2020.

中性暴力倡议"的领导地位。同时，英国还通过在欧洲及其他地区设立妇女调解员的形式参与倡议。此外，在更新国家行动计划的过程中，英国政府注重发挥作为欧盟成员国的重要作用，即利用英国已有的经验协调制定欧盟共同的妇女、和平与安全行动计划，以此促进欧盟"妇女、和平与安全"议程的发展。

正如女性主义学者所指出的，英国脱欧是出于促进英国在世界上扮演全球角色的战略考量，脱欧有助于更充分地显示并保障英国的"实力、安全与全球性力量"，这一新的全球观同时也具有鲜明的性别中立观。[1]英国政府强调在本国所"擅长"的妇女权利这一人权领域发挥领导性作用，并通过对外援助的途径将这一作用逐步发展为一种地区优势，乃至发展成一种全球范围内的"专长"。

2021年10月21日，在联合国安理会关于"妇女、和平与安全"线上会议上，英国代表艾哈迈德勋爵指出，英国将继续优先考虑"妇女、和平与安全"议程方面的工作，并计划于2023年初推出第五份妇女、和平与安全国家行动计划；表示英国将致力于真正展示在妇女、和平与安全问题上的领导作用，确保这一议程、这一优先事项成为贯穿于英国解决冲突、建设安全与稳定工作以及最终实现世界和平的所有工作的"金线"。[2]

---

1. C. Achilleos-Sarll and B. Martill, "Toxic Masculinity: Militarism, Deal-making and the Performance of Brexit," in D. Moira, N. Ferreria and S. Millns, eds.,*Gender and Queer Perspectives on Brexit*（Basingstoke：Palgrave Macmillan,2019）,p.89.

2.《安全理事会第八八八六次会议临时逐字记录》，2021年10月21日，参见 https://undocs.org/zh/ S/PV.8886，最后访问日期：2021年10月30日。

小　结

联合国安全理事会第1325（2000）号决议及其9项后续决议所承载的"妇女、和平与安全"议程是将性别议题纳入世界和平与国际安全范畴的重要议程。联合国安理会第1325（2000）号决议的通过具有开创性意义，是"妇女、和平与安全"议程中最重要的纲领性文件，其后续决议的跟进标志着联合国框架下的"妇女、和平与安全"议程已成为一套动态的、系统性的工程，跟随形势的变化不断发展和演进。在这一过程中，各国一直在寻求制定并执行遵循这一议程的国家行动计划。联合国和区域组织也在不断推动相关政策的出台与完善。

自2006年以来，英国政府已通过了四份关于妇女、和平与安全的国家行动计划。这四份国家行动计划清晰地勾勒出英国政府在2006年至2022年间落实联合国安理会决议并寻找英国自身国家定位的过程。经过十多年的探索，通过首倡相关议题，并促进对其的关注和重视，英国已逐步在妇女、和平与安全领域拥有了越来越多的话语权。

英国国家实力的衰落始于一战，二战后英国的国际地位进一步下降，冷战结束后的英国以追随美国作为主要的外交方向，但自伊拉克战争以来，英国的亲美外交在国内遭到严厉批评。在此背景下，英国更需要在国际舞台上发出自己的声音。积极推动联合国所倡导的"妇女、和平与安全"议程，既能够满足英国国内女性主义运动进一步发展的要求，也有利于提高英国的国

际影响力。同时，英国的国际地位还面临着新兴国家的挑战。通过性别议题
来推广其价值观和安全观，有利于话语权的获得和国际地位的提升。英国政
府在陆续提出四份国家行动计划的过程中，已较成功地将这一"国际议题"
转型为符合英国国家外交和安全利益的"国家战略"议题，实现了履行联合
国决议精神和凸显国家特色的双重目标。

第五章　英国落实"妇女、和平与安全"议程的国际实践

英国政府将"妇女、和平与安全"议程的推进作为一个全球性议题，纳入了本国对外政策和援助机制。在英国政府已发布的四份国家行动计划中，部分陷入冲突的亚非地区的国家已成为英国所关注的"重点国家"，并且数量从6个增加到9个。毋庸置疑，这些与英国有着"千丝万缕"联系的国家，在推动"妇女、和平与安全"议程发展中在不同程度上受到英国的影响。本章仅选取阿富汗、刚果（金）两国作为亚非地区国家的代表。这两个国家也是英国落实"妇女、和平与安全"议程的国际实践的主要体现。

第一节　英国落实"妇女、和平与安全"议程的实践概述

英国对于亚非欠发达国家"妇女、和平与安全"议程的长期关注，使得其妇女、和平与安全观具有了更广泛的国际影响。如前文所述，考察英国政府所制定的四份国家行动计划，不难发现，英国已将部分欠发达的亚非国家

的妇女、和平与安全建设纳入英国国家行动计划，成为其有机的组成部分，特别是在第三、四份国家行动计划中，"重点国家"的数量增加，对其的关注度提高。

一 英国妇女、和平与安全国际援助机构的发展与调整

英国在落实联合国安理会"妇女、和平与安全"议程的过程中，援助亚非等欠发达国家和冲突地区的妇女、和平与安全工作是英国国家行动计划的一项重要内容。这既符合英国作为提供国际人道主义援助的重要国家的特点，同时，也是英国政府推行国际援助的一项主要目标。

作为英国政府负责国际援助的职能机构，英国国际发展部是推动英国妇女、和平与安全国际援助的主要机构。1997年，英国工党布莱尔政府上台后，注重将妇女权利作为对外发展和外交实践的一项重要内容，并主张将英国国际发展部从外交和联邦事务部中独立出来，作为负责管理英国海外援助事务的独立的政府部门。英国国际发展部的工作宗旨是"促进可持续发展和消除世界贫困"。其中多项任务目标均与妇女、和平与安全相关。在金融危机时期，英国国际援助的重要性更为凸显。英国发展援助委员会报告指出，英国国际发展部是"全球金融危机时期的国际发展领头羊"。从区域来看，英国国际发展部的工作重点是撒哈拉以南非洲贫穷国家和亚洲地区，同时也关注中等收入国家的扶贫和可持续发展，包括拉美和东欧国家。据统计，在撒哈拉以南非洲地区，赤贫人口率也由1990年的56%降至2014年的48%，但赤贫人口总数则由2.9亿人上升至4.14亿人。该地区赤贫人口总数不减反增的原因包括人口快速增长、政府治理相对薄弱和持续的地区冲突等。[1]

---

1. 中华人民共和国商务部：《次撒哈拉非洲赤贫人口达4.14亿人》，http://ke.mofcom.gov.cn/article/jmxw/201407/20140700663349.shtml，最后访问日期：2022年3月19日。

在工党执政期间,特别是在布莱尔担任首相期间(1997~2007),非洲被列为英国外交政策和对外援助的双重点,其地位被提升到了非殖民化以来前所未有的高度。"即使非洲不是英国政府的核心关切,它至少也是一个具有标志性的政策领域。"[1]1997年,英国政府发布了题为《消除世界贫困:21世纪面临的挑战》(Eliminating World Poverty: A Challenge for the 21st Century)的首份国际发展白皮书,表明了英国致力于帮助最不发达国家消除贫困的决心,同时英国大幅提升了对非洲的援助力度。[2]在布莱尔首相的倡议下,2004年,英国成立了"非洲委员会"(Commission for Africa),其宗旨是推动国际社会共同努力,构建一个"繁荣而强大的非洲",认为发达国家具有帮助非洲的"道德责任"(Moral Duty)。[3]同时,英国积极推动整个国际社会关注非洲问题,特别是在2005年利用担任欧盟和八国集团轮值主席国的机会,成功将非洲列为相关议程中的首要事项,这一年也因此被国际社会称为"非洲年"。此外,英国政府设立了非洲冲突预防基金(UK's Conflict Prevention Pool),除用于预防冲突与维和行动以外,还用于支持冲突后的恢复工作。

在促进性别平等方面,自2012年开始,英国国际发展部开始执行女童教育项目。该项目耗资约4.55亿英镑,是英国政府致力于增加非洲和亚洲国家

---

1. Julia Gallagher, "Healing the Scar? Idealizing Britain in Africa,1997—2007," *African Affairs* 108 (2009):435.

2. DFID, "Eliminating World Poverty: A Challenge for the 21st Century ," http://webarchive. nationalarchives. gov.uk /20050404190659/http:/www. dfid.gov.uk /Pubs/files/whitepaper1997.pdf, accessed on Dec. 2, 2021.

3. Commission for Africa, "Our Common Interest: Report of the Commission for Africa," http://www. commission forafrica.info/wp —content/uploads/2005—report/11—03—05_cr_ report.pdf, accessed on Dec. 2, 2021.

处于边缘化的女童受教育机会所做出的承诺的内容之一。在2018年举办的七国集团峰会上，特雷莎·梅宣布英国国际发展部将在未来八年内通过"女童教育挑战"（Girls Education Challenge）项目，以帮助150万名女童完成从小学到高中的教育。该项目试图增加处于贫困和冲突地区全球最边缘化的女童的学习机会，已向18个国家的37个项目拨款3亿英镑。英国积极筹备第二阶段女童教育挑战基金，通过审查上一阶段的援助质量，吸取经验教训，转变援助重点，关注女童辍学率和性别暴力问题，提出适当的方案并予以资助。2018年英国政府还计划到2022年，通过预防孕产妇死亡项目，以拯救超过6000名女性的生命。此外，英国还与国际贸易中心（The International Trade Centre）一道，在尼日利亚等非洲国家发起"扶持女性参与英联邦贸易"项目（She Trades Commonwealth Programme），目的是发挥女性在国际贸易中的独特作用。[1]

英国是提供人道主义援助的大国。根据"全球人道主义援助"（Global Humanitarian Assistance）的统计，2018年，英国以25.18亿美元援助资金，成为世界第四大国际人道主义捐助国，仅次于土耳其、美国和德国。[2] 2017年至2019年，英国国际发展部拨款9500万英镑，用于援助印度女性的就业项目。[3] 这些具有性别特色的对外援助项目是英国在国际事务中关注性别议题的体

---

1. 李靖堃：《"全球英国"理念下英国对非洲政策的调整》，《西亚非洲》2019年第2期，第116页。

2. Global Humanitarian Assistance, "Global Humanitarian Assistance Report 2018," https://reliefweb. int/sites/reliefweb.int/files/resources/GHA–Report–2018–Executive–summary.pdf,accessed on Dec. 2, 2021.

3. DFID, "Girls Education Challenge: Project Profiles," https://assets.publishing. service.gov.uk/government/uploads/system/uploads/ attachment_data/file/415489/GEC-Project-Profile-booklet-March2015.pdf, accessed on Dec. 2, 2021.

现,也有助于英国"妇女、和平与安全"议程在全球的推广。

2020年6月,英国国际发展部与外交和联邦事务部合并为"外交、联邦与发展办公室"。约翰逊首相认为,英国的海外援助是"从天而降的巨型提款机",与英国的国家利益毫无关联,需要将国际发展事务纳入英国外交事务的范围进行统一管理,以有助于更好地推行英国的外交政策。[1]对此,英国三位前首相布莱尔、布朗和卡梅伦一致认为,这将大大削弱英国的软实力和国际影响力,并使得英国在国际谈判桌上的筹码大大减损。

英国国际发展部并入外交和联邦事务部体现出后脱欧时代,英国政府致力于更好地推行"全球英国"国家战略以实现其国家利益的意图。在这一背景下,英国"妇女、和平与安全"议程有可能继续发挥其在英国外交和安全事务中的特殊作用。2020年11月,英国首相约翰逊宣布,将对外援助支出从占国民收入的0.7%暂时削减至占0.5%,这意味着英国每年的对外援助资金将减少40亿英镑。对外援助预算的削减主要体现在气候和环境、卫生、人道主义、贸易以及教育和性别平等领域。削减援助预算对贫困国家的影响最大,全球急需援助和人道主义救济的人们将陷入更加被动的境地。国际救援委员会(IRC)指出,英国削减援助将严重影响巴基斯坦的基础教育。一旦英国停止提供援助资金,近1.1万名巴基斯坦农村女童将可能被迫丧失受教育的机会。[2]

2021年3月,英国政府发布《竞争时代的全球英国:安全、国防、发展

---

1. 中华人民共和国商务部:《英国计划合并外交部和国际发展署》,http://www.mofcom.gov.cn/article/i/jyjl/k/202006/20200602977652.shtml,最后访问日期:2021年10月1日。

2. Global Humanitarian Assistance, "Global Humanitarian Assistance Report 2018," https://reliefweb.int/sites/reliefweb.int/files/resources/GHA-Report-2018-Executive-summary.pdf,accessed on Dec.2, 2021.

与外交政策综合评估》，指出非洲是世界上最多样化的大陆，具有显著的发展势头。未来，英国寻求在气候和生物多样性，全球卫生安全，自由贸易，危机管理，冲突预防和调解，妇女、和平与安全议程以及促进善治和人权等领域与非盟合作。[1] 该报告进一步明确了非洲国家的妇女、和平与安全是"全球英国"外交的关注重点。

二 英国与"重点国家"在妇女、和平与安全方面合作的扩大与深化

在英国制定国家行动计划的过程中，对具体国家的关注度在逐步提高，关注范围在逐步扩大。在第一、二份国家行动计划中并无"重点国家"的界定，仅仅简单提及刚果（金）、阿富汗、尼泊尔三国。第三份国家行动计划将阿富汗、缅甸、刚果（金）、利比亚、索马里和叙利亚六国确定为重点合作国家。在第四份国家行动计划中又新增了伊拉克、尼日利亚和南苏丹三国。英国对于"重点国家"的关注有不断加强之势。

（一）推动新增"重点国家"妇女、和平与安全建设

伊拉克是落实联合国安理会第1325（2000）号决议精神，制定实施国家行动计划的中东国家之一。伊拉克国内形势复杂，历经多年国内冲突。伊拉克战争后，经济重建任务繁重。2003年5月，联合国安理会第1483（2003）号决议取消对伊拉克除武器禁运以外的所有经济制裁。伊拉克重建重点是能

---

1. HM Government, "Global Britain in a Competitive Age: The Integrated Review of Security, Defence,Development and Foreign Policy," p.63,https://assets.publishing.service.gov.uk/government/uploads/system/uploads/attachment_data/file/975077/Global_Britain_in_a_Competitive_Age_the_Integrated_Review_of_Security__Defence__Development_and_Foreign_Policy.pdf,accessed on Oct.3,2022.

源、教育、卫生、就业、供电、供水、食品等领域。但由于安全局势不稳，基础设施严重损毁，经济重建进展缓慢。[1]同时，伊拉克国内各方精英、逊尼派、什叶派和库尔德人之间的纷争加深了伊拉克人民对以往历史矛盾和宗派的不满。伊拉克宪法要求25%的议员应为女性，但多年的冲突和经济衰退使得妇女在伊拉克大多数领域的地位都严重下降，妇女仍然被排除在为和平与安全倡议做出积极贡献的群体之外。

2014年，伊拉克政府颁布了《妇女、和平与安全伊拉克国家行动计划（2014—2018）》。国家行动计划重点关注妇女的政治参与以及和平时期妇女的各项权利。[2]但该行动计划缺乏参与性和透明性。一方面，诸多问题并未直接聚焦联合国安理会第1325（2000）号决议。另一方面，计划并未提供明确的项目时间表和预算。这为国际社会监测和评估伊拉克国家行动计划造成了阻碍。伊拉克是英国每年《人权报告》的重点观察国。2019年3月，英国政府资助了"和平与安全性别行动"与其合作伙伴举行的关于伊拉克问题的磋商会，就伊拉克的局势及相关政策交流意见。[3]

尼日利亚是非洲人口最多的国家，也是非洲最大的经济体。尼日利亚自20世纪70年代起成为非洲最大的产油国。尼日利亚还是英国重要的原油与天然气来源国之一。石油业是尼日利亚的支柱产业，其他产业发展滞后，粮食

---

1. 中华人民共和国外交部：《伊拉克国家概况》,https://www.mfa.gov.cn/web/gjhdq_676201/gj_676203/yz_676205/1206_677148/1206x0_677150/,最后访问日期2022年3月28日。

2. Zeynep N. Kaya, "Women, Peace and Security in Iraq," http://eprints.lse.ac.uk/67347/1/WPSIraq.pdf,accessed on Dec.2, 2020.

3. GAPS, "UK Government Consultations on the 20th Anniversary of UNSCR 1325 in 2020 and the 2019 UK-Hosted PSVI International Conference: Iraq Consultation," https://gaps-uk.org/wp-content/uploads/2019/11/WILPF-ASUDA-Iraq-Consultation-Report.pdf,accessed on Dec. 5, 2020.

不能自给，基础设施落后。[1]1992年，尼日利亚被国际货币基金组织列为低收入国家。1995年起，尼日利亚政府对经济进行整顿，取得一定成效。自1960年以来，尼日利亚国内武装冲突和暴力活动不断。特别是在2009年以后，尼日利亚境内的"博科圣地"（Boko Haram）组织在该国东北部造成大量平民流离失所，其中妇女占很大一部分。2014年开始，"博科圣地"还招募女性自杀袭击者为其工作。[2]对英国而言，尼日利亚更重要的作用在于安全领域。2010年，在英国政府发布的"安全防务战略"中将"博科圣地"列为该地区对英国安全最大的威胁。2016年，英国向尼日利亚提供4000万英镑用于打击恐怖主义和极端主义。在尼日利亚，男子主宰和控制社会、经济和政治生活，妇女和女童在传统和宗教习俗下常常受到歧视。尼日利亚的女性参政率极低，暴力侵害妇女和女童的行为普遍，尼日利亚东北部的妇女由于与"博科圣地"的冲突尤其面临危险。

在联合国安理会第1325（2000）号决议通过后，2013年8月，尼日利亚颁布了第一个国家行动计划《尼日利亚执行联合国安理会第1325号决议及相关决议的国家行动计划》（National Action Plan for the Implementation of UNSCR 1325 and Related Resolutions in Nigeria）。但该计划并未能涉及叛乱、暴力极端主义等新出现的问题。2016年，尼日利亚卡杜纳州还发布了州一级的妇女、和平与安全计划。2017年5月，尼日利亚发布了第二份国家行动计

---

1. 中华人民共和国外交部：《尼日利亚国家概况》，https://www.mfa.gov.cn/web/gjhdq_676201/gj_676203/fz_677316/1206_678356/1206x0_678358/，最后访问日期：2022年3月28日。

2. International Crisis Group, "Nigeria: Women and the Boko Haram Insurgency," https://www.crisisgroup.org/africa/west-africa/nigeria/nigeria-women-and-boko-haram-insurgency,accessed on Dec.2, 2020.

划（2017—2020），[1] 主要完善了监测和评估框架，并且要求定期汇总信息，编纂报告。国家行动计划重申将性别观点纳入政府政策，但"妇女、和平与安全"议程并未被优先考虑。针对妇女和女童的暴力行为仍旧很普遍。在和平与安全倡议方面，妇女仍处于被边缘化的地位，特别是在尼日利亚东北部存在大量性暴力行为。

2011 年 7 月，南苏丹共和国成立。南苏丹是世界最不发达国家之一，道路、水电、医疗卫生、教育等基础设施薄弱，社会服务严重缺失，商品基本依靠进口，价格高昂。国际社会在基础设施建设和公共服务等方面向南苏丹提供了大量援助。[2] 南苏丹独立后不久就出现了严重的危机，数以万计的人被杀害，200 万难民逃到邻国，同样数量的人在国内流离失所。南苏丹国内性别不平等现象严重，妇女的地位受到许多歧视性习惯法和社会规范的制约。此外，童婚率高，女童受教育程度低，家庭内部和地区冲突中基于性别的暴力行为也很多。联合国南苏丹人权独立委员会报告指出，冲突中发生了大量性暴力事件。在推动"妇女、和平与安全"议程方面，2011 年南苏丹先后颁布了《南苏丹共和国过渡法》（The Transitional Constitution of the Republic of South Sudan，2011）和《2011—2013 年南苏丹发展计划》（The South Sudan Development Plan, 2011-2013），南苏丹国家行动计划就是在此基础之上设计并施行的。2015 年，南苏丹制定了首个国家行动计划（South Sudan National

---

1. Federal Ministry of Women Affairs and Social Development, "National Action Plan for the Implementation of UNSCR 1325（2017-2020）," http://peacewomen.org/sites/default/files/NAPNigeria.pdf, accessed on Apr.5, 2021.

2. 中华人民共和国外交部：《南苏丹国家概况》,https://www.mfa.gov.cn/web/gjhdq_676201/gj_676203/fz_677316/nsd_678308/nsdgg_678310/,最后访问日期：2022 年 3 月 28 日。

Action Plan 2015–2020 on UNSCR 1325 on Women, Peace and Security and Related Resolutions），[1]以确保妇女在和平进程中的参与和领导地位。南苏丹的国家行动计划中包含了确切的项目时间表，甚至还提及了裁军等有关事项。

（二）持续关注原有"重点国家"的妇女、和平与安全进程

英国国家行动计划（2018—2022）明确提出应不断加强与原有"重点国家"的合作力度，持续关注阿富汗、缅甸、刚果（金）、利比亚、索马里和叙利亚六国的妇女、和平与安全现状。在亚洲地区，阿富汗、缅甸和叙利亚是英国妇女、和平与安全海外实践持续关注的三个重要国家。

"9·11"事件后，阿富汗塔利班政权在美国军事打击下垮台。在联合国主持下，阿富汗启动战后重建"波恩进程"。2014年9月，阿富汗举行第三次总统选举，加尼宣誓就任阿富汗总统。[2]阿富汗国内局势长期动荡，大部分地区仍处于高度不安全的状态。87%的妇女曾报告遭受过身体或性暴力，妇女的识字率仅有19%，仅有19%的妇女进入劳动力市场。阿富汗政府设立了第一夫人办公室，以促进妇女权利的保护，并成立了妇女民间社会活动家小组，以提供咨询。妇女权利问题是阿富汗国家和平与发展框架的一部分。2015年，阿富汗制定了第一份国家行动计划。

2011年1月，缅甸联邦议会召开首次会议，正式将国名改为"缅甸联邦

---

1. Republic of South Sudan, "South Sudan National Action Plan 2015–2020 on UNSCR 1325 on Women, Peace and Security and Related Resolutions," http://www.undp.org/content/dam/southsudan/library/Reports/southsudanotherdocuments/SS%20NAP%201325.pdf, accessed on Dec.2, 2020.

2. 中华人民共和国外交部：《阿富汗国家概况》，https://www.mfa.gov.cn/web/gjhdq_676201/gj_676203/yz_676205/1206_676207/1206x0_676209/，最后访问日期：2022年3月28日。

共和国"。2015年11月8日举行新一轮全国大选,昂山素季领导民盟赢得压倒性胜利,获组阁权,缅甸妇女的参政比例有所提高。妇女在议会中代表的比例从2012年的不足5%提高到2016年的10%左右。但妇女在地区议会中所占比例不足5%,在村级行政人员中几乎没有代表。[1]在军政府时期,妇女基本被排除在和平谈判之外,通过的种族和宗教法律表现出对妇女的歧视。缅甸目前尚未制定国家行动计划。

在非洲地区,刚果(金)、利比亚和索马里是英国妇女、和平与安全海外实践持续关注的三个主要国家。

刚果(金)是联合国公布的世界最不发达的国家之一。1996年的内战和1998年的地区冲突,使国民经济雪上加霜,濒于崩溃。[2]自2003年刚果战争结束以来,局势有所改善,但东部地区仍然不稳定,暴力活动持续,并蔓延到新的地区。刚果(金)的妇女和女童遭受贫穷和战争冲突的双重影响。有报告指出,52%的妇女在她们一生中遭受过身体暴力,27%遭受过性暴力。[3]在政治参与方面,国会议员中妇女的比例仅为8.2%。歧视性的社会规范、较低的教育水平等导致妇女在公共和私人领域的决策活动中处于被边缘化的境地。

---

1. HM Government, "UK National Action Plan on Women, Peace & Security 2018–2022," p.21, https://assets.publishing.service.gov.uk/government/uploads/system/uploads/attachment_data/file/677586/FCO1215–NAP–Women–Peace–Security–ONLINE_V2.pdf, accessed on Oct. 2, 2021.

2. 中华人民共和国外交部:《刚果民主共和国国家概况》, https://www.mfa.gov.cn/web/gjhdq_676201/gj_676203/fz_677316/1206_677680/1206x0_677682/,最后访问日期:2022年3月28日。

3. Demographic and Health Surveys, "Democratic Republic of Congo Demographic and Health Survey,2014," https://dhsprogram.com/pubs/pdf/SR218/SR218.e.pdf,accessed on Apr.20, 2020.

　　自2011年2月以来，利比亚局势持续动荡。利比亚内战爆发后，反对派与卡扎菲政权分庭抗礼。联合国安理会先后通过第1970、1973号决议，对利比亚实施制裁。北约随后对利比亚发动军事行动。[1]国内安全和政治局势不断恶化，利比亚妇女的权益处于被忽视的境况。利比亚国内形势和政局的稳定是利比亚妇女参与公共生活活动的重要前提和保证。

　　索马里也是世界最不发达国家之一。1991年后，由于连年内乱，工农业生产和基础设施遭到严重破坏，经济全面崩溃。2012年索马里联邦政府成立后，经济发展初现生机，人民生活水平有所改善。[2]索马里还被认为是世界上最不适合妇女居住的地方之一。20年内战的遗留问题使得对妇女和女童的暴力行为已达到极端和普遍的程度。索马里妇女被排除在经济、社会、政治网络和决策之外。宗法制度使索马里的两性不平等问题长期存在。2016~2017年，在索马里总统和议会选举中，女性赢得24%的席位。[3]

　　动荡不安的环境和脆弱的社会经济使得索马里成为世界第三大难民来源国，仅次于叙利亚和阿富汗。[4]索马里长期处于战乱之中，经济发展滞后，人民生活水平低，尤其是妇女和儿童，生存和发展权益得不到基本保障。索马

---

1. 中华人民共和国外交部：《利比亚国家概况》，https://www.mfa.gov.cn/web/gjhdq_676201/gj_676203/fz_677316/1206_678018/1206x0_678020/，最后访问日期：2022年9月30日。

2. 中华人民共和国外交部：《索马里国家概况》，https://www.mfa.gov.cn/web/gjhdq_676201/gj_676203/fz_677316/1206_678550/1206x0_678552/，最后访问日期：2022年3月28日。

3. HM Government, "UK National Action Plan on Women, Peace & Security 2018–2022," p.22, https://assets.publishing.service.gov.uk/government/uploads/system/uploads/attachment_data/file/677586/FCO1215–NAP–Women–Peace–Security–ONLINE_V2.pdf,accessed on Oct. 2, 2021.

4. CIA, "Somalia," https://www.cia.gov/library/publications/the–world–factbook/geos/so.html, accessed on Apr.20, 2020.

里是非洲医疗水平较低的国家之一。由于卫生条件差和保健服务的不足,妇女预期寿命短。产妇死亡率和婴儿死亡率均居全球第3位。[1]此外,索马里妇女还面临强奸、强迫婚姻、女性生殖器切割和其他形式的性别暴力。索马里获得独立后,英国支持联合国向索马里派遣维和部队,支持国际社会调停索马里国内各派矛盾。英国是推动索马里和平进程的重要捐助国。2012年2月,英国外交大臣黑格访问索马里,随后又召开第一次索马里问题伦敦国际会议。2013年4月,英外交大臣黑格再次访问索马里,并与索马里总统马哈茂德(Hassan Sheikh Mohamud)共同主持英驻索使馆的复馆仪式。英国成为自1991年索马里内乱以来首个恢复驻索使馆的欧洲国家。[2]2017年5月,英国主办了索马里问题国际会议,重点关注索马里安全架构的建立,包括索马里国家军队的未来规划,以及如何在保护人权的同时打击恐怖主义等问题。英国首相特雷莎·梅在演说中特别强调,索马里要在实现安全的过程中发挥领导作用,认为这是政治与经济进步的基石。[3]

索马里是英国国家行动计划(2014—2017)中所特别关注的"重点国家"之一。英国对索马里妇女、和平与安全建设的关注主要体现在三方面。一是与英国对索马里的整体政策保持一致。英国国际发展部颁布了《索马里运行

1. 中华人民共和国外交部:《索马里国家概况》,https://www.mfa.gov.cn/web/gjhdq_676201/gj_676203/fz_677316/1206_678550/1206x0_678552/,最后访问日期:2022年3月28日。

2. 中华人民共和国外交部:《索马里国家概况》,https://www.mfa.gov.cn/web/gjhdq_676201/gj_676203/fz_677316/1206_678550/1206x0_678552/,最后访问日期:2022年3月28日。

3. HM Government,"PM Speech at the London Somalia Conference ,"https: //www.gov.uk / government /speeches/pm —speech —at —the —london —somalia —conference/,accessed on Dec.2, 2020.

计划2011—2015》(Somalia Operational Plan 2011–2015)。[1]二是英国直接参与索马里国家发展方案的制定。英国参与了《索马里国家发展计划2017—2019》(Somalia National Development Plan 2017–2019，SNDP)的制定。该计划把妇女作为流离失所者和性别暴力受害者的问题、妇女的司法公正和接受教育的问题等作为性别领域的关切事项。[2]英国政府为发展计划的制定提供专业指导和分析。[3]三是英国政府积极利用多边合作推动索马里妇女的赋权活动。2016年，英国援助(The UK Aid Direct)、联合国开发计划署、联合国建设和平支持办公室(United Nations Peacebuilding Support Office)共同发布了《加强索马里妇女性别平等和妇女赋权方案》(Strengthening Gender Equality and Women's Empowerment in Somalia)，持续追踪索马里"妇女、和平与安全"议程的进展。[4]

2012年，索马里成立妇女与人权发展部(The Ministry of Women and Human Rights Development)，重点监测索马里的妇女人权状况。2013年，索马里政府批准了联合国"人权路线图"，承诺帮助妇女取得平等地位并进行妇女赋权。2014年，联合国制定了《索马里综合战略框架（2014—2016）》

1. DFID, "Somalia Operational Plan 2011–2015," update 2012, https://www.gov.uk/government/publications/dfid–somalia–operational–plan–2011–2015, accessed on Dec.2, 2020.

2. Federal Government of Somalia, "Somalia National Development Plan 2017–2019," p.129, http://mop.gov.so/index.php/ndp/somali–national–development–plan/,accessed on Dec.2, 2020.

3. HM Government, "UK National Plan on Women, Peace & Security 2014–2017—Report to Parliament," p.18, https://www.gov.uk/government/publications/uk–national–action–plan–on–women–peace–and–security–2014–17–report–to–parliament–december–2015, accessed on Dec.2, 2020.

4. UNDP, "2016 Quarter 1, Progress Report: Strengthening Gender Equality and Women's Empowerment in Somalia," https://www.undp.org/content/dam/somalia/docs/GEWE%20Report%20–Jan–March%202016.pdf,accessed on Dec. 2, 2020.

（United Nations Somalia Integrated Strategic Framework 2014-2016），对性别问题作了明确说明，联合国将根据安理会第1325（2000）号决议和第1820（2008）号决议，促进索马里的性别平等和妇女赋权，并承诺将确保性别观点纳入其干预措施。[1]2016年12月，索马里新一届议会产生，妇女赢得24%的议会席位，尽管并未达到索马里领导人所承诺的妇女代表占30%的目标，但与上届议会中妇女代表只占14%相比，妇女政治赋权的需求得到了相当程度的满足。[2]2017年9月，联合国颁布的《索马里综合战略框架（2017—2020）》为索马里性别平等和妇女赋权问题设置了问责框架，包括问题协调、能力发展、监测报告三个方面。[3]随着和平进程的推进，索马里妇女权益问题也在一定程度上得到了解决。2019年10月8日，索马里召开妇女大会，商讨制定索马里国家行动计划，以加强妇女在稳定和重建工作中对建设和平和社会经济进步的参与。[4]

（三）英国对非洲的援助与"妇女、和平与安全"议程

英国是世界上第三大对外援助国，2017 年英国的官方发展援助总额为

---

1. United Nations,the Federal Government Somalia, "United Nations Somalia Integrated Strategic Framework 2014-2016," p.16,https://unsom.unmissions.org/sites/default/files/old_dnn/docs/Somalia%20ISF%202014-2016%20FINAL%20signed.pdf,accessed on Dec. 2, 2020.

2. FCO, "Human Rights Priority Country Status Report: July to December 2016," https://www.gov.uk/government/publications/somalia-human-rights-priority-country/human-rights-priority-country-update-report-july-to-december-2016, accessed on Dec. 2, 2020.

3. UNSF, "UN Strategic Framework Somalia 2017-2020," p.44, https://unsom.unmissions.org/sites/default/files/un_strategic_framework_2017-2020_somalia.pdf, accessed on Dec.2, 2020.

4. AMISOM, "Somali Women Kick Start Processes to Develop A National Plan of Action for greater Inclusion in Peace Building," https://amisom-au.org/2019/10/somali-women-kick-start-processes-to-develop-a-national-plan-of-action-for-greater-inclusion-in-peace-building/,accessed on Oct. 20, 2020.

183 亿美元。[1]对外援助是英国在全球和地区事务中发挥影响力的重要工具之
一。英国是少数官方发展援助（ODA）占国民总收入（GNI）0.7%的国家之
一。[2]到第一次世界大战结束时，英国已成为非洲最大的殖民帝国（以人口计
算），其殖民地拥有 5000 多万人口。非洲广大的殖民地为英国带来了巨大的
经济利益和战略利益。目前，非洲国家是英国对外援助的重点地区，占其对
外援助总额的 21%（2016 年）。[3]其中，获得英国援助额最多的三个国家是埃塞
俄比亚、尼日利亚和塞拉利昂。

　　保障国家安全是英国发展与非洲关系的核心关切。英国政府提出，通过
使英国成为在非洲设立办事机构最多的欧洲国家，努力增强英国在非洲的存
在感。[4]2017 年 8 月，英国驻尼日利亚的高级专员公署搬迁到扩建后的新地址
后，出席仪式的外交大臣约翰逊指出，这"标志着英国对尼日利亚的长期承
诺"。[5]特雷莎·梅在访问非洲期间也宣布，将与南非、肯尼亚和尼日利亚三国
共同打造"创新伙伴关系"（Innovation Partnership）。[6]

---

1. Development Initiatives，"Aid Spending by DAC Donors in 2017 ," http://devinit. org /wp-content/uploads/2018/04/Aid-spending-by-DAC-donors-in-2017.pdf,accessed on Dec.2, 2020.

2. 李靖堃:《"全球英国"理念下英国对非洲政策的调整》,《西亚非洲》2019 年第 2 期，第 116 页。

3. DFID，"Statistics on International Development 2017: Final 2016 UK ODA Spend Statistics," https://assets.publishing.service.gov.uk/government/uploads/system/uploads/attachment_data/file /660062/SID —2017b.pdf, accessed on Dec. 2, 2020.

4. HM Government, "Minister Baldwin Speech on UK-Africa Relations," https://www.gov.uk/ government/speeches/minister-baldwin-speeh-on-uk-africa-relations/, accessed on Dec. 2, 2020.

5. Samuel Ogundipe，"UK Foreign Secretary Boris Johnson Opens Country's New Embassy in Abuja," https://premiumtimesng.com/news/top-news/242028-uk-foreign-secretary-boris-johnson-opens-countrys-new-embassy-abjua.html, accessed on Dec. 2, 2020.

6. HM Government, "Ambitious New Innovation Partnerships with African Countries," https://www. gov.uk/government/news/ambitious-new-innovation-partnerships-with-african-countries/,accessed on Dec. 2, 2020.

同时，对外援助也是英国应对一系列全球性挑战以及实施"全球英国"外交理念的重要途径和工具。加强与非洲国家在打击恐怖主义和非法移民等领域的合作，是英国脱欧后的一大核心关切。2010年和2015年，英国政府发布的国家安全战略报告，将恐怖主义和极端主义造成的威胁列为英国在未来10年所面临的严峻的安全挑战之一，特别把"伊斯兰国"和"基地"组织等列为对英国国家安全的首要威胁。英国认为索马里"青年党"（Al—Shabaab）和激进的"博科圣地"是该地区面临的最大威胁。

近年来，发生在英国本土以及其他欧洲国家的恐怖主义袭击加剧了这一问题的紧迫性，同时中东地区的冲突造成的难民问题也是英国和其他欧洲国家面临的一项严峻的安全与人道主义危机。在2019~2020财政年度，英国将"打击恐怖主义项目基金"（Counter Terrorism Programme Fund）中对非洲的资助提高到了3150万英镑。英国国际发展部还承诺将其预算中的至少50%用于帮助脆弱国家和地区消除不稳定和冲突的根源。此外，英国政府鼓励非洲国家通过"政治进步"实现长期和平与稳定。为此，英国政府成立了北非联合小组（FCO/DFID North Africa Joint Unit），负责监督新设立的"北非良治基金"（North Africa Good Governance Fund）的运行。该基金2018年资助总额为4000万英镑。[1]

此外，在脱欧进程中，英国不断加强与英联邦国家之间的关系。在53个英联邦成员国中，有19个是非洲国家。2018年4月，在伦敦召开的英联邦国家政府首脑会议是英国近年来举办的规模最大的一次国际会议，会议的主题为"走向共同的未来"。会议讨论的议题涉及各国在贸易、发展和气候变化、安

---

1. 李靖堃：《"全球英国"理念下英国对非洲政策的调整》，《西亚非洲》2019年第2期，第117页。

全等多领域的合作。这是在 2018 年 4 月至 2020 年 4 月，英国担任英联邦轮值主席国期间重新打造与英联邦成员国全方位关系的开始。

第二节　英国推动阿富汗落实"妇女、和平与安全"议程

英国对阿富汗妇女地位问题长期关注，认为阿富汗妇女不仅在武装冲突中饱受极端的暴力，而且无权获得教育与医疗保健服务等。近些年来，阿富汗妇女逐步参与国家发展的不同层面，为和平建设做出贡献，并在政府部门发挥更加重要的作用，甚至已有女性被任命为阿富汗常驻联合国代表。[1]

阿富汗长期饱受战乱侵袭，包括大规模暴力政变、部落内讧、持续内战和宗教压迫等。在这一过程中，妇女和女童成为阿富汗动乱的最大的受害者。妇女和女童不仅缺乏公平的司法环境、社会服务和教育权利，甚至还遭受性暴力、殴打、逼婚和贩卖等侵害。这些严重威胁到阿富汗妇女和女童的生存和发展。2001 年塔利班政权倒台，阿富汗在国际社会的帮助下开始了漫长的和平建设。与此同时，妇女在和平建设中的重要作用也不断凸显。妇女和女童的权益问题也日益得到阿富汗国内和国际社会的重视。

一　英国推动阿富汗制定国家行动计划

自联合国安理会第 1325（2000）号决议通过以来，国际社会也开始不

---

1. "Voices of Afghan Women 'Must Be Heard at the Table in the Peace Process and Beyond' UN Deputy Chief Tells Security Council," https://news.un.org/en/story/2019/07/1043321/,accessed on Feb.17, 2022.

断关注阿富汗的妇女和女童问题。阿富汗的"妇女、和平与安全"议程逐步推进。2001年12月,阿富汗根据《波恩协定》(The Bonn Agreement),开展战后国家重建。该协定对阿富汗重新颁布宪法、建立独立司法机构、进行自由选举和建立安全部门等做出明确规定,为后来2004年阿富汗新宪法的颁布和总统与议会选举奠定了基础。此外,该协定还特别提及保护妇女和少数群体的权利。2002年4月,《阿富汗第一个国家发展框架》(The First National Development Framework of Afghanistan)把将性别观点纳入主流作为一项战略,要求将性别观点纳入所有方案当中,以增加妇女的机会并改善男女之间的合作。6月,首届妇女峰会(The first Women's Summit)在布鲁塞尔举行。峰会号召阿富汗妇女积极加入新的政府机构,并推动成立了阿富汗第一个妇女事务部。[1]此外,阿富汗颁布的临时国家发展战略(Interim Afghanistan National Development Strategy,I-ANDS),再次涉及性别问题。2008年,阿富汗国家发展战略(The Afghanistan National Development Strategy,ANDS)正式被批准。

在妇女权益保护方面,2003年,阿富汗批准了《消除对妇女一切形式歧视公约》,该公约成为阿富汗法律和政策框架的一部分。公约要求将性别平等原则纳入法律体系,确保有效保护妇女不受歧视,并要求缔约国每四年提交一份履行报告。2004年5月,柏林会议通过了《未来之路:阿富汗政府的工作计划》(The Way Ahead: Workplan of the Afghan Government)。计划重申了宪法保障妇女不受歧视地、平等地参加公务员队伍的权利,保障妇女的选民

---

1. "Wazhma Frogh, Afghanistan's National Action Plan: 'A Wish List of Many Dreams'," https://blogs.lse.ac.uk/wps/2017/11/28/afghanistans-national-action-plan-a-wish-list-of-many-dreams-wazhma-frogh-102017/, accessed on Aug.25, 2021.

资格、选举候选人的权利，并要求政府确保女童得到平等的教育机会。阿富汗以此回应联合国2000年所提出的千年目标，要求政府确保将性别观点纳入所有部门、计划和政策的主流。[1]10月，阿富汗新宪法正式生效。根据宪法第二章，阿富汗有义务确保所有阿富汗人，包括男性和妇女的公民权利。第22条规定，禁止对阿富汗公民进行任何形式的歧视和区别对待。阿富汗公民，无论男女，在法律面前都有平等的权利和义务。宪法还特别对妇女的政治参与权做了特别规定，规定女性占下议院26%的席位和上议院17%的席位。宪法的第43、44、53、54条还对妇女的教育、医疗、就业等方面的权利做出说明，确保她们公平地享有接受社会服务的权利。这些在法律层面保障了妇女在和平与安全进程中的参与权。[2]

2006年初，联合国牵头在伦敦召开了有关阿富汗问题的会议，会议通过了《阿富汗契约》（Afghanistan Compact），作为阿富汗政府参与国际合作的政治承诺。契约明确提出：到2010年底，阿富汗将全面实施《阿富汗妇女国家行动计划》（National Action Plan for the Women of Afghanistan，NAPWA），同时促进妇女参与阿富汗所有治理机构。[3]这为后来阿富汗制定相关政策文件提供了基本的性别原则。2007年《阿富汗妇女国家行动计划（2007—2017）》（National Action Plan for the Women of Afghanistan 2007–2017, NAPWA）经过

---

1. The Government of the Transitional Islamic State of Afghanistan, "The Way Ahead: Workplan of the Afghan Government," http://www.afghandata.org:8080/xmlui/handle/azu/3306?show=full, accessed on Aug.25, 2021.

2. "Afghan's Constitution," https://www.diplomatie.gouv.fr/IMG/pdf/The_Constitution_of_the_Islamic_Republic_of_Afghanistan.pdf, accessed on Aug.25, 2021.

3. "The London Conference on Afghanistan: Afghanistan Compact," p.7, https://www.diplomatie.gouv.fr/IMG/pdf/afghanistan_compact.pdf,accessed on Aug.25, 2021.

漫长的协商后正式颁布。[1]作为阿富汗政府履行《阿富汗契约》《阿富汗临时国家发展战略》和其他有关妇女的国家政策和国际文件中承诺的最主要的工具，该计划条目详细，长达138页。所有有关妇女的项目的开展都包括了三个支柱：第一支柱是安全，第二支柱是治理、法治和人权，第三支柱是经济与社会发展。尽管该计划从未得到充分执行，但仍然对后来阿富汗颁布有关妇女、和平与安全的国家行动计划打下了良好的基础。

2009年，阿富汗颁布了《消除针对妇女的暴力行为法》（The Elimination of Violence against Women，EVAW），[2]第一次对强奸、童婚、强迫婚姻、家庭暴力、买卖妇女和女童以及让女童解决家庭之间争端等虐待行为明确了惩罚措施，表达出阿富汗政府维护妇女和女童利益、改变有罪不罚的文化和妇女备受摧残现状的决心。此外，阿富汗妇女也越来越多地在国家决策中发挥作用。2010年6月的协商和平支尔格大会（Consultative Peace Jirga）的1600名与会者中，有340多名女性；[3]在9月份的议会选举中，2521名候选人中有399名女性，39%的选民是女性；高级和平委员会（The High Peace Council）中也有9名女性成员。[4]

---

1. Islamic Republic of Afghanistan, "National Action Plan for the Women of Afghanistan 2007–2017," https://www.aidsdatahub.org/sites/default/files/documents/National_Action_Plan_for_the_Women_of_Afghanistan_2007_to_2017.pdf, accessed on Aug.25, 2021.

2. "The Elimination of Violence against Women," https://www.ilo.org/dyn/natlex/natlex4.detail?p_lang=en&p_isn=102060&p_country=AFG&p_count=82&p_classification=01.04&p_classcount=10, accessed on Aug.25, 2021.

3. "Women Resist Efforts to Marginalize Them in Peace Jirga," https://www.boell.de/en/2010/06/10/women–resist–efforts–marginalize–them–peace–jirga, accessed on Aug.25, 2021.

4. FCO, "UK Government National Action Plan on UNSCR 1325 Women, Peace & Security," p.17, https://www.peacewomen.org/sites/default/files/unitedkingdom_nationalactionplan_feb2012revised.pdf,accessed on Aug.31,2021.

但妇女、和平与安全在阿富汗的发展并非一帆风顺。2009年塔利班势力卷土重来，妇女和女童再次成为被攻击的目标，她们的社会活动空间被严重压缩，生存和生活质量大不如前。切实保障妇女和女童的权益迫在眉睫。

2015年6月，《阿富汗关于联合国安理会第1325（2000）号决议妇女、和平与安全国家行动计划（2015—2022）》（Afghanistan's National Action Plan on UNSCR 1325 Women, Peace and Security2015-2022）[1]正式颁布，标志着阿富汗成为继巴勒斯坦和伊拉克后，第三个制定国家行动计划的中东国家。在这一过程中，阿富汗外交部领导的第1325号决议国家行动计划指导委员会与其他政府部门、民间团体和国际组织合作，在制定、执行、监测和评估国家行动计划上发挥着重要作用。[2]除指导委员会外，阿富汗还成立了各种政府机构来执行和监测国家行动计划的实施，包括但并不限于妇女事务部（the Ministry of Women's Affairs，MoWA），阿富汗独立人权委员会（Afghanistan Independent Human Rights Commission），家庭法庭、各省的消除对妇女暴力行为委员会（the EVAW Commissions），消除对妇女和儿童的性虐待委员会（the Commission on Eliminating Sexual Abuse of Women and Children），家庭应急机构（Family Response Units，FRUs）等。

---

1. "Afghanistan's National Action Plan on UNSCR1325 Women,Peace and Secarity," https://reliefweb.int/sites/reliefweb.int/files/resources/Afghanistans%20National%20Action%20Plan.pdf,accessed on Aug.25, 2021.

2. Wazhma Frogh, "Afghanistan's National Action Plan: 'A Wish List of Many Dreams'," p.5,https://blogs.lse.ac.uk/wps/2017/11/28/afghanistans-national-action-plan-a-wish-list-of-many-dreams-wazhma-frogh-102017/ ,accessed on Aug.25, 2021.

阿富汗国家行动计划作为"解决妇女在阿富汗战争和冲突后面临挑战的最佳工具",旨在围绕联合国安理会第1325（2000）号决议所规定的四大支柱参与、保护、预防、救济与恢复，促进妇女参与和平进程和进入安全部门，并解决有关保护、救济和恢复方面的妇女社会服务的问题。具体而言，2015~2022年阿富汗国家行动计划的内容大致有以下几点。

第一，对四大支柱的具体内容和战略重点作了说明，目的是确保妇女在和平与安全进程中的政治参与。"参与"支柱下的相关活动成为阿富汗政府在"妇女、和平与安全"议程中的优先工作事项。在这一部分中，阿富汗政府主要通过保障妇女在政策制定和决策部分的参与和领导权来实现妇女的政治参与。在"保护"支柱下，阿富汗政府依靠相对公平的法律和司法为妇女提供法律保护。在"预防"针对妇女的性暴力方面，提高社会认识和进行安全与司法部门改革成为阿富汗政府的有力武器。阿富汗政府将妇女经济权益的保护作为"救济与恢复"支柱的重点，加强对流离失所和暴力幸存的妇女的权益保护。

第二，建立了完整的实施、监测与评价机制。首先，明确划分了各阶段时长，设置了汇报和总结的时间节点。比如，国家行动计划划分为两个阶段来实施：第一阶段为2015~2018年，第二阶段为2019~2022年；在年度、中期、终期三个节点完成审查和监测评估报告。其次，明确了各机构的主要任务和责任。所有机构划分为领导执行机构和支持机构两类。领导执行机构是政府各机构，特别是外交部下属的国家行动计划指导委员会。它主要负责汇编材料，向总统办公室、国民议会和国际社会报告。支持机构包括民间组织、媒体和私营部门，主要作为合作伙伴来支持实施国家行动计划，以及作为独立的监督机构来监测和评价实施进程和最终结果。

第三，创造性地划分了风险，建立了风险缓解机制。针对阿富汗国内脆弱的政治和经济生态，阿富汗政府在制定国家行动计划中特地分析了6种风险，以及应对风险的措施，以此尽最大努力保障计划的持续执行。这6种风险包括：安全形势恶化、缺少财政支持、省级机构阻碍、执行机构能力和技术支持不足、无法提交高质量年度报告、机构之间缺乏协调。与此同时，缓解机制针对6种风险，设置了应对风险的主要负责机构，甚至还细化了风险类型，提出了不同的解决办法。比如，指导委员会和协调委员会在应对执行机构能力和技术不足风险时负有主要的解决问题责任。年度报告的有关风险被划分为低质量报告和缺少报告，每种风险类型都有不同的相关机构应对。

2017年是阿富汗国家行动计划第一阶段的中期评价之年，阿富汗外交部下属的人权与妇女国际事务处颁布了《关于联合国安理会第1325（2000）号决议阿富汗国家行动计划（妇女、和平与安全）2017年现状报告》[2017 Status Report on the Afghanistan's National Action Plan on UNSCR 1325（Women, Peace and Security）]，阶段性地对阿富汗国家行动计划进行了总结。该报告是第一份系统评估阿富汗"妇女、和平与安全"议程的39项指标中37项进展情况的政府报告，而这一数字在2016年的年度报告中仅为10项。该报告为后续各项指标设定了基线，为此后多年的监测和评估提供了方便。

该报告肯定了2015~2017年阿富汗妇女、和平与安全国家行动计划所取得的各项成就，认为国家行动计划的第一阶段已经能够为妇女、和平与安全领域的执行伙伴确定实施国家行动计划所需要的战略框架和有效机制。在宪法与法律支持方面，通过执行、监测和修订现有法律以及制定新的政策和法律，确保了妇女免受各种形式的暴力和歧视。比如改进了《妇女权利法》，支持女性检察官和法官调解争端，在省一级建立家庭指导中心（FGCs），为妇女提供法律咨询和社会服务等。在政策制定上，执行联合国安理会第1325（2000）号决议的妇女事务部成为总统立法委员会的成员，使性别意识成为主流并被纳入政策。除提供有关妇女政策的建议，妇女事务部还在有关青年、残疾人、教育、矿业和石油、能源和水利等政策上广泛地献言献策。在国家行动计划的执行上，增加了专职服务于"妇女、和平与安全"议程的执行机构，并且确定了工作重点，扩展相关服务范围并提高服务质量。此外，所有的执行机构都确定了执行重点，并开展了数据收集和监测工作。

从上述阿富汗国家行动计划及现状报告的内容分析来看，阿富汗国家行动计划体现出以下主要特点。

第一，国家安全形势的不稳定成为影响国家行动计划可持续性的主要因素。2015年阿富汗妇女、和平与安全国家行动计划中明确规定，关于妇女、和平与安全进程采取年度报告、中期报告和终期报告的形式，持续跟踪和监测有关项目的实施和发展。但截止到2020年，阿富汗政府对阿富汗国家行动计划的官方报告从2017年后就鲜有发布，因此，无法对大部分项目进程做出实质性的评估。

第二，领导机构内部、领导和执行机构间存在较大矛盾。这一情况有以下原因。一方面，阿富汗妇女、和平与安全国家行动计划在中央层级获得大力支持，但地方一级的执行水平却参差不齐。首都喀布尔和国内其他地方的执行情况存在较大差别。国家行动计划如何从喀布尔落实到其他地方，成为决定阿富汗妇女、和平与安全进程的重要关切。另一方面，就国家行动计划本身而言，[1] 参与机构过于庞杂，各机构职责划分不明。在行动计划中，领导机构与支持机构不仅分属多个部门，而且有的机构同时是多个项目的领导和支持机构。这对各机构、系统执行国家行动计划造成了困难。[2]

第三，国家行动计划与"妇女、和平与安全"议程有关的其他计划存在高度协调性。阿富汗关于联合国第1325（2000）号决议国家行动计划与《阿富汗妇女国家行动计划》、《妇女经济赋权计划》（Women's Economic Empowerment Programme）存在很大的合作空间，比如都重视妇女的权益保护，重视对妇女经济赋能，以提高妇女的生活能力和社会地位。

二 英国援助阿富汗制定国家行动计划

英国政府长期关注阿富汗的妇女、和平与安全进程。[3]从英国2010年的第二份国家行动计划开始，阿富汗就作为"重点国家"之一在英国的国家行动计划中占据独特的位置。英国政府主要通过以下途径支持阿富汗妇女、和平与安全进程。

第一，提供资金援助是主要支持方式。英国首先确保妇女在阿富汗公务员队伍中的数量、影响和能力。因此，英国不仅直接为阿富汗女性议员和女

---

1. 这里主要指2015年国家行动计划的附件部分，即"联合国安理会第1325（2000）号决议执行机构的行动计划"。

2. Ministry of Foreign Affairs,Directorate of Human Rights and Women's International Affairs, "Afghanistan's National Action Plan on UNSCR 1325," ,p.13, https://reliefweb.int/sites/reliefweb.int/files/resources/Afghanistans%20National%20Action%20Plan.pdf, accessed on Aug.25, 2021.

3. FCO, "The Role of Women in Afghanistan," https://www.gov.uk/government/case-studies/the-role-of-women-in-afghanistan, accessed on Aug.25, 2021.

部长提供持续的资金支持,以方便她们交流和学习,而且还资助了阿富汗的
地方政府,使之持续增加女性公务员的数量。[1]此外,英国还大力提高阿富汗有
关妇女、和平与安全的非政府组织的能力和知名度。英国还极力提高阿富汗
妇女参与公共生活的积极性。2011年英国政府和北欧多国启动了"塔瓦曼迪
项目"(The Tawanmandi: Strengthening Civil Society in Afghanistan),以促进阿
富汗社会发展和建设。截止到2016年,英国对阿富汗资助总额已达到190万
英镑,占这一时期总资助额的46%。[2]

　　第二,英国国家行动计划在阿富汗的开展有特定地域范围。统观英国国
家行动计划,阿富汗赫尔曼德(Helmand)地区是关注的重点。一方面,英国
政府与赫尔曼德地方政府进行合作,为赫尔曼德地区招募性别专业顾问,使之
进入政府机构、警察机关和军事机构,对他们进行有关性别知识的培训,而且
还帮助其培养女性公务和警务人员的专业能力。[3]另一方面,英国政府还关注赫
尔曼德地区妇女对公共生活的参与度。英国援助了赫尔曼德地区的两个职业培
训中心,鼓励1300多名妇女参加了养殖、裁缝和刺绣等技能培训。[4]英国还支持

---

1. FCO, "UK Government National Action Plan on UNSCR 1325 Women, Peace & Security," pp.19–20, https://www.peacewomen.org/sites/default/files/unitedkingdom_nationalactionplan_feb2012revised.pdf,accessed on Aug.31,2021.

2. FCO, "UK National Action Plan on Women, Peace & Security Final Annual Review," p.29, https://assets.publishing.service.gov.uk/government/uploads/system/uploads/attachment_data/file/259411/NAP_Review_2013.pdf, accessed on Aug.25, 2021.

3. FCO, "UK National Action Plan on Women, Peace & Security Final Annual Review," pp.27–36, https://assets.publishing.service.gov.uk/government/uploads/system/uploads/attachment_data/file/259411/NAP_Review_2013.pdf, accessed on Aug.25, 2021.

4. FCO, "UK Government National Action Plan on UNSCR 1325 Women, Peace and Security Annual Review," pp.15–16, http://www.peacewomen.org/assets/file/NationalActionPlans/unitedkingdom_nationalactionplan_feb2012revised.pdf,accessed on Oct.31, 2020.

赫尔曼德地区的社区理事会、省议会等决策机构增加女性代表的席位。[1]

第三，英国政府与民间机构、第三方国际组织等合作，推动阿富汗妇女、和平与安全进程。2010年，在联合国安理会第1325（2000）号决议通过10周年之际，英国女性主义者发起"没有妇女就没有和平"（No Women, No Peace）运动。该运动强调没有占人口数量一半的妇女的参与，就不可能建设和平；并特别强调要推动英国政府关注阿富汗妇女的权利问题，主张推动关于阿富汗妇女参与和平与安全事务的讨论，并与"阿富汗妇女网络"（Afghan Women's Network）等组织保持密切联系。此后多年内，"没有妇女就没有和平"运动通过新闻、媒体、电影等多种途径宣传阿富汗"妇女、和平与安全"议程，并在实践层面推动了阿富汗"妇女、和平与安全"议程的发展。在2013年国际妇女节，英国国际发展部大臣贾斯汀·格林（Justine Greening）指出，反对针对妇女与女童的暴力是英国国际发展部针对阿富汗的战略优先事项。[2]2014年9月，在北约峰会上，"没有妇女就没有和平"运动强调了阿富汗妇女缺乏代表权的问题；12月，由英国主办的关于阿富汗问题伦敦会议上，"和平与安全性别行动"与阿富汗妇女网络、英国政府等共同推动对于阿富汗妇女、和平与安全的捐助这一优先事项。此外，英国政府先后与联合国、欧洲刑警组织、世界银行等第三方国际组织合作，为阿富汗国家行动计划的制定和执行提供政治支持、技术援助和监测评估，切实保障阿富汗妇女在公务员部门

---

1. FCO, "UK National Action Plan on Women, Peace & Security Final Annual Review," p.31. https://assets.publishing.service.gov.uk/government/uploads/system/uploads/attachment_data/file/259411/NAP_Review_2013.pdf,accessed on Aug.25, 2021.

2. GAPS, "No Women,No Peace," https://gaps-uk.org/about/campaign/no-women-no-peace/,accessed on Feb.17, 2021.

和安全部门的数量和影响力,以及妇女在公共生活中的参与。

第四,英国还直接为阿富汗妇女、和平与安全国家行动计划提供了方案模板。2011年11月,英国外交和联邦事务部向阿富汗外交和联邦事务部提交了一份英国国家行动计划的副本,以帮助支持阿富汗起草本国的妇女、和平与安全国家行动计划。2012年,阿富汗决定按照英国桑德赫斯特皇家军事学院(RMA Sandhurst)模式,成立新的阿富汗军事学院。在该学院,每年有150名女学生与男学生一起学习课程的大部分内容,第一批女学生于2014年底开始接受培训。[1]

第三节　英国推动刚果(金)落实"妇女、和平与安全"议程

刚果(金)是撒哈拉以南非洲最大的国家。刚果(金)从20世纪90年代开始,就陷入了系列冲突之中。1996年11月,第一次刚果战争爆发,1997年卡比拉政权建立。1998年,第二次刚果战争打响,数个大湖地区国家参战。妇女和女童首当其冲地成了受害者。冲突还加剧了对妇女的性暴力。此外,战争还导致严重的经济萧条。刚果(金)被联合国列为最不发达的国家之一。2018年,刚果(金)仍有72%的人口生活在极端贫困中,他们每天收入不足1.90美元。[2]刚果(金)的妇女和女童状况令人担忧。

---

1. FCO, "UK National Action Plan on Women, Peace & Security Final Annual Review," p.29. https://assets.publishing.service.gov.uk/government/uploads/system/uploads/attachment_data/file/259411/NAP_Review_2013.pdf, accessed on Aug.25, 2021.

2. "Overview," https://www.worldbank.org/en/country/drc/overview,accessed on Aug.25, 2021.

一　英国推动刚果（金）制定国家行动计划

刚果（金）"妇女、和平与安全"议程的推进得到国际社会的协助与监督。正是由于"妇女、和平与安全"议程受到多方协助与监督，性别意识在刚果（金）法律与政策中才得以较好地体现。联合国和非盟对刚果（金）"妇女、和平与安全"议程的推进具有重要影响。

2000年10月23日，联合国安理会第1325（2000）号决议发布，要求国际社会特别是冲突地区，重视妇女对解决冲突和持久和平的贡献，重视对妇女权益的保护。此后，各国开始将性别意识纳入主流。2002年2月，来自各个团体的妇女代表在内罗毕召开会议，协调与刚果（金）妇女有关的事宜。代表们一致同意在刚果（金）国内对话阶段为所有妇女制定一份宣言和一项行动计划。[1]2005年11月，非盟颁布《非洲人权和人民权利宪章关于非洲妇女权利的议定书》（Protocol to the African Charter on Human and Peoples' Rights on the Rights of Women in Africa），[2]明确宣告妇女拥有医疗、教育、经济、政治参与等权利，要求重视妇女在发展过程中的根本性作用。2006年12月，大湖区的11个国家签署了《大湖地区安全、稳定与发展公约》（Pact on Security, Stability and Development in the Great Lakes Region），以管理其签署国之间的关系。公约要求防止和制止对妇女和儿童的性暴力，保护国内流离失所

---

1. Shelly Whitman, "Women and Peace-building in the Democratic Republic of the Congo," https://www.accord.org.za/ajcr-issues/%EF%BF%BCwomen-and-peace-building-in-the-democratic-republic-of-the-congo/,accessed on Aug.25, 2021.

2. African Union, "Protocol to the African Charter on Human and Peoples' Rights on the Rights of Women in Africa," https://au.int/en/treaties/protocol-african-charter-human-and-peoples-rights-rights-women-africa,accessed on Aug.25, 2021.

者。[1]2010年，大湖区安全、稳定与发展区域妇女论坛（The Regional Women's Forum on the Safety, Stability and Development of the Great Lakes Region）开幕。10月，刚果（金）性别、家庭和儿童部（Ministry of Gender, Family and Child）发布了《履行联合国安理会第1325（2000）号决议的刚果（金）政府行动计划》（Action Plan of the Government of the Democratic Republic of the Congo for the Implementation of the United Nations Security Council Resolution 1325）。这是刚果（金）履行联合国安理会第1325（2000）号决议的第一份国家行动计划。[2]计划设立了完整的第1325号决议执行结构。刚果（金）在国家、省级和地方三个层面设立了专门负责联合国安理会第1325（2000）号决议的执行机构：全国指导委员会（The National Steering Committee）、省指导委员会（The Provincial Steering Committee）、地方指导委员会（The Local Steering Committee）。计划还确定了10个战略优先事项，构成了整个刚果（金）国家行动计划的逻辑框架。这10项战略优先事项分别是：和平、安全、艾滋病毒/艾滋病、性暴力和基于性别的暴力、提高和保护妇女权利、政治参与、巩固法治、区域和国际合作、研究、监测和评估。这样就在各个方面对妇女权益保障做出了回应。

2015年1月31日，在非盟国家元首和政府首脑第二十四届大会上，非盟《2063年议程》（Agenda 2063）获得通过，它旨在为实现非洲的包容性

---

1. International Conference on the Great Lakes Region, "Pact on Security, Stability and Development in the Great Lakes Region," https://peacemaker.un.org/node/151, accessed on Aug.25, 2021.

2. 注：这里的文件是2013年非政府组织发布的2010年10月刚果（金）国家行动计划的翻译版。在这之前，刚果（金）政府于2010年1月还发布了刚果（金）政府采取的行动计划（The Government's Action Plan of the Democratic Republic of the Congo for the Purposes of the Resolution 1325 of the United Nations Security Council）。但这并非最终文件，该计划此后不断更改和补充。

和可持续发展目标搭建战略框架。[1] 其中目标 17 要求"在各个领域实现充分的性别平等"。[2] 此外，旗舰项目 5 要求成员国"到 2020 年结束所有战争、内战、基于性别的暴力和暴力冲突"。[3] 在 9 月 15 日的联大会议上，2030 年议程（Agenda 2030）被一致通过。17 项可持续发展目标（sustainable development objectives，SDO）备受瞩目。其中目标 5"性别平等"要求各成员国加强对妇女和女童的赋权，反对针对妇女和女童的歧视。2015 年 12 月，联合国安理会通过了关于青年、和平与安全的第 2250 号决议（Resolution 2250 on Youth, Peace, and Security），要求以"参与、保护、预防、伙伴关系以及脱离接触和重返社会"为五大支柱，促进在各级决策中，赋予青年人更大发言权，使青年人在维护与促进国际和平与安全进程中发挥更大作用。[4]

2018 年 9 月，刚果（金）性别、家庭和儿童部发布第二阶段（2019—2022）的刚果（金）履行联合国安理会第 1325（2000）号决议关于妇女、和平与安全国家行动计划（National Action Plan for Implementing United Nations Security Council Resolution 1325 on Women, Peace, and Security, 2nd Generation 2019–2022）。[5] 计划的

---

1. Afrian Union, "Agenda 2063: The Africa We Want," https://au.int/en/agenda2063/overview, accessed on Aug.25, 2021.

2. African Union, "Goals & Priority Areas of Agenda 2063," https://au.int/en/agenda2063/goals, accessed on Aug.25, 2021.

3. African Union, "Flagship Projects of Agenda 2063," https://au.int/en/agenda2063/flagship–projects, accessed on Aug.25, 2021.

4. 联合国安理会：《第 2250（2015）号决议》，S/RES/2250（2015），参见 https://www.un.org/en/ga/search/view_doc.asp?symbol=S/RES/2250（2015）&Lang=C，最后访问日期：2021 年 8 月 25 日。

5. The Democratic Republic of the Congo Ministry of Gender,Family and Children, "National Action Plan for Implementing United Nations Security Council Resolution 1325 on Women, Peace and Security, 2nd Generation 2019–2020," https://www.peacewomen.org/sites/default/files/DRC%20NAP%202019%20（English）.pdf, accessed on Aug.25, 2021.

总体目标是"建立一个安全环境，以确保男女平等地参与刚果（金）的和平进程"。[1]其中，"预防"支柱是重点。首先，计划确定了四个优先轴。2010年第一阶段的国家行动计划以10个优先事项为整个行动计划的执行框架，内容具体但缺乏逻辑。在第二阶段中，国家行动计划设定了四个优先轴，旨在梳理刚果（金）目前工作的优先级，它们包括：包容（Inclusion）、预防（Prevention）、保护（Protection）、复苏（Recovery）。"包容"旨在提高妇女和青年妇女在国家部门和社会机构中的参与率，使之达到20%。"预防"则是通过宣传、预警机制、控制小武器和轻武器流通等方式减轻针对妇女的暴力行为。"保护"是通过保障妇女社会权益和打击有罪不罚现象加以实现的。"复苏"主要是指实现对冲突后妇女的经济赋权。其次，确立了协调机构和资金来源。协调机构主要包括指导委员会（The Steering Committee）、国家秘书处（The National Secretariat）和1325信托基金（The 1325 Trust Fund）。此外，国际货币基金组织的信托基金（The Trust Fund）也对刚果（金）国家行动计划的执行提供了资金支持。资金来源的确定对刚果（金）妇女、和平与安全进程的可持续性发展具有重要意义。

刚果（金）的妇女、和平与安全进程具有以下三个特点。第一，国家行动计划与联合国和非盟的妇女、和平与安全相关政策联系紧密。2019—2022年的国家行动计划，就阐明了第二阶段开启的原因，其中就包括联合国建议、联合国第2250号决议，以及非盟的《2063年议程》。第二，进程缓慢，缺乏资金和技术支持。虽然刚果（金）为"妇女、和平与安全"议程的顺利开展，在每个层级都构建了相应的指导委员会，但是却没有在国家行动计划中提出

1. Ministry of Gender,Family and Child, "The Government's Action Plan of the Democratic Republic of the Congo for the Purposes of Resolution 1325 of the United Nations Security Council," p.10, https://www.peacewomen.org/sites/default/files/drc_nap_english_2010.pdf ,accessed on Aug.25, 2021.

实施项目的具体的举措和监测与评估机制。此外，资金来源比较单一，无法保障持续性的投资。技术框架和资金流的缺失使得对相关项目难以准确核算成果，无法及时反馈信息和调整项目的实施细节，在一定程度上使"妇女、和平与安全"议程在刚果（金）推行缓慢。第三，宪法和法律普遍将性别平等观点纳入主流。刚果（金）较早"关注"了男女平等意识，从1964年颁布的《鲁鲁布尔宪法》（The Constitution of Luluabourg of 1964）就已开始将性别观点纳入政策文件。

二　英国援助刚果（金）落实国家行动计划

英国对刚果（金）的关注由来已久。刚果（金）一直是英国政府认为的所谓"人权优先"国家（human rights priority countries）。英国国际发展部对刚果（金）投入大笔资金以支持其境内人权事务的发展。英国在刚果（金）开展"妇女、和平与安全"议程的相关活动的特点如下。

第一，资金投入量大。英国于2010年1月开始在刚果（金）陆续投入了6000万英镑，以帮助其安全部门和警察部门体制的改革，性暴力与基于性别的暴力是其改革的重点。[1]英国还是联合国旗下刚果（金）人道主义汇集基金的最大捐助者，捐资比例高达50%以上。[2]第二，形式多样。英国促进刚果（金）的"妇女、和平与安全"议程的开展，采取了多样的形式，包括资金投

---

[1]. FCO, "UK National Action Plan on Women, Peace & Security Final Annual Review," pp.39–40, https://assets.publishing.service.gov.uk/government/uploads/system/uploads/attachment_data/file/259411/NAP_Review_2013.pdf, accessed on Aug.25, 2021.

[2]. FCO, "UK National Action Plan on Women, Peace & Security Final Annual Review," pp.41–42, https://assets.publishing.service.gov.uk/government/uploads/system/uploads/attachment_data/file/259411/NAP_Review_2013.pdf ,accessed on Aug.25, 2021.

入、相关人员培训、直接参与刚果(金)妇女安全等相关文件的起草和监督执行等。在刚果(金),英国政府颇为重视媒体宣传。英国政府出资支持了电影《无边的沉默:刚果暴行录》的制作和发行,[1]以提高人们对刚果(金)性暴力的认识。英国还在当地报纸头版、广播和互联网报道了英国在联合国安理会第2106号决议方面的工作。[2]此外,英国政府还用法语广泛宣传了2013年4月八国集团的外长宣言,强调了要消除有罪不罚现象,提高性暴力幸存者的法律意识。[3]第三,注重女童权益的保护。英国国家行动计划中有两个项目直接与女童相关。一个是英国拉普拉里(La Pepiniere)项目,2013年5月到2018年3月,该项目在刚果(金)展开,旨在加强青春期女童的经济赋权,增强青春期女童的经济权能。[4]另一个是由英国国际发展部资助的国际救援委员会安全空间计划(International Rescue Committee Safe Spaces Programme),该计划通过教青春期女童学习编程等方式,激发其对未来的乐观愿望。[5]

英国还与刚果(金)政府高层保持联系,共同解决"妇女、和平与安全"

1.《无边的沉默:刚果暴行录》是2007年由莉萨·F.杰克逊(Lisa F. Jackson)执导的纪录片,聚焦刚果(金)的性暴力问题。内容涉及第二次刚果战争造成的持续冲突影响的地区的强奸幸存者。电影内容是对幸存者的采访,以及对承认自己是强奸犯的士兵的采访。

2. FCO, "UK National Action Plan on Women, Peace & Security Final Annual Review," p.38, https://assets.publishing.service.gov.uk/government/uploads/system/uploads/attachment_data/file/259411/NAP_Review_2013.pdf, accessed on Aug.25, 2021.

3. FCO, "UK National Action Plan on Women, Peace & Security Final Annual Review," p.41, https://assets.publishing.service.gov.uk/government/uploads/system/uploads/attachment_data/file/259411/NAP_Review_2013.pdf, accessed on Aug.25, 2021.

4. "La Pepiniere: Programme for Adolescent Girls in the Democratic Republic of Congo," https://devtracker.dfid.gov.uk/projects/GB-1-203823/, accessed on Aug.25, 2021.

5. "A Safe Place to Shine: Creating Opportunities and Raising Voices of Adolescent Girls in Humanitarian Settings," https://reliefweb.int/report/democratic-republic-congo/safe-place-shine-creating-opportunities-and-raising-voices, accessed on Aug.25, 2021.

议程中的问题。比如英国就曾联合第三方捐助者起草了一份给总统的信，游说政府，要求修改《家庭法案》（Code De La Famille）中丈夫是户主的歧视性条款。[1]在非洲，刚果（金）因国内武装冲突而处于动荡不安的状态，地区武装冲突事件频发。英国呼吁区域和国际社会共同努力，致力于保护冲突中的妇女和女童免遭性暴力，并致力于支持寻求改善刚果（金）妇女与女童现状的组织，为该地区的女性提供安全与稳定的生活环境。

小　结

英国推广妇女、和平与安全的国际实践是其国家行动计划的重要组成部分，也是英国落实联合国"妇女、和平与安全"议程的重要体现。自2010年以来，英国已将12个亚非欠发达或冲突中国家列为"重点国家"，通过提供资助、人员培训和协助制定国家行动计划等形式进行国际援助，成为亚非国家"妇女、和平与安全"议程的外部推动者。在这一过程中，阿富汗和刚果（金）是持续获得英国妇女、和平与安全国际援助的两个主要国家，特别是两国在落实联合国安理会第1325（2000）号决议、制定国家行动计划的活动中得到了英国的支持和帮助。

英国推广妇女、和平与安全的国际实践也是其国际援助的重要组成部分，既体现出英国人道主义援助的历史传统，也折射出其背后英国的国家利益和

---

1. HM Government, "UK National Action Plan on Women, Peace and Security 2014–17: Report to Parliament," p.36,https://www.gov.uk/government/publications/uk-national-action-plan-on-women-peace-and-security-2014-17-report-to-parliament-december-2015, accessed on Aug.25, 2021.

战略需求。自"9·11"事件以来,特别是 2005 年伦敦地铁爆炸案以来,英国
面临的恐怖主义威胁愈发严重,英国国家安全成为英国政府所关注的重点。
因此,英国在妇女、和平与安全国际实践中新增和持续关注"重点国家",这
与英国的国家安全战略直接相关,性别平等这一"柔性"力量背后的"刚性"
内涵不容忽视。

第六章　英国落实"妇女、和平与安全"议程的成效与挑战

作为较早制定国家行动计划来落实联合国"妇女、和平与安全"议程的欧洲大国之一，英国政府不断更新和完善国家行动计划，联合国机构、英国议会和民间团体成为评估和监督英国国家行动计划执行情况的主要力量。同时，英国在外交和安全事务中对性别平等和性别主流化的意识比较重视，也是英国落实"妇女、和平与安全"议程的集中体现。在英国脱欧和新冠肺炎疫情的影响下，英国进一步深化"妇女、和平与安全"议程面临诸多挑战和不确定性。

第一节　英国落实"妇女、和平与安全"议程的评估机制

制定国家行动计划是英国政府落实联合国妇女、和平与安全决议精神的主要方式。然而，归根结底，国家行动计划的执行力度和执行效果才是检验"妇女、和平与安全"议程推进效果的试金石。英国国家行动计划不仅有一套

独特的执行方式和路径，而且接受不同机构的评估与反馈，从而形成了对国家行动计划较为有效的监督。

一 英国国家行动计划的执行方式及主要路径

2006年英国工党政府颁布第一个国家行动计划，其后虽两党交替执政，但英国各届政府均对"妇女、和平与安全"议程保持高度关注。因此，英国国家行动计划在修订与更新中保持了较好的连续性和一致性。在执行国家行动计划的过程中，英国已形成较为固定的跨部门协作模式，即由国防部、国际发展部与外交和联邦事务部共同负责制定并执行妇女、和平与安全政策。在国际实践中，在具体的对外输出的方式上，英国国家行动计划主要用技能培训、资金支持和派遣人员三种方式为"重点国家"制定政策提供帮助，提供执行方案的咨询、分析，甚至是中后期的监测和评估等。通过上述一系列"援助"活动，英国逐步确立起在全球"妇女、和平与安全"议程上的领先地位。具体而言，英国国家行动计划的执行包括以下三个主要路径。

第一，英国政府提供妇女、和平与安全的相关技能培训和训练。英国设立的"稳定机构"在这一职能上发挥着重要作用。"稳定机构"是一个跨政府、军民警部门的机构，由国家安全委员会管理，由来自12个政府部门的核心公务员以及现役军人和警察组成，旨在提供稳定、预防冲突和应对国际安全挑战等方面的专业知识。在2016年至2020年间，该部门的优先事项中包括应对性别、和平与安全问题并提供专家建议。[1]此外，它不仅向

---

1. "The Stabilisation Unit," https://www.gov.uk/government/organisations/stabilisation-unit/about, accessed on Aug.25, 2021.

政府官员提供针对妇女、和平与安全事务的培训，还为英国军事人员提供了性别培训。[1]2017年11月，英国国防部开设了英国首个"军队性别与保护顾问"课程，为"妇女、和平与安全"议程能够在"重点国家"顺利实施提供专业保障。同时，英国外交和联邦事务部资助来自阿富汗、孟加拉国、尼日利亚、塞拉利昂、索马里和肯尼亚等国的官员参加妇女、和平与安全的相关会议，确保培训最大限度地转换为工作成果。2018年，英国还为叙利亚北部的急救人员提供基本培训，培训人员不仅包括卫生工作者，甚至还有社区服务人员、地方议会和警察。[2]

第二，资金支持是英国国家行动计划得以执行的重要条件。首先是资助关于妇女、和平与安全的学术研究，以获得更多专业方面的知识来支持国家行动计划的制定和执行，保证行动效果。2013年，英国国际发展部开展了针对妇女和女童暴力问题的研究项目，提出在5年内提供500万英镑用于研究在冲突环境下解决针对妇女和女童的暴力问题。[3]2014年至2017年，英国政府还为伦敦经济学院的妇女、和平与安全研究提供了总计约200万

1. SDD, "Midline Report UK National Action Plan on Women, Peace and Security 2014–2017," p.5,https://assets.publishing.service.gov.uk/government/uploads/system/uploads/attachment_data/file/533592/External_evaluation_of_the_National_Action_Plan_on_women__peace_and_security_-_midline_evaluation_2016.pdf,accessed on Oct.3,2022.

2. HM Government, "UK National Action Plan on Women, Peace and Security 2018–2022: Annual Report to Parliament 2018," https://www.gov.uk/government/publications/uk-national-action-plan-nap-on-women-peace-and-security-wps-2018-to-2022-report-to-parliament-december-2018,accessed on Aug.25, 2021.

3. SDD, "Midline Report UK National Action Plan on Women, Peace and Security 2014–2017," p.6,https://assets.publishing.service.gov.uk/government/uploads/system/uploads/attachment_data/file/533592/External_evaluation_of_the_National_Action_Plan_on_women__peace_and_security_-_midline_evaluation_2016.pdf,accessed on Oct.3,2022.

英镑的研究资金。在执行层面，英国政府通过双边和多边组织，尤其是通过联合国相关的专门机构为妇女和女童生存和发展项目提供资金支持。[1]目前，英国仍是联合国妇女、和平与安全领域人道主义基金较大的捐助国之一，为提高当地妇女预防和应对冲突与危机能力的项目做出了突出贡献。[2]早在2014年6月，英国与联合国儿童基金会共同举办了"女童峰会"（The Girls Summit）。在峰会上，英国承诺将提供2500万英镑用以处理早婚和强迫婚姻、女性生殖器切割等问题，以期在未来消除这些问题，从而保障妇女和女童的基本人权。[3]

第三，英国政府通过派遣人员和输送人才来支援他国参与妇女、和平与安全的相关活动。通过联合国平台、双边和多边组织、政府机构和民间组织等多种类型的组织机构和多样性的派遣渠道，英国为"重点国家"和全球妇女、和平与安全建设提供相关人才。英国国家行动计划（2018—2022）的年度报告指出，南苏丹境内有380名英国人员参与联合国维和行动，其中有相当一部分是女性。英国"防止冲突中的性暴力"组织也与马来西亚和越南合作，

1. HM Government, "UK National Action Plan on Women, Peace and Security 2014–17: Report to Parliament 2015," p.5,https://www.gov.uk/government/publications/uk-national-action-plan-on-women-peace-and-security-2014-17-report-to-parliament-december-2015, accessed on Aug.25, 2021.

2. HM Government, "UK National Action Plan on Women, Peace and Security 2018–2022: Annual Report to Parliament 2018," p.18,https://www.gov.uk/government/publications/uk-national-action-plan-nap-on-women-peace-and-security-wps-2018-to-2022-report-to-parliament-december-2018,accessed on Aug.25, 2021.

3. HM Government, "UK National Action Plan on Women, Peace and Security 2014–17: Report to Parliament 2015," pp.14–15,https://www.gov.uk/government/publications/uk-national-action-plan-on-women-peace-and-security-2014-17-report-to-parliament-december-2015, accessed on Aug.25, 2021.

参与维和部队针对性剥削和性虐待方面的培训。[1] 此外，英国还资助了高级女性人才输送计划（The Senior Women's Talent Pipeline，SWTP），其中的一名英国女性于2018年11月被任命为联合国秘书长驻马里副特别代表。[2]

二 联合国框架下对英国国家行动计划的评估

2000年至2019年，联合国安理会在第1325（2000）号决议的基础上总共通过了10项关于妇女、和平与安全的决议，构建了联合国框架下的"妇女、和平与安全"议程。[3]基于上述决议，联合国下属专门机构与各国合作，在预防针对妇女和女童的性暴力、促进妇女参与组织决策和和平进程、保护妇女和女童应有的生存权和发展权、重视妇女和女童在冲突中和冲突后的角色等方面发挥着重要作用。在2019年10月29日联合国安理会通过的第2493（2019）号决议中，第一项条款就是："敦促会员国充分执行安全理事会以往有关'妇女、和平与安全'议程的所有决议的各项规定，并加大这方面工作力度。"[4]2020年是联合国安理会第1325（2000）号决议通过20周年，是监测和评估联合国安理会第1325（2000）号决议落实情况的重要时间点。各国制

---

1. HM Government, "UK National Action Plan on Women, Peace and Security 2018–2022: Annual Report to Parliament 2018," p.9,https://www.gov.uk/government/publications/uk-national-action-plan-nap-on-women-peace-and-security-wps-2018-to-2022-report-to-parliament-december-2018, accessed on Aug.25, 2021.

2. HM Government, "UK National Action Plan on Women, Peace and Security 2018–2022: Annual Report to Parliament 2018," p.18, https://www.gov.uk/government/publications/uk-national-action-plan-nap-on-women-peace-and-security-wps-2018-to-2022-report-to-parliament-december-2018, accessed on Aug.25, 2021.

3. UN Women, "Global Norms and Standards: Peace and Security," https://www.unwomen.org/en/what-we-do/peace-and-security/global-norms-and-standards,accessed on Aug.25, 2021.

4. 联合国安理会：《第2493（2019）号决议》，S/RES/2493（2019），参见 https://undocs.org/zh/S/RES/2493（2019），最后访问日期：2021年8月25日。

定国家行动计划是落实联合国安理会第1325（2000）号决议及其"妇女、和平与安全"议程最重要的内容。顾名思义，国家行动计划就是要求参与联合国"妇女、和平与安全"议程的国家要切实地"行动"起来，通过制定目标、设置行动步骤、规范行动流程、按期监测和评估，真正保障遭受冲突与暴力影响的妇女和儿童生存和发展的权利。

英国作为推出国家行动计划的先行者、"妇女、和平与安全"议程的积极参与者和主要推动者，其国家行动计划的成果对于"妇女、和平与安全"议程的评估具有不可忽视的作用。对这一成果的具体量化与效果评估，可为"妇女、和平与安全"议程的发展提供有价值的指导意见。

2010年，联合国秘书长潘基文发布了《联合国秘书长关于妇女、和平与安全的报告》（Women and Peace and Security: Report of the Secretary-General（S/2010/498）），在随后的附件中正式确立了联合国安理会第1325（2000）号决议所采取行动的全套指标。[1] 为了进一步推动联合国和国家一级的妇女、和平与安全国家行动计划的实施，同年，联合国还发布了《联合国妇女、和平与安全战略成果框架2011—2020》（UN Strategic Results Framework on Women, Peace and Security 2011-2020），以此来指导联合国相关专门机构的工作并为各国国家行动计划的制定提供参照。战略成果框架明确了联合国安理会第1325（2000）号决议框架所认定的各项目标，规划了各国国家行动计划，以及在2020年期满后要达成的战略成果。该框架要"加强对国家执行工作的支

---

1. UN Women, "Women and Peace and Security: Report of the Secretary-General（S/2010/498），" https://www.unwomen.org/en/docs/2010/9/women-peace-and-security-report-2010-s-2010-498#view, accessed on Aug.25, 2021.

持，加强评估进展情况，改善全系统在妇女、和平与安全方面的协调"。[1]这一框架结构和英国国家行动计划以及附属的监测和评估文件大致相同。英国国家行动计划指出，其目标是围绕着联合国提出的参与、保护、预防、救济与恢复四大支柱制定的，分为中期和长期目标，以便能够及时考核评估。此外，每个支柱还设计相关的成果（outcome），每个成果下再提供具体的实施思路（output）。联合国成果框架是一个灵活的具有战略意义的指导性纲领，它确立了"妇女、和平与安全"议程的总体方向和优先行动事项，其目的是为推动各国落实国家行动计划提供指导性意见。而英国的国家行动计划较好地贯彻执行并细化了联合国这一指导性意见。

在联合国层面，针对和平与安全（包括和平行动）、建设和平以及"妇女、和平与安全"议程的执行情况，主要完成了四份全面审查，分别是：2015年发布的《高级别独立和平行动小组报告》（The Report of the High-level Independent Panel on Peace Operations，HIPPO）、专家咨询组（The Advisory Group of Experts，AGE）的《对联合国建设和平架构的报告》（The Report of the Advisory Group of Experts on the UN Peacebuilding Architecture）、《关于联合国安理会第1325（2000）号决议执行情况的全球研究》（The Global Study on the Implementation of United Nations Security Council Resolution 1325）以及2019年发布的《对2015年三次和平与安全审查的性别建议》（Mapping of the Gender Recommendations in the Three 2015 Peace and Security Reviews）。上述审查和评估报告的主要关注点包括四个方面：预防基于性别的暴力，促进妇

---

1. UN Women, "UN Strategic Results Framework on Women, Peace and Security 2011-2020," https://www.un.org/womenwatch/ianwge/taskforces/wps/Strategic_Framework_2011-2020.pdf, accessed on Aug.25, 2021.

UK Women,
    Peace &
    Security

女参与和平议程的制定和执行（尤其是保障代表地位），保护妇女和女童的政治、经济权利和人权，在生存和发展方面救济妇女和女童。

联合国层面的评估和审查报告主要表现出以下三方面的特点。第一，缺少关于妇女、和平与安全的专门性评估及研究报告。与"妇女、和平与安全"议程相关的各项行动、措施和成果往往与其他议题的评估相互交叉或重合。例如，在联合国2030可持续发展规划中也需要考核和平与正义行动、性别平等。在《高级别独立和平行动小组报告》中，关于妇女、和平与安全的内容仅作为几个框题简单呈现。此外，联合国安理会第1325（2000）号决议重点关注的是对于冲突中的国家和地区妇女和女童权益的保护。

第二，从联合国框架的各项指标来看，实现"妇女、和平与安全"议程的各项战略成果的目标任重而道远。2015年发布的三份审查报告和相关成果文件共包含30项针对联合国的总体性建议，其中50%处于执行中，40%仍须推进，10%倒退或无进展。[1] 2019年发布的独立评估也指出，联合国框架下妇女、和平与安全各项指标的完成情况"并非令人满意"。[2]

第三，联合国关于妇女、和平与安全的评估缺少准确数据。联合国层面的全球评估和审查大多以研究报告、项目情况报告等形式呈现，主要包括对四大支柱下各项工作内容的总体概述并提供指导建议，较少提供清晰的数据统计和细节性的调查分析。当然这可能是由以下几个原因造成的：一是冲

---

1. "The Future of United Nations Peace Operations : Implementation of the Recommendations of the High-level Independent Panel on Peace Operations: Report of the Secretary-General," https://digitallibrary.un.org/record/3832713?ln=zh_CN ,accessed on Aug.25, 2021.

2. "Women and Peace and Security : Report of the Secretary-General," https://digitallibrary.un.org/record/802167?ln=zh_CN ,accessed on Aug.25, 2021.

突国家和地区往往政局变化快，经济发展较迟缓，国内缺少对大量数据进行统计的政策性支持、资金和技术投入以及专业人才等基础条件，这明显增加了联合国数据统计的资金和人力成本；二是联合国的行动往往需要借助各个国家、区域组织、双边和多边组织等，它们协同工作，每个工作伙伴都有自己关注的重点国家和地区，很多时候会出现服务对象的交叉和重叠，不利于统合总体数据；三是"妇女、和平与安全"议程的服务国家往往综合国力不高，社会情况复杂，需要通过多种方式进行全方位的服务工作，例如资金和技术支持、政策咨询与分析、人力支持、引导人们抵制当地有可能造成妇女和女童权益受损的文化观念等，这些措施数量庞杂，且影响效果较难以评估。

无论针对国家行动计划提供的战略成果框架，还是对于整个"妇女、和平与安全"议程成果的审查与评估，联合国的评估与审查提供了一个具有借鉴和指导意义的大框架，英国国家行动计划的评估与审查就是对这一大框架的细化。

三　英国国内机构对国家行动计划的反馈与评估

英国是联合国安理会常任理事国之一，同时也在"妇女、和平与安全"议程中扮演着重要角色。从2006年颁布首份国家行动计划以来，英国各届政府均对国家行动计划表现出决心和执行力。据笔者的不完全统计，2006年至2019年，英国政府共颁布了16份国家行动计划、评估及修订计划。通过年度报告和阶段性评估与总结，英国政府可全面考查国家行动计划的实施情况，以及在"妇女、和平与安全"议程上对"重点国家"的推动情况。

此外，英国国内还有各类专门的组织机构从事"妇女、和平与安全"议程的研究。其中最重要的非政府组织是英国"和平与安全性别行动"，其宗旨是履行联合国安理会第1325（2000）号决议，促进妇女、和平与安全。"和平与安全性别行动"促进英国政府对国际社会对全球冲突地区妇女和女童的承诺承担责任，涉及各种政策领域，包括关于妇女、和平与安全的国家行动计划和"防止冲突中性暴力倡议"。"和平与安全性别行动"负责对英国国家行动计划进行评估并撰写影子报告，对英国国家行动计划和其他承诺在英国的妇女、和平与安全优先领域方面取得的进展进行总结，并对该年度英国妇女、和平与安全工作进行分析，在此基础上对新版国家行动计划的制定提出建议。此外，"和平与安全性别行动"还在英国政府资助下与合作国家展开磋商，磋商的重点在于"妇女、和平与安全"议程下的关键问题——妇女的参与、对妇女的暴力行为、保护妇女权利的机构、安全和法律框架，并针对各国存在的问题提供针对性建议。2019年，"和平与安全性别行动"发布了阿富汗、刚果（金）、伊拉克、利比亚、尼日利亚、索马里、南苏丹以及英国的磋商报告。"和平与安全性别行动"与政府、公众及社会机构紧密合作，是外界了解英国妇女、和平与安全的窗口，为推进英国"妇女、和平与安全"议程的发展做出了贡献。英国的伦敦经济学院还设立了专门的妇女、和平与安全学术研究机构——妇女、和平与安全中心（Centre for Women, Peace and Security）。中心建立于2015年，旨在促进世界各地受冲突影响局势中妇女享有公正、人权和参与权。中心通过创新研究、教学和多部门参与，旨在促进性别平等，加强妇女的经济、社会和政治参与，保障其安全。中心以联合国"妇女、和平与安全"议程和"防止冲突中性暴力倡议"为基础。中心为学者提供了研究交流的学术阵地，为英国妇女、和平与安全领域的研究奠定了学术基础。

（一）《英国国家行动计划（2014—2017）：提交议会》

在这一时期，妇女、和平与安全也已成为英国国家安全战略的有机组成部分。2015年11月，英国政府发布的《国家战略防御与安全审查（2015）》明确指出："妇女全面获得政治、社会和经济权利是21世纪最伟大的成就之一，是维护海外和平与稳定的关键。"[1]报告还指出，将"确保在海外反极端主义工作中、人道主义紧急情况下、预警和冲突分析以及新军事理论中充分考虑到妇女的权利"。[2]12月，英国政府向议会提交了《英国国家行动计划（2014—2017）：提交议会》的首份年度报告。报告首次肯定英国政府"在实现'妇女、和平与安全'议程的国内工作方面做出巨大努力"。报告还详细介绍了英国政府为达到"国家能力"建设目标所做的努力。在报告具体内容上，主要包括支持资源（提供资金、技术，提高信息质量和增加数量）、政府部门建设（支持信息共享，成立跨政府小组）以及国防部队（妇女在军队中的就业、近距离战斗不可排他性、国防部队的性别意识）等。[3]

2016年12月，英国政府第二次向议会提交了《英国国家行动计划

1. SDD, "Midline Report UK National Action Plan on Women, Peace and Security," p.11，https://assets.publishing.service.gov.uk/government/uploads/system/uploads/attachment_data/file/533592/External_evaluation_of_the_National_Action_Plan_on_women__peace_and_security_-_midline_evaluation_2016.pdf,accessed on Oct.3,2022.

2. MOD, "National Strategic Defence and Security Review 2015," p.25, https://assets.publishing.service.gov.uk/government/uploads/system/uploads/attachment_data/file/555607/2015_Strategic_Defence_and_Security_Review.pdf.accessed on Dec.31, 2020.

3. FCO, "UK National Action Plan on Women, Peace and Security 2014–17: Report to Parliament," Dec. 2015, pp.5–6, https://www.gov.uk/government/publications/uk-national-action-plan-on-women-peace-and-security-2014-17-report-to-parliament-december-2015,accessed on Dec.31, 2020.

（2014—2017）：提交议会》，充分肯定了围绕第五支柱完成的两项主要工作。一是关于国家行动计划的咨询和研讨。2016年英国政府参加了伦敦经济学院以及包括荷兰、德国、欧盟、欧安组织在内的多个国家和组织的研讨会。二是国防部队提供了关于"妇女、和平与安全"议程的培训及相关知识。[1]

（二）《终线报告：英国妇女、和平与安全国家行动计划》

2016年4月，英国社会发展指导小组（SDD）发布《中线报告：英国妇女、和平与安全国家行动计划》（Midline Report：UK National Action Plan on Women, Peace and Security），对国家行动计划的执行和效果进行总结和评估，并提出具体建议。建议主要包括：对国家行动计划实施"两级法"，即帮助4~6个"重点国家"制定妇女、和平与安全行动计划，在其他遭受冲突影响的非重点国家和地区设立办事处；实施由英国政府统领的5年国家行动计划，实行年度审查；关注英国"妇女、和平与安全"议程的国内情况，特别是女性难民及寻求庇护者，重点打击暴力极端主义。[2]这一目标与英国《国家战略防御与安全审查（2015）》中所提出的"打击极端主义是英国今后五年安全战略的优先事项之一"[3]的目标相一致。

---

1. FCO, "UK National Action Plan on Women, Peace and Security 2014–17: Report to Parliament," Dec. 2016, p,10,https://www.gov.uk/government/publications/uk–national–action–plan–on–women–peace–and–security–2014–17–report–to–parliament–december–2016 ,accessed on Dec.31, 2020.

2. SDD, "Midline Report：UK National Action Plan on Women, Peace and Security," p.7,https://assets.publishing.service.gov.uk/government/uploads/system/uploads/attachment_data/file/533592/External_evaluation_of_the_National_Action_Plan_on_women__peace_and_security_–_midline_evaluation_2016.pdf,accessed on Oct.3,2022.

3. MOD, "National Strategic Defence and Security Review 2015," pp.9–10, https://assets.publishing.service.gov.uk/government/uploads/system/uploads/attachment_data/file/555607/2015_Strategic_Defence_and_Security_Review.pdf,accessed on Dec.31, 2020.

2017年6月，英国社会发展指导小组发布的《终线报告：英国妇女、和平与安全国家行动计划》更具意义。报告将第五支柱"国家能力"建设界定为"通过增加财政和人力资源、改进培训和技术援助以及加强监测和评价系统和协调机制建设英国成果出产的能力"。报告认为，虽然目标达成仍缺少准确衡量的指标，但英国国家行动计划在制定政策和战略、提供培训和提高人们对于妇女、和平与安全问题的认识上加强了国家能力建设。[1]报告提出，今后英国国家行动计划仍继续保留五大支柱的结构。[2]

（三）三份外部评估报告

2006年至2009年，英国政府虽然出台了首份国家行动计划，却并未采取可行性措施来对国家行动计划的执行进行有效的监督和评估。目前第四份国家行动计划（2018—2022）尚未执行完毕，因此对其也较难以进行全面评估。基于上述原因，下面主要以不同机构对第四份英国国家行动计划的三份评估报告为主进行分析。

这三份评估报告是英国政府提交议会的《妇女、和平与安全英国国家行动计划（2018—2022）：向议会提交的2018—2019年度报告》（UK National Action Plan on Women, Peace and Security 2018–2022: Annual Report to Parliament 2018&2019），以及"和平与安全性别行动"发布的两份影子报告：

---

1. SDD, "Endline Report : UK National Action Plan on Women, Peace and Security," pp.24–33, https:// assets.publishing.service.gov.uk/government/uploads/system/uploads/attachment_data/file/631120/ NAP_ENDLINE.pdf, accessed on Mar. 28,2022.

2. SDD, "Endline Report : UK National Action Plan on Women, Peace and Security, " p.50, https:// assets.publishing.service.gov.uk/government/uploads/system/uploads/attachment_data/file/631120/ NAP_ENDLINE.pdf, accessed on Mar. 28,2022.

《妇女、和平与安全英国国家行动计划6个月分析》（UK National Action Plan on Women, Peace and Security Six Months Check‐In）和《2018年英国妇女、和平与安全政府行动评估》（Assessing UK Government Action on Women, Peace and Security in 2018）。通过对上述三份评估报告的分析，我们能够较为全面地了解英国国家行动计划的反馈和评估机制以及英国在落实联合国"妇女、和平与安全"议程中的薄弱与局限之处。

目前，第四份英国国家行动计划虽然尚未执行完毕，但以"和平与安全性别行动"为代表的民间咨询机构已提供了多份"影子报告"用以评估英国国家行动计划。2018年7月、12月，"和平与安全性别行动"从监测和评价、对妇女和平与安全议题的支持资金、咨询和分析、支持妇女权益组织、冲突的预防和打击暴力、武器贸易条约、基于性别的暴力和对妇女及女童的暴力、人道主义、国内实施以及效率和协调工作等十个方面对这一阶段英国国家行动计划的战略设计和实施成果进行了评估，认为英国政府对于妇女、和平与安全，特别是妇女权利组织（women's rights organisations）、和平缔造者和人权捍卫者（peacebuilders and human rights defenders）所提供的资金不够充足，并未设立专门的基金用于保障这些组织的高效、持续运营。同时，根据形势变化，"影子报告"也指出了英国在"妇女、和平与安全"议程上的新发展，主要体现在以下四个方面。

第一，关注军备控制对妇女、和平与安全的影响。2013年4月2日，联合国大会通过了《武器贸易条约》（The Arms Trade Treaty, ATT），作为联合国监管八类常规武器国际贸易的施行标准，目的是控制武器流入战乱和冲突地区，以减少不必要的人员伤亡。2014年12月该条约正式生效，共有130个国家签署了该条约。英国在这一条约的制定和执行上发挥了重要作用。英国是撰写联合国决议草案的 7 个国家之一，并在条约谈判过程中发挥了重要作用。英国外交和联邦事务部的托比亚斯·埃尔伍德（Tobias Ellwood）在条约生效当天表示："随着《武器贸易条约》的生效，全世界多年努力的结果达到了预期成效。该条约为武器出口管制设定了共同的国际标准，并将国际法和人权置于全球武器贸易的核心。条约具有减少人类痛苦并增强全球安全性的真正潜力。"[1] 条约明确指出，武器控制具有性别特质，武器贸易对性别问题存在影响。出于武器贸易的历史传统和经济价值，尽管英国政府签署了《武器贸易条约》，但仍与以非法方式对平民使用武器的国家进行武器贸易。[2] 正是这些国家对武器的不正当使用，加剧了当地的混乱，从而导致妇女的死亡、守寡、被性侵犯和性奴役等，使她们沦为冲突的直接受害者。

第二，消除性别不平等和冲突的根源应成为相关项目设计的重要参考。首先，由于妇女、和平与安全所具有的特殊性，必须建立专门的咨询和执行机构来解决相关问题，而非笼统地将其归入预防冲突与建设和平的总议程中。而且建设和维护和平的其他项目的实施，在一定程度上可能会打压相关的妇女权利组织，反而使保护妇女权益的活动失去了必要的资金和政策支持，甚至有可能将妇女和女童排斥在和平建设之外。其次，不应忽略传统文化和社会意识在暴力冲突频发、妇女和女童受害程度高的地区的角色。最后，基于

---

1. FCO, "Arms Trade Treaty Enters into Force," https://www.gov.uk/government/news/arms-trade-treaty-enters-into-force,accessed on Aug.25, 2021.

2. GAPS, "Assessing UK Government Action on Women, Peace and Security in 2018," p.9,http://gaps-uk.org/wp-content/uploads/2019/01/Assessing-UK-Government-Action-on-Women-Peace-and-Security-in-2018.pdf, accessed on Oct.3,2022.

不同地区文化的多样性，为了提高妇女、和平与安全相关方案的匹配度，应高度重视执行环节的末端，即重视地方层级的重要性。地方应该在立法改革、政策执行和健全监督管理机制三个方面发挥更大的作用，以确保妇女和女童的权益得到切实保护。

第三，应敦促英国国内"妇女、和平与安全"议程的落实。联合国安理会第1325（2000）号决议及其后续相关决议不仅适用于与和平、冲突有关的国际解决方案，也适用于国内情况。同时，联合国2030年可持续发展目标也要求所有国家在国内外落实相关方案，以促进包括性别平等与和平社会在内的全球可持续发展目标。目前英国政府出台的妇女、和平与安全国家行动计划主要专注于海外"重点国家"的工作以及在全球范围内关于妇女及女童工作的开展，而对国内社会涉及不多。虽然英国国内并不存在直接的冲突和大规模混乱，但是英国国内的妇女、和平与安全计划仍然受到北爱尔兰问题和难民问题等的威胁。[1]2015年，英国政府发布的《国家战略防御与安全审查（2015）》指出，"北爱尔兰仍然存在与恐怖主义相关的威胁。具有暴力性质的不同政见的共和党人拥有足够的人数和武器，在北爱尔兰，主要是对警察、监狱官员、武装部队成员、国家基础设施和商业目标构成威胁"，他们"渴望把英国作为目标"。[2]此外，难民问题以及由此而产生的贩卖人口以及性暴力问题也是英国保障妇女和女童权益的隐患。英国慈善机构"难民妇女"（Women

---

1. GAPS, "UK National Action Plan on Women, Peace and Security Six Months Check-In," http://gaps-uk.org/wp-content/uploads/2018/07/GAPS-NAP-Six-Month-Check-In-2018.pdf,accessed on Oct.3,2022.

2. FCO, "UK National Action Plan on Women, Peace and Security 2014–17: Report to Parliament, " December 2015, p.16,https://www.gov.uk/government/publications/uk-national-action-plan-on-women-peace-and-security-2014-17-report-to-parliament-december-2015 ,accessed on Dec.31, 2020.

for Refugee Women) 2020年2月发布的报告《我会安全吗?》(Will I Ever Be Safe)指出,其调查的106名在英国寻求庇护的妇女中,有32名表示曾在原籍国遭到强奸或性虐待,而在英国又遭到强奸;95%的人感到沮丧,1/3的人曾试图自杀。[1]

第四,英国国家行动计划在监测、评价和学习方面(Monitoring, Evaluation and Learning, MEL)尚存在很大不足。一是"监测、评价和学习"框架需要调整并增添新内容。二是"监测、评价和学习"的形式需要进一步改进。在内容方面,"监测、评价和学习"框架主要关注7大战略成果在执行过程中的监测与评估,但在战略成果7"国家能力"之下却缺乏较为固定和准确的阐述和说明,并且战略成果7的指标完成度也有待进一步评估。此外,2018年的半年度"影子报告"还提出,应将"咨询和分析"与"监测、评价和学习"框架进行整合。"监测、评价和学习"框架为咨询与分析提供背景信息;而"咨询和分析"则可及时调整指标等重要评估标准,从而使"监测、评价和学习"成为一种更为灵活的框架。同时,在格式上,对国家行动计划所施行的监测评价等主要以文字形式呈现,这种非量化的表述方式难以精准评估各项活动的成果及其影响。[2]在监测与评价过程中,"监测、评价和学习"框架的执行程序和标准的缺位,在一定程度上影响了项目的实施。英国在"重点国家"的预防规划标准上不一致,并且在执行人道主义项目中并未达到联合国"妇女、

---

1. Women for Refugee Women, "Will I Ever Be Safe? Asylum-seeking Women Made Destitute in the UK," https://www.refugeewomen.co.uk/wp-content/uploads/2020/02/WRW-Will-I-ever-be-safe-web.pdf, accessed on Oct.1, 2022.

2. GAPS, "UK National Action Plan on Women, Peace and Security Six Months Check-In," p.2,http://gaps-uk.org/wp-content/uploads/2018/07/GAPS-NAP-Six-Month-Check-In-2018.pdf,accessed on Oct.3,2022.

和平与安全"议程所要求的性别的最低标准。[1]

第二节 英国落实"妇女、和平与安全" 议程的成效评估

国家行动计划作为各国落实联合国安理会第 1325（2000）号决议的核心内容，具有重要地位，但计划各项指标的完成才是一国在推动"妇女、和平与安全"议程方面最重要的成果。英国在性别平等、妇女赋权等方面有较为久远的历史和传统，因此在"妇女、和平与安全"议程的推动下，英国女性在政治、外交和安全事务等方面均具有较高的参与度，英国在落实"妇女、和平与安全"议程方面具有一定的示范和引领作用。

一 英国性别发展水平及女性参政比例

性别发展指数（GDI）是依据世界各国两性的预期寿命、受教育程度和实际收入情况来衡量各国性别发展状况的重要指标。一般而言，该数据越接近于 1，该国两性越趋于平等。1995~2019 年，英国性别发展指数在 2005 年达到最高值 0.98，此后有所下降，2014 年达到最低值 0.96，随后逐步升至 2019 年的 0.97。从世界范围来看，英国性别发展指数明显高于世界平均水平，表明英国的性别发展状况居世界前列。（参见图 6-1）

---

1. SDD, "Report Endline Evolution: The UK National Action Plan on Women, Peace and Security 2014–2017," p.48, https://assets.publishing.service.gov.uk/government/uploads/system/uploads/attachment_data/file/631120/NAP_ENDLINE.pdf, accessed on Oct.3,2022.

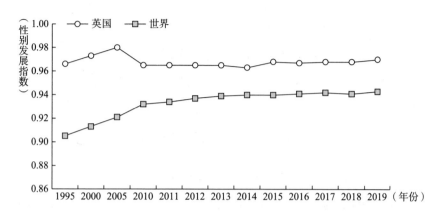

图6-1　1995~2019年英国性别发展指数

资料来源：根据1995~2019年《人类发展报告》整理，参见 https://hdr.undp.
org/en/indicators/137906,最后访问日期：2022年6月20日。原始数据中年份不连续。

（一）英国两院的女性议员

根据各国议会联盟（IPU）的统计，截至2022年2月，英国女性议员在上
议院的比例为28.6%，居全球第31位。在全球范围内，玻利维亚、澳大利亚、
安提瓜和巴布达三国女性议员的比例居前三位。英国女议员在上议院的比例
也低于比利时、奥地利、西班牙、爱尔兰、法国、意大利、德国、荷兰等欧
洲国家。[1]

1907年，英国政府颁布《妇女资格法案》（Qualification of Women Act），
允许妇女被选为县市级议员。1908年11月1日，伊丽莎白·盖芮特·安德森
（Elizabeth Garrett Anderson）当选为第一位英格兰女市长。1958年4月，英国
通过《终身贵族法案》（Life Peerages Act），首次准许女性获封为终身贵族，

---

1. IPU Parline, "United Kingdom : House of Lords," https://data.ipu.org/content/united-
kingdom?chamber_id=13512,accessed Feb. 8, 2022.

伍顿女男爵（Baroness Wootton）成为第一位获封终身贵族的女性，斯旺伯勒女男爵（Barroness Swanborough）成为第一位英国上议院女议员。1992年，贝蒂·布斯罗伊德（Betty Boothroyd）成为首位下议院女议长。2006年，海曼女男爵（Baroness Hayman）成为首位上议院女议长。[1] 2021年5月，梅丽·布莱克（Mhairi Black）成为自1667年以来英国最年轻的议会议员。[2]

1918年英国《议会法案》（The Parliament Act 1918）第一次允许21岁以上的妇女参加议会选举。在1918年的大选中，康斯坦斯·马克维琪（Constance Markievicz）被选举为第一位下议院女性议员，但和其他72名新芬党员一起，她并未能获得下议院席位。直到1919年的补选中，南希·阿斯特（Nancy Astor）才成为第一位享有议席的下议院女议员。截至2022年3月，英国下议院有225名女性议员，占下议院议员总数的35%，人数是有史以来的最高值。自1918年以来，英国下议院共产生了559名女性议员，其中工党女议员占工党议员的55%，保守党女议员占保守党议员的31%。英国上议院现有229名女性议员，占上议院议员总数的28%。英国约翰逊政府的内阁成员中女性阁员占27%。在英国历史上，英国布莱尔工党政府在2006~2007年的女性阁员占比最高，达到36%。[3]

---

1. Elise Uberoi, Chris Watson, Shadi Danechi, Paul Bolton, Richard Tunnicliffe, "Women in Politics and Public Life," （Commons Library Research Briefing, Mar. 4, 2022）,pp.20–21, https://researchbriefings.files.parliament.uk/documents/SN01250/SN01250.pdf accessed on Mar.19, 2022.

2.《20岁大学生击败工党老将 成英国350年最年轻议员》,http://world.people.com.cn/n/2015/0508/c157278–26969220.html, 最后访问日期：2022年3月19日。

3. Elise Uberoi, Chris Watson, Shadi Danechi, Paul Bolton, Richard Tunnicliffe, "Women in politics and Public Life," （Commons Library Research Briefing, Mar. 4, 2022）, p.6,https://researchbriefings.files.parliament.uk/documents/SN01250/SN01250.pdf, accessed on Mar.19, 2022.

从1918年至2019年，英国下议院女性议员的人数不断增加，比例不断提高，占比从0.1%提升到33.8%。尽管1979年撒切尔夫人成为英国第一位女首相，但同年，英国下议院的女性议员却仅有19人，占所有议员人数的3%。此后，下议院的女性议员增长缓慢，直到1997年英国工党政府上台后，女性议员的人数开始猛增，达到120人，占议员总数的比例高达18.2%。2019年英国大选中，下议院650名议员中有220人为女性，多于2017年的208人，女性占比高达33.8%。这是有史以来女性议员人数最多的一届英国议会。

从世界范围来看，各国国家议会中女性议员的占比各异，总体比例偏低。根据各国议会联盟的统计，大多数国家的下议院（或单一议院）中女性议员的比例不足30%；其中女性议员占比处于10%~29%的国家数量居多。[1]

英国下议院女性议员的比例已超过世界多数国家，但在欧洲各国中并非处于领先地位。根据各国议会联盟的统计，截至2022年2月，英国下议院中女性议员的比例为34.4%，居全球第45位。英国女议员占下议院议员总数的比例低于冰岛、瑞典、挪威等北欧国家10个百分点以上，也低于西班牙、比利时、奥地利、荷兰、丹麦、法国、意大利和德国等欧洲国家。[2]英国"妇女与平等委员会"主席玛丽亚·米勒（Maria Miller）指出，英国"必须迎接挑战以成为实现妇女议会代表人数平等的世界领袖"。米勒敦促英国政府加大力度，确保加快实现性别平等的进程，包括到2030年之前，使女性议员在议会和地方政府

---

1. IPU, "Women in Parliament in 2021, " https://www.ipu.org/resources/publications/reports/2022–03/women–in–parliament–in–2021,accessed on Feb.10, 2022.

2. IPU Parline, "United kingdom : House of commons," https://data.ipu.org/content/united–kingdom?chamber_id=13511,accessed on Feb.8, 2022.

中至少占议员人数的45%。[1]

（二）英国政党内的女性议员

从英国议会女性议员的政党结构来看，2019年，英国下议院中工党的女性议员人数最多，自由民主党女性议员的占比最高。具体而言，英国下议院工党女性议员为104人，占工党议员总数的55%；保守党女性议员87人，占保守党议员总数的24%；自由民主党女性议员为7人，占自由民主党议员总数的64%；苏格兰民族党女性议员为16人，占苏格兰民族党议员总数的33%；其他党派女性议员为6人。[2]

截至2020年11月1日，英国上下两院共有17个特别委员会（Select Committees）由女性担任主席。其中上下两院各有7名女性主席，联合委员会有3名女性主席。[3]截至2020年11月1日，在下议院，有2名女性担任副议长，另有16名女性被选为主席小组成员。[4]

在英国权力下放的立法机构（Devolved Legislatures）中女性议员比例均达到35%以上。具体而言，威尔士议会（The Welsh Parliament）、苏格兰议会

---

1. Elise Uberoi, Chris Watson, Shadi Danechi, Paul Bolton, Richard Tunnicliffe , "Women in Politics and Public Life," （Commons Library Research Briefing, Mar. 4, 2022）, p.15. https://researchbriefings.files.parliament.uk/documents/SN01250/SN01250.pdf,accessed on Mar.19, 2022.

2. "General Election 2019: How Many Women Were Elected?," https://commonslibrary.parliament.uk/general-election-2019-how-many-women-were-elected/,accessed on Mar.19, 2022。

3. UK Parliament, "Women Chairs of Select Committees," https://www.parliament.uk/about/parliament-and-women/women-in-parliament-today/women-select-committee-chairs/, accessed on Mar.19, 2022.

4. UK Parliament, "Women Deputy Speakers and Chairs of General Committees（Commons）,"https://www.parliament.uk/about/parliament-and-women/women-in-parliament-today/women-dep-speakers-chairs-of--committees/, accessed on Mar.19, 2022.

（The Scottish Parliament）和北爱尔兰议会（The Northern Ireland Assembly）
女议员的比例分别为43%、45% 和36%。在地方政府机构中的女性代表
（Councillors）比例也在25%以上。具体而言，英格兰、苏格兰、威尔士和北
爱尔兰地方政府的女性代表比例分别为36%、29%、28%和26%。伦敦议会
（London Assembly）中的女性代表比例高达52%。[1]

（三）英国政府内阁的女性部长

自1929年以来，英国政府历届内阁共计有49名女部长。1929年，玛格丽
特·邦德菲尔德成为首位女性内阁成员。（参见表6-1）

表6-1　1929~2021年英国政府内阁女性部长

姓名	任职年份
玛格丽特·邦德菲尔德（Margaret Bondfield）	1929—1931
艾伦·威尔金森（Ellen Wilkinson）	1945—1947
佛罗伦斯·霍斯布鲁格（Florence Horsbrugh）	1953—1954
芭芭拉·卡素尔（Barbara Castle）	1964—1970；1974—1976
朱蒂丝·赫德（Judith Hart）	1968—1969
玛格丽特·希尔达·撒切尔（Margaret Hilda Thatcher）	1970—1974；1979—1990
谢丽·威廉姆斯（Shirley Williams）	1974—1979
女男爵杨（Baroness Young）	1981—1983
吉利安·谢泼德（Gillian Shephard）	1992—1997
弗吉尼亚·伯顿莉（Virginia Bottomley）	1992—1997

---

1. Elise Uberoi, Chris Watson, Shadi Danechi, Paul Bolton, Richard Tunnicliffe ，"Women in Politics
and Public Life,"（Commons Library Research Briefing, Mar., 4, 2022），p.7, https://researchbriefings.
files.parliament.uk/documents/SN01250/SN01250.pdf, accessed on Mar.19, 2022.

姓名	任职年份
安·泰勒（Ann Taylor）	1997—1998
哈丽雅特·哈曼（Harriet Harman）	1997—1998；2007—2010
莫·摩兰姆（Mo Mowlam）	1997—2001
克莱尔·肖特（Clare Short）	1997—2003
玛格丽特·贝克特（Margaret Beckett）	1997—2007
帕丁顿的杰伊女男爵（Baroness Jay of Paddington）	1998—2001
海伦·丽黛儿（Helen Liddell）	2001—2003
埃斯特尔·莫里斯（Estelle Morris）	2001—2002
希拉里·阿姆斯特朗（Hilary Armstrong）	2001—2007
帕特里夏·休伊特（Patricia Hewitt）	2001—2007
泰莎·乔维尔（Tessa Jowell）	2001—2007；2009—2010
阿莫斯女男爵（Baroness Amos）	2003—2007
露丝·凯利（Ruth Kelly）	2004—2008
杰奎·史密斯（Jacqui Smith）	2006—2009
哈泽尔·布莱尔斯（Hazel Blears）	2006—2009
艾霍兰的艾什顿女男爵（Baroness Aston of Upholland）	2007—2008
伊维特·库伯（Yvette Cooper）	2008—2010
不累斯顿的罗亚尔女男爵（Baroness Royall of Blaisdon）	2008—2010
卡洛琳·斯佩尔曼（Caroline Spelman）	2010—2012
切里尔·吉兰（Cheryl Gillan）	2010—2012
沃西女男爵（Baroness Warsi）	2010—2012
特雷莎·梅（Theresa May）	2010—2019
贾斯汀·格里宁（Justine Greening）	2011—2018

续表

姓名	任职年份
玛丽亚·米勒（Maria Miller）	2012—2014
特蕾莎·维利尔兹（Theresa Villiers）	2012—2016；2019—2020
伊丽莎白·特拉斯（Elizabeth Truss）	2014—2017；2019—
尼基·摩根（Nicky Morgan）	2014—2016；2019—2020
比斯顿的斯托韦尔女男爵（Baroness Stowell of Beeston）	2015—2016
安博·拉德（Amber Rudd）	2015—2018；2018—2019
安德烈娅·利德索姆（Andrea Leadsom）	2016—2017；2019—2020
凯伦·布拉德利（Karen Bradley）	2016—2019
鲍斯公园埃文斯女男爵（Baroness Evans of Bowes Park）	2016—
普丽蒂·帕特尔（Priti Patei）	2016—2017,2019—
佩妮·莫当特（Penny Mordaunt）	2014—2019
艾斯特·麦克维（Esther McVey）	2018
特蕾丝·科菲（Thérèse Coffey）	2019—
安妮－玛丽·特利维廉（Anne-Marie Trevelyan）	2020；2021—
阿曼达·米林（Amanda Milling）	2020—2021
纳丁·多里斯（Nadine Dorries）	2021—

资料来源：Elise Uberoi, Chris Watson, Shadi Danechi, Paul Bolton, Richard Tunnicliffe , "Women in Politics and Public Life," （Commons Library Research Briefing, Mar. 4, 2022）, p.14. https://researchbriefings.files.parliament.uk/documents/SN01250/SN01250.pdf, accessed on Mar.19, 2022。

据统计，在工党政府期间，女性阁员的人数有所突破。1997年英国布莱尔政府包括5名女性阁员，这也是英国内阁第一次包括2名以上女阁员。在保守党政府期间，2010年，卡梅伦政府首届内阁仅任命了4名女性；2015年

卡梅伦政府第二任期内的女性阁员增加至7名，占内阁职位的30%。2019年
3月，特雷莎·梅政府内阁包括了5名女性（含首相）。截至2022年2月，在
英国历届政府21个全内阁职位（full cabinet posts）中，女性阁员6名，占比
为28.6%。[1]

二 英国女性积极参与外交与安全事务

从世界范围来看，各国女性领导人的数量呈增长态势。据统计，截至
2022年2月，世界各国共计有10名女性国家元首和14名政府首脑。而2005年
却仅有8名女性国家领导人。[2]1979年，撒切尔夫人成为英国首位女首相。2016
年7月，在脱欧公投后，特雷莎·梅成为英国历史上第二位女首相，为英国女
性参政带来新的象征意义。

在英国政治舞台上有越来越多的女性担任要职，是英国妇女参政权不
断扩大的直接表现。1919年，《取消议员性别资格法案》颁布，妇女可竞
选议员，南希·阿斯特子爵夫人被选为代表普利茅斯市撒顿区的下议院议
员。1924年，玛格丽特·邦德菲尔德当选下议院议员并担任工党议会秘书。
1929年，她担任劳工大臣，成为英国第一位进入内阁的妇女。1958年，
英国《终身贵族法案》颁布，允许妇女成为上议院议员。1965年，芭芭
拉·卡素尔（Barbara Castle）任对外发展部大臣，成为二战后第一位内阁

---

1. Elise Uberoi, Chris Watson, Shadi Danechi, Paul Bolton, Richard Tunnicliffe ，"Women in Politics and Public Life," （Commons Library Research Briefing, Mar. 4, 2022），p.14, https:// researchbriefings.files.parliament.uk/documents/SN01250/SN01250.pdf,accessed on Mar.19, 2022.

2. Elise Uberoi, Chris Watson, Shadi Danechi, Paul Bolton, Richard Tunnicliffe ，"Women in Politics and Public Life," （Commons Library Research Briefing, Mar. 4, 2022），p.22, https:// researchbriefings.files.parliament.uk/documents/SN01250/SN01250.pdf, accessed on Mar.19, 2022.

女大臣。1975年,玛格丽特·希尔达·撒切尔成为英国第一位女政党领袖。1979年,她成功当选英国第一位女首相。1989年,英国工党领袖内尔·金诺克推行妇女在影子内阁中任职的配额制度,新增3个妇女职位,影子内阁成员人数从15人增至18人。1992年,贝蒂·布斯罗伊德成为英国下议院第一位女议长。1993年,工党提议设立妇女部。1997年,女内阁大臣达到5名。[1]

(一)英国女性参与外交事务

自1918年《人民代表法令》(Representation of the People Act)通过后,英国女性开始在政治、外交和国际事务中崭露头角,英国女性开始逐渐活跃于议会、政府、内阁及各类国际组织中。女性参政人数不断增加,占比不断提高。1997年英国工党政府将女性议员在下议院的比例从9.2%提高至18.2%,并设立"妇女大臣"职位,是英国女性政治参与迈出的重大一步,[2]此后英国女性参与政治和外交事务的人数不断增多。

2006年5月5日,玛格丽特·贝克特当选英国首位女外交大臣。在英国政府内阁中,首相、财政大臣、内政大臣、外交大臣被看作四个最重要的职务,担任外交大臣的贝克特被视为前首相撒切尔夫人之后的又一位英国政坛女杰。[3]贝克特是英国政坛的一名"老将"。1974年,她首次当选下议院议员。她被英

1.〔英〕丹尼斯·卡瓦纳:《英国政治:延续与变革》,刘凤霞、张正国译,世界知识出版社,2014,第110页。

2. Elise Uberoi, Chris Watson, Shadi Danechi, Paul Bolton, Richard Tunnicliffe , "Women in Politics and Public Life,"(Commons Library Research Briefing, Mar.4, 2022), p.15,https://researchbriefings. files.parliament.uk/documents/SN01250/SN01250.pdf, accessed on Mar.19, 2022.

3. 程若曦:《玛格丽特·贝克特:英国第一位女外相》,《经营者》(财经人物版)2006年6月,第23页。

国媒体称为工党"伟大的幸存者",自从在1976年的卡拉汉政府任职以来,她几经沉浮,屹立不倒,在布莱尔政府始终占据着内阁大臣职位。1992年,贝克特成为工党第一位女副主席。1994年,因工党主席约翰·史密斯突发心脏病去世,她出任工党历史上第一位女主席。2001年她担任布莱尔政府的环境、食品与农村事务大臣。贝克特为人低调,作风干练,在担任大臣时具有丰富的国际气候变化谈判方面的经验。

2008年,凯瑟琳·阿什顿(Catherine Ashton)女男爵成为英国驻欧盟女性专员。2009年,她成为首位女性欧盟外交与安全政策高级代表(EU High Representative for Foreign Affairs & Security Policy)。

2019年5月1日,英国首相特雷莎·梅任命佩妮·莫当特(Penny Mordaunt)为新任国防大臣,这是英国政府首次任命女性担当此职务,她还是目前英国下议院女性议员中唯一的海军预备役军官。2010年,莫当特首次当选朴次茅斯北部地区议员,2014年至2016年在卡梅伦的领导下获得大臣级职位,并在2016年被任命为残疾人事务大臣。2017年,她被任命为英国国际发展大臣。2018年4月,莫当特担任妇女及平等大臣。

2020年2月7日,英国资深外交官凯伦·皮尔斯被任命为新任驻美国大使,她是首位担任这一职务的女外交官。皮尔斯曾任英国驻阿富汗大使,后任英国常驻联合国代表。皮尔斯接受任命时,正值英国刚刚正式脱离欧盟,正寻求与欧盟确定未来关系之时,因此这一任命十分重要。

(二)英国女性参与和平谈判

和平谈判是外交与国际事务的重要组成部分。从世界范围来看,女性参与和平谈判的比例并不高。据统计，1992年到2019年，仅有6%的重要和平协议的签署者是女性，女性在全球和平谈判代表中所占的比例仅为13%，在调停者中所占的比例仅为6%。[1]在维和特派团和国内安全部门，女性在世界各地受冲突影响地区的代表性同样不足。和平谈判的过程能够确定一个国家的优先事项，并在冲突后的环境中建立规范和制度，因此至关重要。将女性排除在这一进程之外不仅会降低与性别有关的问题的代表性，更使得女性没有机会作为平等的政治参与者参与国家改革进程。有学者指出，虽然联合国和其他国际组织发表了一系列政策报告，指出女性的参与增加了和平谈判的成功概率并推动了更具包容性的和平协议的签订，但这些政策报告并没有推动女性赋权，反而将女性置于国际与国内两种相互冲突的期望之间，从而导致女性在和平谈判中被边缘化。[2]

英国妇女在推动北爱尔兰和平进程中发挥了关键性的作用，特别是北爱尔兰妇女联盟（The Northern Ireland Women's Coalition），它参加了第一轮的谈判。20世纪60年代至90年代的北爱尔兰冲突是英国历史上最近的武装冲突，也常常被称作"麻烦"（the troubles）。1998年《贝尔法斯特协议》（The Good Friday Agreement）的签署结束了北爱尔兰和英国之间长达数十年的冲突。协议确保了妇女充分和平等地参与政治生活的权利。

在推动北爱尔兰的和平进程中，涌现出一些杰出的英国女性。1976年，挪威诺贝尔委员会打破惯例，将诺贝尔和平奖授予贝蒂·威廉姆斯（Betty

1. "Women's Participation in Peace Processes," https://www.cfr.org/womens-participation-in-peace-processes/ , accessed on Oct.25, 2021.

2. Andrea Schneiker, "The UN and Women's Marginalization in Peace Negotiations, " *International Affairs* 97（2021）: 1165-1182.

Williams）和梅里德·科里根（Mairead Corrigan），以表彰她们在推动北爱尔兰和平进程中做出的重要贡献。

1976 年 8 月 10 日，贝蒂·威廉姆斯目击了一辆爱尔兰共和军（IRA）的车辆因司机被英国士兵枪击而失去控制，撞倒了正在散步的安·马圭尔（Anne Maguire）和她的三个孩子，导致两个孩子当场死亡，马圭尔和另一名孩子重伤。贝蒂·威廉姆斯再也无法忍受类似暴力事件的频发。第二天，她募集了6000人的联合签名以抗议暴力行为。随后她组织了万人游行，尽管游行遭到爱尔兰共和军的强烈干扰，一周后，她又组织了3.5万人的抗议游行。同时，贝蒂·威廉姆斯与遇难孩子的姑姑梅里德·科里根共同创立了"和平人民组织"（The Community of Peace People）。该组织致力于推动非暴力运动，促进天主教徒与基督教徒的和解，并阻止贝尔法斯特省内的血腥杀戮，为维护北爱尔兰和平，保障人民生命财产安全做出了贡献。

（三）英国女性参与军警及联合国维和行动

联合国在推动女性参与维持和平行动方面已取得显著进步和成绩。联合国秘书长古特雷斯曾指出，目前联合国在妇女参与和平进程中已取得一些进展。例如，在联合国维和行动中的首长与副首长中女性所占比例已上升至41%，并且这些女性发表的观点对联合国维和行动产生了积极的影响。但古特雷斯还指出，落实联合国安理会第1325（2000）号决议依然有很长的路要走，妇女在维和人员（警察与部队）中的占比仍然较低，约10%，联合国将会支持会员国培养更多的女性代表，加强妇女参与各个层面的针对冲突的调节。

据统计，1993年，妇女只占维和部队总人数的1%。在联合国的大力推动下,到2014年,每12.5万名维和部队人员里,就有1250名女性维和警察和3750名女性维和军官。2019年,在联合国维持和平特派团约9.5万名的维和人员中,妇女分别占军事人员的4.7%和警务人员的10.8%。联合国鼓励和倡导将妇女部署到军警职能部门,但在军警中部署女性维和人员的责任应由会员国承担。联合国警务司发起了"全球努力"的倡议,旨在招募更多的女警加入国家警察部门,参与联合国在世界各地的警务行动。到2028年的目标是将军事特遣队中的妇女占比提高到15%。[1]

2016年之前,在军队和警察系统内,英国武装部队的人员的任用可以依据性别做出决定。《2010年平等法》(The Equality Act 2010)规定了一项豁免情况,即出于战斗力的原因限制女性从事近距离作战(close-combat)。因此,女性被排除在诸如皇家海军陆战队总参谋部(The Royal Marines General Service)、皇家骑兵(The Household Cavalry)、皇家装甲部队(Royal Armoured Corps)、步兵及皇家空军(The Infantry and Royal Air Force Regiment)等的地面近距离作战(GCC)之外。直至2016年,经英国国防部(The Ministry of Defence)审核后,卡梅伦首相解除了关于女性服务于地面近距离作战的禁令。11月,英国皇家装甲部队率先允许女性担任一定角色。

自2001年以来在英国武装力量中的女性人员和女性官员的比例呈逐年提高的趋势。截至2021年4月,英国武装力量中的11%为女性人员,其中皇家空军中的女性人员和女性官员的比例分别为15.1%和18%,均为历史

---

1. United Nations, "Uniformed Women in Peace Operations," https://peacekeeping.un.org/sites/default/files/uniformed_women_infographic_upd_version4_121020.pdf ,accessed on Oct.25, 2021.

最高值。[1]

据统计，2003年至2021年，英国国内女性警察占比稳步提高，从19%增长到32%。[2]在警务工作方面，据统计，截至2021年3月，英格兰和威尔士的女性警察官员占比为32%。从职级结构来看，34%的女性为警员，高级别女警官的比例偏低，总督察（Chief Inspector）以上级别的女性比例仅为28%。1995年6月，波琳·克莱尔（Pauline Clare）被任命为兰开夏郡警察局局长，是英格兰和威尔士首位高级别女警官。2017年2月，克雷西达·迪克（Cressida Dick）被任命为第一位伦敦大都会警察局（Met Police Commissioner）女局长。截至2020年3月，苏格兰地区32%的警员为女性，其中27%的女警担任巡佐（Sergeant）及以上级别的官职。截至2022年2月，北爱尔兰地区的警力中31%为女性。[3]

自2003年起，英国开始增加女警官与维和特派团中女性人员的比例。此外，英国政府还建立了女性数据库。英国致力于确保在冲突的各个阶段为妇女提供充分参与和平进程的机会。英国设定了武装部队中女性占比为15%的

---

1. Elise Uberoi, Chris Watson, Shadi Danechi, Paul Bolton, Richard Tunnicliffe, "Women in Politics and Public Life,"（Commons Library Research Briefing, Mar.4, 2022）,p.31, https://researchbriefings. files.parliament.uk/documents/SN01250/SN01250.pdf.,accessed on Mar. 19,2022.

2. Elise Uberoi, Chris Watson, Shadi Danechi, Paul Bolton, Richard Tunnicliffe, "Women in Politics and Public Life,"（Commons Library Research Briefing, Mar.4, 2022）, p.37, https://researchbriefings. files.parliament.uk/documents/SN01250/SN01250.pdf,, accessed on Mar.19, 2022.

3. 这一统计数字包括了借调调入的女性，但未包括英国交通警察（British Transport Police）官员借调调出的女性人员。可参见 Elise Uberoi, Chris Watson, Shadi Danechi, Paul Bolton, Richard Tunnicliffe , "Women in Politics and Public Life,"（Commons Library Research Briefing, Mar.4, 2022）, pp.36–38, https://researchbriefings.files.parliament.uk/documents/SN01250/SN01250. pdf,accessed on Mar.19, 2022.

目标，并支持"不让任何女童掉队"运动，以促进世界各地的女童教育。[1]

　　为进一步推动维和行动中派遣国维和人员性别平等的目标，联合国提出2022年联合国特派团军事专家和参谋人员中应部署19%的女性的目标，[2]目前，英国尚未达到这一目标。根据联合国《行动效果和女性维和人员：应对性别不平衡问题》（Operational Effect and Women Peacekeepers: Gender Imbalance）公布的联合国维和行动中各国女性军事专家及参谋的人数统计，在维和行动中，英国女性主要作为参谋（Staff Officer）参与维和行动。2021年10月~12月，英国联合国维和女性军事专家和参谋的比例最高值达到14.8%，此后略有下降，截至2022年2月，英国女性军事专家和参谋的比例降至10%。由此可见，英国与联合国提出的目标尚有不小的距离。[3]

第三节　英国推动"妇女、和平与安全"
议程面临的挑战

　　新冠肺炎疫情对于"妇女、和平与安全"议程的影响极为深远。根据联合国妇女署的研究，新冠肺炎疫情的大流行将使4700万多名妇女和女童的生活状况降至贫困线以下。2021年，将有4.35亿妇女和女童陷入极端贫困。联

---

1. "United Nations Gender Equality Chief, Briefing Security Council, Points Out 'Systemic Failure' to Integrate Women in Peacekeeping, Mediation," https://www.un.org/press/en/2018/sc13554.doc. htm,accessed on Mar.19, 2022.

2.《联合国维持和平》，https://peacekeeping.un.org/zh/gender，最后访问日期：2022年3月19日。

3. 联合国：《行动效果和女性维和人员：应对性别不平衡问题》，参见 https://peacekeeping.un.org/zh/gender，最后访问日期：2022年6月20日。

合国妇女署执行主任姆兰博-努卡（Phumzile Mlambo-Ngcuka）指出，在新冠肺炎疫情之下，针对妇女的暴力行为大幅增加，疫情有可能使过去25年来在赋予妇女和女童权能方面取得的许多来之不易的进展发生逆转。[1]对英国而言，如前所述，还同时面临后脱欧时代的震荡与调整，更增加了英国推进"妇女、和平与安全"议程的不确定性。

一　全球新冠肺炎疫情与英国落实"妇女、和平与安全"议程面临的挑战

新冠肺炎疫情深深暴露出健康、教育、经济、社会和政治体系的脆弱性。新冠肺炎疫情所带来的冲击深深影响了性别问题并使得以前所有存在的性别不平等情况更为恶化。

2020年是全球新冠肺炎疫情肆虐之时，同时也是纪念联合国安理会第1325（2000）号决议通过20周年、《北京宣言》及《行动纲领》通过25周年的重要时刻。10月29日，联合国安理会通过电视会议的形式举行了关于妇女、和平与安全的公开会议。会议的主题是"妇女、和平与安全：安全理事会第1325号决议20周年——着眼于更好地执行"。英国外交和联邦事务部中东和北非事务国务大臣詹姆斯·克莱弗利指出，越来越多女性和平主义者的声音应该被听到，联合国安理会第1325（2000）号决议中"妇女、和平与安全"议程，不仅要包括女性的声音，还要包括种族、宗教、性别认同、性取向等方面的少数群体的声音。这些结构性障碍必须在和平

1.《世界妇女大会25周年，〈北京宣言〉重要性有增无减》，https://news.un.org/zh/story/2020/09/1066102，最后访问日期：2022年3月19日。

进程初期或政策制定时就消除，以预防和解决冲突并推进和平建设。[1]

同时，在新冠肺炎疫情的冲击下，英国推动"妇女、和平与安全"议程正面临着"越来越大的执行落差"（a widening implementation gap），针对妇女和女童的暴力的增加已成为"幽灵瘟疫"（shadow pandemic）。新冠肺炎疫情给英国国家行动计划的执行和"妇女、和平与安全"议程的推进增加了诸多挑战。特别是在全球新冠病毒变异毒株德尔塔病毒的冲击下，全球基于性别的暴力事件飙升。例如，作为英国国家行动计划重点国家之一的伊拉克，其基于性别的暴力比2019年增加了30%~50%。[2]

作为一个妇女、和平与安全问题的咨询和研究组织，"和平与安全性别行动"立即发布报告，将新冠肺炎疫情对于妇女、和平与安全的冲击总结为10个方面。1.疫情中妇女和女童的参与、领导与决策比例不高。尽管医疗保健行业的女性工作人员占70%，但高层领导职位的女性却仅占25%。2.针对妇女和女童的暴力行为明显增多。3.和平与安全遭到巨大挑战，疫情引发的经济衰退、失业以及医疗资源不均衡等问题，大大增加了不稳定性与冲突的可能性。4.公共卫生紧急立法的缺失对于妇女的健康有重要影响。5.妇女的经济权利遭到巨大冲击。6.妇女和女童从事无偿护理的比例增加。据统计，全球76.2%的无偿护理工作由女性承担，超过男性3倍。7.社会保护体系缺乏对女性的关

---

1. 王天禹：《反击倒退，着眼于更好地执行——联合国安全理事会会议聚焦第1325号决议二十周年》，《中国妇女报》2020年11月3日。

2. HM Government, "UK National Action Plan on Women, Peace and Security 2018–2022: Annual Report to Parliament 2020, " https://assets.publishing.service.gov.uk/government/uploads/system/uploads/attachment_data/file/978646/UK_National_Action_Plan_on_Women__Peace_and_Security_2018_to_2022_annual_report_to_Parliament_December_2020.pdf.pp.2–4,accessed on Mar.19, 2022.

注，而在不稳定、不安全的地区和冲突中，妇女和女童是最主要的受害群体。8.妇女的性和生殖健康及权利无法被保护，特别是在疫情导致医疗资源短缺的情况下。9."针对病毒之战"的语义表述具有军事主义色彩，这与和平相去甚远，政府应把更多开支用于医疗基础设施而非军事。10.女性对于网络技术和资源的使用和获取存在差异性，存在针对女性的网络暴力。[1]基于上述分析，报告明确提出，在此背景下，"英国'妇女、和平与安全'议程必须以国际化的方式应对全球新冠肺炎疫情"。[2]

2021年1月，"和平与安全性别行动"等22个机构共同发布题为《现在与未来——疫情与危机：新冠肺炎疫情及之后的世界中的性别平等、和平与安全》（Now and the Future-Pandemics and Crisis: Gender Equality, Peace and Security in a COVID-19 World and Beyond）的报告。报告提出10项建议：开发性别紧急应对计划；确保投资于可获得的全面的医疗保健；确保性与生殖健康服务及权利（SRHR）；考虑必要的对基于性别的暴力的预防、应对及对受害者的保护；经济模式、生计和社会保护的转型以及解决无偿护理问题；增加性别敏感方面的培训，并让妇女平等获得信息、技术和网络安全感；和平优先，减少军事主义与不安全因素；推动妇女有意义地参与公共、私人和政治事务；资助女权及女性主义组织网络及运动；加强问责，提高透明度，变革

---

1. GAPS，"Call to Action: Now and the Future COVID-19 and Gender Equality, Global Peace and Security，" p.3, https://gaps-uk.org/wp-content/uploads/2020/04/Call-to-Action-Now-and-the-Future-COVID-19-and-WPS-1.pdf, accessed on Mar.19, 2022.

2. GAPS，"Call to Action: Now and the Future COVID-19 and Gender Equality, Global Peace and Security，" p.1, https://gaps-uk.org/wp-content/uploads/2020/04/Call-to-Action-Now-and-the-Future-COVID-19-and-WPS-1.pdf, accessed on Mar.19, 2022.

方法。[1]

二 "全球英国"外交与英国落实"妇女、和平与安全"议程面临的挑战

"全球英国"理念是英国脱欧后构建全新对外政策的集中体现。脱欧是当前决定英国外交政策走向最重要的因素之一。正如英国首相特雷莎·梅所说："这将是我们整个国家面临的一个决定性时刻，因为我们即将打造与欧洲的新型关系，以及我们在这个世界上的新角色。"[2]有学者认为，离开欧盟会对英国在世界上的地位带来"最重大的结构性变革"。[3]

2021年3月，英国政府发布《竞争时代的全球英国：安全、国防、发展和外交政策综合评估》报告。报告全面描绘了英国对未来10年在世界舞台所扮演角色的愿景，被认为是冷战结束后英国对其世界地位最彻底的一次重新评估，表明英国意在脱欧后塑造一个崭新的"全球英国"形象。英国首相约翰逊提出要建设一个"更强大、更安全和更繁荣"[4]的英国。

---

1. GAPS, et al., "Now and the Future—Pandemics and Crisis: Gender Equality, Peace and Security in a COVID-19 World and Beyond, " p.3,https://gaps-uk.org/wp-content/uploads/2021/01/Gender-Equality-Peace-and-Security-in-a-COVID-19-World-and-Beyond.pdf, accessed on Mar.19, 2022.

2. "Brexit a Defining Moment for Britain: May, " http://www.xinhuanet.com/english/2017—03/15/c_136128446. Htm/, accessed on Mar.19, 2022.

3. Patrick Wintour, "UK Risks Losing Global Influence if It Quits Single Market, Says Former Civil Servant," in *The Guardian*, https://www.theguardian. com/politics/2016/nov/08/uk-risks-losing-global-influence-quits-single-market-senior-civil-servant/, accessed on Mar.19, 2022.

4. HM Government, "Global Britain in a Competitive Age: The Integrated Review of Security, Defence, Development and Foreign Policy, " p.3, https://www.gov.uk/government/publications/global-britain-in-a-competitive-age-the-integrated-review-of-security-defence-development-and-foreign-policy,accessed on Mar.19, 2022.

报告指出英国将采取整合方式来应对更具竞争性的世界。[1]其中最重要的是外交和联邦事务部与国际发展部合并，建立外交、联邦与发展办公室。[2]英国首相约翰逊指出，这将能更好地整合英国的外交资源和发展项目，使英国在国际上发挥更大作用，更好地处理从气候变化到极端贫困的问题。报告指出，虽然部门合并，但在财政状况允许的情况下，英国政府将继续保持把国民收入的0.7%用于推动国际发展援助。报告还明确提出推进女童教育的目标，指出英国将确保所有女童接受至少12年教育，并利用援助及2021年与肯尼亚合办全球教育伙伴关系峰会的身份，在 2025 年前再帮助 4000 万名发展中国家的女童入学。[3]

2021年4月，英国政府发布了《妇女、和平与安全英国国家行动计划（2018—2022）：向议会提交的2020年度报告》（UK National Action Plan on Women, Peace and Security 2018-2022: Annual Report to Parliament 2020）。在

1. HM Government, "Global Britain in a Competitive Age：The Integrated Review of Security, Defence, Development and Foreign Policy，" p.7, https://www.gov.uk/government/publications/global-britain-in-a-competitive-age-the-integrated-review-of-security-defence-development-and-foreign-policy,accessed on Mar.19, 2022.

2. 2020年6月，英国首相约翰逊宣布，英国外交和联邦事务部与国际发展部合并，设立外交、联邦与发展办公室，他认为部门合并将有助于外交资源和援助计划的结合，在处理国际问题上形成合力。这被认为是"全球英国"计划的一部分。英国国际发展部是负责管理海外援助项目的部门，致力于可持续发展和消除世界贫困，其中包括对亚非贫困地区的女童教育的援助项目。据统计，仅2017年至2019年，国际发展部拨款9500万英镑援助印度女性的就业。但对于这一部门合并，也有不同声音。英国前首相布莱尔、布朗和卡梅伦均反对这一合并计划，认为这将使得英国的国际声誉和软实力受损，并无助于"全球英国"形象的构建。

3. HM Government, " Global Britain in a Competitive Age：The Integrated Review of Security, Defence, Development and Foreign Policy，" p.16, https://www.gov.uk/government/publications/global-britain-in-a-competitive-age-the-integrated-review-of-security-defence-development-and-foreign-policy,accessed on Mar.19, 2022.

报告开篇,英国外交大臣拉布(Dominic Rennie Raab)指出,20年来,英国在"妇女、和平与安全"议程上已成为"令人骄傲的全球冠军"(proud global champion)。"妇女、和平与安全"议程的目标是提升妇女在冲突预防、调停和冲突后重建中的作用,保障冲突中的妇女和女童的权利。外交和联邦事务部与国际发展部的合并,整合了英国的外交和发展援助能力,使英国增强了通过国家行动计划把妇女更好地纳入外交与安全战略目标的决心。在安全政策方面,国防部长华莱士(Ben Wallace)指出,英国将出台一个长期战略以保证把妇女、和平与安全作为确保人的安全的重要组成部分而纳入英国整体国家安全战略。[1]该年度报告强调了以下几点。

第一,"防止冲突中的性暴力"议题仍继续加以推广。报告指出,英国在"防止冲突中的性暴力"议题上关注三大目标:加强对性暴力幸存者的支持并追究肇事者的责任;支持所有幸存者及生于与冲突相关的性暴力的儿童,包括应对污名化并改善幸存者的境遇;通过消除根源来防止冲突中的性暴力。2020年1月,英国首相防止冲突中性暴力问题特别代表阿迈德勋爵与国际刑事调查研究所(Institute for International Criminal Investigations,IICI)共同发布了《穆拉德准则》草案。该准则将确保对与冲突相关的性暴力的调查、文件记载和经历记录等工作。11月,阿迈德勋爵还发布了人道主义宣言(The Declaration of Humanity),呼吁防止冲突中的性暴力,并谴责对于幸存者的污名化。斯里兰卡、塞拉利昂、伊拉克等国的共同倡议,使得该宣言具有了一

---

1. HM Government, "UK National Action Plan on Women, Peace and Security 2018–2022: Annual Report to Parliament 2020," p.3, https://assets.publishing.service.gov.uk/government/uploads/ system/uploads/attachment_data/file/978646/UK_National_Action_Plan_on_Women__Peace_and_ Security_2018_to_2022_annual_report_to_Parliament_December_2020.pdf,accessed on Mar.19, 2022.

定的国际性。[1]

　　第二，英国国家行动计划已成为一项"国家战略"，并将通过加强评估来不断保证其执行。第四个英国国家行动计划（2018—2022），已成为在"妇女、和平与安全"议程上"英国政府的五年战略"。[2]提升"英国能力"是国家行动计划中的一项关键战略成果。国家行动计划重要的一项是评估。评估有三重目的：一是向议会负责；二是告知并改进；三是提供实际的、可行的建议来加强国家行动计划的执行。2021年5月，针对英国国家行动计划（2018—2022）中的每一项战略成果，英国政府分别制定和发布了指导说明（gudiance note），以保证在项目执行过程中能够更好地实现目标。

　　第三，强调英国国家行动计划的国内应用。国家行动计划虽然具有外向性和国际性，但同时英国强调也应关注其在国内的应用。报告强调，须与内务部加强合作，关注英国国内针对妇女和女童的暴力。北爱尔兰女性是英国在和平建设、社区团结方面以及在阻止和应对暴力极端主义方面的重要组成部分，应关注北爱尔兰女性和平建设者的作用。[3]早在2018年，英国就已建立

---

1. HM Government, "UK National Action Plan on Women, Peace and Security 2018–2022: Annual Report to Parliament 2020，" https://assets.publishing.service.gov.uk/government/uploads/system/uploads/attachment_data/file/978646/UK_National_Action_Plan_on_Women__Peace_and_Security_2018_to_2022_annual_report_to_Parliament_December_2020.pdf, pp.24–25,accessed on Mar.19, 2022.

2. HM Government, "UK National Action Plan on Women, Peace and Security 2018–2022，"" https://www.gov.uk/government/publications/uk-national-action-plan-on-women-peace-and-security-2018-to-2022, accessed on Mar.19, 2022.

3. HM Government, "UK National Action Plan on Women, Peace and Security 2018–2022: Annual Report to Parliament 2020，" p.40. https://assets.publishing.service.gov.uk/government/uploads/system/uploads/attachment_data/file/978646/UK_National_Action_Plan_on_Women__Peace_and_Security_2018_to_2022_annual_report_to_Parliament_December_2020.pdf,accessed on Mar.19, 2022.

"英联邦女性调停者"(Women Mediators across the Commonwealth,WMC)网络,以此促进不同背景的妇女之间交流冲突调停的经验。

2021年4月,针对英国政府发布的就英国国家行动计划(2018—2022)向议会提交的年度报告,英国"和平与安全性别行动"发布了题为《评估英国政府妇女、和平与安全2020年行动》(Assessing UK Government Action on Women, Peace and Security in 2020)的"影子报告",认为英国政府对政府部门的整合(合并了外交和联邦事务部与国际发展部),削减了海外发展援助,这给英国"妇女、和平与安全"议程的发展带来重大冲击。[1] "影子报告"集中指出,英国政府年度报告存在以下三个问题。

第一,具体实例不足。英国"和平与安全性别行动"虽然对于年度报告使用和前一年同样的模板表示赞扬,认为这样更方便进行比较分析,更方便发现其中的进步;但同时也指出了报告中存在的支撑实例不足的问题。比如对于缅甸的资助和对阿富汗基于性别的暴力的描述,仅举了一个例子,说服力不足。年度报告忽略了妇女权利组织(WROs)的作用。[2] 同时,应加强追溯用于妇女、和平与安全的经费的去向。

第二,应加强英国在"妇女、和平与安全"议程上的整合性发展。"影子报告"认为"妇女、和平与安全"议程应以一个协调统一、整体性的方式将

---

1. GAPS, "Assessing UK Government Action on Women, Peace and Security in 2020," p.1,https://gaps-uk.org/assessing-uk-government-action-on-women-peace-and-security-in-2020/, accessed on Mar.19, 2022.

2. GAPS, "Assessing UK Government Action on Women, Peace and Security in 2020," p.2,https://gaps-uk.org/assessing-uk-government-action-on-women-peace-and-security-in-2020/, accessed on Mar.19, 2022.

安全、建设与发展整合起来。正如英国外交和联邦事务部负责中东与北非事务的国务大臣詹姆斯·克莱弗利（James Cleverly）所指出的，性别平等是英国可以推向国际舞台的一项议题，它与英国的安全和发展政策是一个整体。[1]此外，"影子报告"肯定了英国政府在年度报告中设立的"监控、评估和学习"机制，建议英国的"冲突与发展战略"（Conflict and Development Strategies）通过专业咨询的形式，实现英国政府对于妇女、和平与安全的承诺，从而保证通过综合途径来实施国家行动计划。

第三，关于年度报告中提出的"国家行动计划国内化的问题"，建议英国政府应全面分析新冠肺炎疫情和后脱欧时代英欧关系对英国国内形势的影响，尤其是在"妇女、和平与安全"议程方面的影响。需要关注的妇女，除北爱尔兰妇女外，还应包括英国国内的难民、移民及被拐卖妇女。在疫情后复苏阶段，也应考虑这些群体。在制定新的国家行动计划时，应加强与国内政府部门的合作，并发挥其在妇女、和平与安全建设中的重要作用。[2]

小　结

2022年10月，世界银行发布的《全球经济展望》，预计当年全球经济增

1. GAPS, "Assessing UK Government Action on Women, Peace and Security in 2020," p.3,https://gaps-uk.org/assessing-uk-government-action-on-women-peace-and-security-in-2020/, accessed on Mar.19, 2022.
2. GAPS, "Assessing UK Government Action on Women, Peace and Security in 2020," p.14,https://gaps-uk.org/assessing-uk-government-action-on-women-peace-and-security-in-2020/, accessed on Mar.19, 2022.

长3.2%。尽管这在一定程度上标志着全球经济正在逐步走出疫情的阴霾,但未来形势对英国落实"妇女、和平与安全"议程的影响仍充满不确定性。一方面,"全球英国"的理念是脱欧后的英国对于大国梦想和国际责任的明确表达,其中"妇女、和平与安全"议程是英国认为应当承担的国际责任的重要组成部分。另一方面,"全球英国"对于经济贸易和传统安全的关注在一定程度上意味着"妇女、和平与安全"议程被边缘化。

结　语　迈向"全球英国"的英国妇女、和平与安全

"妇女、和平与安全"议程是联合国倡议的一项重大国际议程。联合国安理会第1325（2000）号决议及其后续决议是"妇女、和平与安全"议程的重要框架。在这一框架内，作为最早完成工业化的国家、曾经的"日不落帝国"以及联合国安理会五大常任理事国之一的英国，扮演着重要而又特殊的角色。

一方面，英国在落实"妇女、和平与安全"议程中具有重要作用。这源自近代以来英国女性主义与妇女和平运动的充分发展，这些发展也是英国能够在联合国框架内积极推动女性议题"国际化"的内驱力。同时，英国作为较早落实联合国安理会第1325（2000）号决议，制定国家行动计划的国家之一，在国家行动计划的更新和多元化评估机制的建设方面具有示范作用。在联合国"妇女、和平与安全"议程的参与、保护、预防、救济与恢复四大支柱下，英国始终强调并促进妇女作为预防冲突者及和平建设者参与和平与安全建设的全过程。在四大支柱的基础上，英国在第四份国家行动计划中还开创性地设立了"七大战略成果"指标，这是英国在落实联合国"妇女、和平与安全"议程中的重要贡献。

另一方面，英国在落实"妇女、和平与安全"议程中具有特殊作用。这集中体现在对防止"冲突中的性暴力"议题的推动上。英国通过多种外交途径和民间资源在国际、国内推广"防止冲突中性暴力倡议"。这一议题被成功纳入联合国"妇女、和平与安全"议程的主流框架，英国也获得了在"冲突中的性暴力"议题上的国际引领地位。同时，英国借助对外援助和人道主义工具积极推动妇女、和平与安全的国际实践。英国以亚非地区欠发达或冲突频发的12个"重点国家"为核心，通过提供资金和加强培训等方式将性别观点纳入其和平进程之中，并帮助部分国家制定了国家行动计划，从而为推进"妇女、和平与安全"议程做出了"额外"的贡献。

毋庸置疑，在全球范围内，英国已成为落实"妇女、和平与安全"议程的积极参与者、大力倡议者和主动领导者，并在推动全球妇女、和平与安全建设方面取得了一定的成果。但在新冠肺炎疫情背景下，全球贸易保护主义情绪高涨，逆全球化暗流涌动，"全球英国"计划遇到巨大挑战。在多重影响之下，英国的"妇女、和平与安全"议程很可能向内向型发展，而非扩张性的外向型。

当前，英国试图通过"全球英国"的外交理念重塑脱欧之后英国的国际地位和国际影响力，这并非一蹴而就的事情。在"全球英国"战略之下，英国更加强调将"妇女、和平与安全"议程纳入外交及国家安全的整体框架，使得性别议题的"软性"力量具有了更多"硬性"特质。英国的"妇女、和平与安全"议程在被赋予更多国际化内涵的同时也将面临着被边缘化的风险和趋于内向化的可能。而在百年未有之大变局下，英国欲借"人权外交"推动"妇女、和平与安全"议程的国际实践必将招致质疑与反对之声。在"全

球英国"战略框架下，英国落实"妇女、和平与安全"议程的政策与实践充

满诸多不确定因素。

附　录

附录1：英国在联合国安理会关于"冲突中的性暴力"发言记录

联合国安全理事会第6722次会议 [1]

2012年2月23日

　　马克·莱尔·格兰特爵士（联合王国）（以英语发言）：我同其他发言者一起感谢玛戈·瓦尔斯特伦和埃尔韦·拉德苏的通报，感谢艾米娜·麦格比（Amina Megheirbi）代表非政府组织妇女、和平与安全问题工作组所作的发言，她的发言令人感动。联合王国欢迎秘书长关于与冲突有关的性暴力的报告（S/2012/33）。我们全力支持玛戈·瓦尔斯特伦的工作和任务。

1.《联合国安全理事会第六七二二次会议临时逐字记录》，2012年2月23日，参见 https://undocs.org/zh/S/PV.6722。

我谨谈三点。第一，我谨赞扬秘书长特别代表瓦尔斯特伦开展了有益的工作，提高了该问题的可见度，包括打击有罪不罚现象。我们欢迎如她今天上午所指出，她协调努力处理这个问题，使联合国系统能够采取更加协调一致的应对措施。联合国制止武装冲突中性暴力的行动在执行监测、分析和报告的安排方面发挥重要作用。瓦尔斯特伦女士还做出不懈努力，确保各方听到非政府组织和民间社会组织的呼声。

第二，我们欢迎加强问责制、结束有罪不罚现象的努力。联合国监测和报告机制以证据为基础，提供与冲突有关的侵害妇女、男性、男童和女童的性暴力的客观、可靠的信息。根据第1960（2010）号决议，安理会现在能够追究确信涉嫌实施强奸或其他形式性暴力的当事方。我们注意到，这些当事方已经首次列入名单，我们支持对应对此种可怕行为负责的各方采取适当行动。

重要的是，安理会在审议冲突后局势和其他令人关注的局势时，考虑到与冲突有关的性暴力的信息。然而，与冲突有关的性暴力不仅发生在安全理事会议程上的国家中，我们看到其他地方也发生类似事件或模式。作为冲突的早期预警信号，无论哪里一旦发现与冲突有关的性暴力模式或趋势，秘书长特别代表必须能够处理这种暴力行为。这些罪行必须得到报告、处理和处罚，而且在报告过程中必须始终尊重幸存者的尊严。

我们肯定法治专家组所做的有益工作。他们支持会员国加强法治和防止有罪不罚现象的制度性保障，与会员国合作改善法治进程，确保将实施性暴力者绳之以法。只有打击有罪不罚现象并将与冲突有关的性暴力肇事者绳之以法，才能伸张正义。必须让冲突所有各方都认识到，是暴力实施者而非幸存者必须付出代价。

第三，我们欢迎为与冲突有关的性暴力专门制定一个早期预警信号框架，并大胆地将这种分析融入现有和新的早期预警和预防系统。早期预警和预防系统是防止和解决与冲突有关的性暴力问题的重要工具。

把强奸作为一种作战手段的情况日趋严重，安全理事会应当团结一致地加以谴责，并坚决支持负责冲突中性暴力问题的特别代表的重要工作。通过第 1960（2010）号决议、任命瓦尔斯特伦女士、确立她与冲突中的性暴力问题法治专家组一起发挥斡旋作用和妇女保护顾问的工作，都有助于防止和应对与冲突有关的性暴力，进而有助于国际和平与稳定。

我们坚决认为，安理会需要维持和加强这方面工作。因此，联合王国感到失望，安理会尚未能达成一项主席声明，谴责与冲突有关的性暴力。安理会今天辩论未能就有罪不罚、预防和早期预警、对去年通过的第1960（2010）号决议的后续行动问题，尤其是未能就对瓦尔斯特伦女士的卓越工作达成一项公开声明，这向全世界，特别是受害者和幸存者发出了一个令人沮丧的信息。

我们相信，安理会成员将继续紧锣密鼓地作出努力，就这些重要问题达成一个公开立场，相信所有代表团将展示必要的承诺、敏感性和远见，以便能够通过这样一项声明。联合王国肯定将积极参加这方面努力。

最后，我们注意到安全理事会某些成员最近表现出一种令人不安的趋势，他们声称他们不受他们未参加安理会时通过的决议约束。安全理事会决议当然对联合国所有会员国都具有法律约束力，任何会员国都不能置之度外或破坏其执行，不论在通过这些决议时他们是否参加安理会工作。

UK Women,
Peace &
Security

联合国安全理事会第 6948 次会议 [1]

2013 年 4 月 17 日

马克·莱尔·格兰特爵士（联合王国）（以英语发言）：主席女士，感谢你举行今天的辩论会，感谢你来到纽约，为这一重要问题注入新的动力。要求在辩论会上发言的代表团数目之多，显见本次会议的重要性和现实意义。我和其他代表一道，感谢秘书长和秘书长特别代表扎伊娜卜·哈瓦·班古拉今天所作宝贵通报，感谢凯塔·迪亚基特女士代表非政府组织妇女、和平与安全问题工作组所作的感人发言。

联合王国坚定不移地致力于处理冲突中的性暴力问题，因为它是当今世界最顽固又最受忽视的不公正现象之一。上周，八国集团外长在主席国联合王国的主持下，就预防冲突中的性暴力问题达成一项历史性宣言。他们承诺共同做出努力，并与其他国家合作，为打击这一罪行采取全面和协调的行动。八国集团首次宣布，冲突中的强奸和重大性暴力行为严重侵犯了《日内瓦公约》，也构成了战争罪。这一决定确认，我们有责任积极追踪和起诉任何被控犯有这类罪行的人，将其交付审判，不论其国籍如何或身处何地。

今天的辩论会是一个良机，可以强化上述信息并发出同仇敌忾的有力信息：强奸和性暴力罪犯无处藏身。至此已在本次辩论会上做出的发言在这一

1.《联合国安全理事会第六九四八次会议临时逐字记录》，2013 年 4 月 17 日，参见 https://documents-dds-ny.un.org/doc/UNDOC/PRO/N13/293/63/PDF/N1329363.pdf?OpenElement。

点上非常令人鼓舞。

联合王国欢迎秘书长的及时报告（S/2013/149）。联合王国提出的防止性暴力倡议的主要目的是加强联合国及其他国际机构消除这一祸患的努力。

我们毫无保留地支持班古拉女士的工作和任务，特别是她努力协调联合国的应对工作，并注重国家自主性和国家责任。报告提供了一个评估取得的进展和考虑下一步工作的良机。显然，仍有艰巨的工作有待完成。

我要强调我们必须处理的下列三方面关键问题。

第一，联合王国要赞扬秘书长的建议，即所有国别决议及联合国维和特派团与特别政治特派团延长任务期限都需要有系统地因应性暴力问题，并采用安全理事会第1960（2010）号决议的具体用语。我们赞成，维和任务应当包含遏止性暴力的规定并包含与冲突各方开展对话以促其致力于保护工作以及部署保护妇女顾问等内容。我们尤其赞成由维和特派团预算提供经费。在这个问题上，我们必须采取强有力的方针，一以贯之。

第二，我们确认，必须着重处理围绕着安全部门和司法改革的棘手问题：为国家安全部队提供训练；确保不得赦免严重侵犯人权者包括性暴力犯罪者的原则；确保安全部门对所有人开放、应对所有人的要求。在司法部门，努力培训警察、治安法官和法官并加强培训女律师将会使调查和起诉更有成效。这也是我们非常欢迎的步骤。

第三，我们欣见发出呼吁，要求安全理事会、调解者、特使及会员国务必与冲突各方开展对话，讨论与冲突有关的性暴力问题。为了保证后继和平进程及停火协定中明确确认性暴力作为冲突方法或手段的问题，上述做法很关键。正如我国外交大臣4月11日所言,我们需要作出这种努力,以结束将强奸和性暴力作为次要问题处理的作法,把妇女和妇女权利问题放到解决冲突的前沿和中心位置。

最后,正如中国、卢森堡及其他国家代表所强调的那样,我们要牢记,妇女的充分和平等参与对打击性暴力至关重要。不得将妇女仅仅视为被动的受害者,还要将她们看作积极的参与者,她们是打击上述可怕现象的一切努力的关键。

主席女士,最后,我要像开篇时一样,感谢你举行本次辩论会,推动安理会持续致力于处理这一问题。如你所知,我国外交大臣亲自致力于这个问题。我们必须齐心协力,对那些受到暴行摧残、生活因此支离破碎的人兑现我们的承诺,不管这种罪行发生在何处。通过一项强有力的决议,展示我们的共同承诺是及时而且重要的,我们打算在6月份担任安理会主席国期间再举行一次辩论会,以继续专注于制止这些罪行的问题。

联合国安全理事会第6984次会议[1]

2013 年 6 月 24 日

威廉·黑格主席（以英语发言）：有15票赞成。该决议草案获得一致通过,成为第2106（2013）号决议。

1.《联合国安全理事会第六九八四次会议临时逐字记录》,2013年6月24日,参见 https://documents-dds-ny.un.org/doc/UNDOC/PRO/N13/371/52/PDF/N1337152.pdf?OpenElement。

我现在以联合王国外交大臣的身份发言。

我谨感谢秘书长和其他国家外交部长出席本次辩论；安全理事会成员之后发言，有50多个国家要求在本次公开辩论中发言，这表明全球对该问题的关心程度和行动决心不断增强。

我赞扬扎伊娜卜·班古拉的工作热情、决心和远见；赞扬安杰利娜·若利为世界上的难民所做的出色工作，并与我一道宣传争取结束冲突中强奸和性暴力行为；并赞扬简·安沃（Jane Adong Anywar）的勇敢努力和有力证词。

在全球各地几乎每一个角落的冲突中，强奸被系统和残酷地使用，而施暴者自知几乎肯定不会因此受罚。如果国际社会不解决这种有罪不罚文化，无数妇女、儿童和男子很可能在现在和将来的冲突中受到同样骇人听闻的遭遇。因此，我们提出的方向和采取的行动可能拯救生命，改变世界各地的事态发展。这应该是我们的目标。

作为国际社会，我们已经遏制核武器的发展，避免了一度似乎不可阻挡的不安全浪潮。我们缔结了有约束力的公约，禁止使用酷刑和虐待囚犯，禁止使用化学武器和全面禁止集束弹药。在遏制危害许多脆弱国家的冲突钻石贸易方面，我们已经取得进展。我们在安全理事会上通过了关于妇女、和平与安全这一具有历史意义的第1325（2000）号决议，并在今年达成一项历史性武器贸易条约，用以制止加剧冲突、制造人类巨大苦难的非法武器贸易。

没有任何一个国家能够单独解决这些巨大问题。我们已经表明，我们能够携手对付这些问题。

今天，我们迫切需要再次同心协力改善人类状况，现在我们要共同声明，利用强奸和性暴力作为战争武器的做法是不可接受的，我们知道可以制止这种行为，我们现在就要采取行动消除这种现象，要肩负起各国政府的责任以及安全理事会的集体责任。

性暴力同坦克和子弹一样，被用来摧毁生命，破坏社区和实现军事目标。

我同在座其他人一样，曾目睹性暴力给受害者带来可怕的终身创伤和疾病，也看到给家庭和社区造成的破坏性影响。

我深感震惊的是，尽管等待几年甚至几十年之后，绝大多数幸存者始终得不到正义、支持或承认，而且背负耻辱和污名的是受害人而不是施害者。

我也看到，性暴力对和平与和解的前景产生了严重破坏影响，削弱安全理事会推动和平谈判和协议的努力。

在世界各地，我们看到，未予化解的民怨进一步助长一轮又一轮的暴力和冲突。没有正义和尊严，就会为未来播下暴力的种子。在安全理事会所有建设和平的努力中，都必须对这个问题有新的认识，并采取有力行动保护妇女和儿童。

我向长年努力使世界了解和认识冲突中强奸和性暴力问题的严重性，帮助说服各国政府认真对待该问题的组织和人士表示敬意，今天在座很多人正在这样做。我赞扬地方组织站在行动的前沿，支持幸存者，落实问责制。他们需要我们的积极支持和协助。

他们的努力，加之各国政府新的关注和联合国的努力，意味着我们终于能够在解决战时强奸和性暴力问题上取得前所未有的历史性进步。

我们已经取得重要进展。4月在伦敦，八国集团成员国承诺将把冲突中性暴力作为对全球和平与安全的一种威胁来处理。我感谢他们同联合王国一道做出这些承诺，并根据这项协议开展工作。

例如，联合王国现在正在与世界各地的专家合作，带头制定关于调查和记载冲突中强奸和性暴力事件的国际新程序，目的在于制定有关此类罪行调查和记录的实际标准，以便收集尽可能最有力的证据，细心保护幸存者，提高检讼工作的成功率。

我们还设立了一个团队，由70多名联合王国专家组成，其中包括医生、法医学家、警察和两性平等问题专家，可被用来加强联合国和各国的努力，今年已经被派往波斯尼亚和黑塞哥维那、叙利亚边境、利比亚、马里和刚果民主共和国。今年晚些时候，我们将进一步部署这些人员，支持叙利亚幸存者，并将再次返回波斯尼亚和黑塞哥维那、马里和刚果民主共和国。

联合王国决心继续努力，在此基础上再接再厉，并与同样在此领域努力的国家建立新的伙伴关系。但我们需要全球行动起来，否则难以打破有罪不罚文化。

因此，我们把该问题作为我国担任安理会本月主席工作的核心，我还打算在9月联大期间召开一次全球性会议，专门讨论这个问题。

安全理事会今天刚刚通过的第2106（2013）号决议向世界各国领导人发出了一个强有力的信息。决议确认在八国集团声明中作出的各项承诺，这将进一步推动已经开始形成、但现在必须发展成为不可阻挡的国际势头。决议认识到各国政府维护国内人权和法治的责任，并将扩大班古拉女士可用来与各国，尤其是刚果民主共和国和索马里合作的工具。这两个国家已经表现出极大的勇气，与联合国签署了联合公报。

决议还确认，有效调查和记录武装冲突中的性暴力，对于将肇事者绳之以法和确保幸存者诉诸司法至关重要。我希望新的国际程序能在这方面有所作为。

我希望世界各国还能做出新的承诺，支持用上述方法部署具有专门知识的专业人员。

决议中所列这些和其他步骤，若能全面实施，将带来新的重要进展。但这仅仅是一个开始。我们需要采取全面行动，包括安全理事会和整个联合国以及受冲突影响国家政府采取行动。我们需要开始消除有罪不罚现象，建立一种新的威慑文化，同时强调对幸存者的长期照料和支持。

我们需要解决缺乏问责的问题，这是造成冲突中强奸和性暴力行为的根源之一，同时铭记必须在各国增强妇女的政治、社会和经济权能，我们的目标必须是全面落实第1325（2000）号决议。

我们需要安全理事会继续展示出我们要求其展示的坚定领导作用，安理会同时还必须听取地方组织的意见，争取它们参与，支持其工作。事实上，我大力支持建立起一个区域支持网络来支持它们的努力。

当然，所有国家都必须进一步努力解决一切形式侵害妇女的暴力，不仅是在冲突局势中。

我们能够而且必须采取所有这些措施，但决不能忘记我们的首要目标：让使用强奸作为一种战争武器的做法成为历史。我认为，首先必须强调杜绝有罪不罚现象，充分发挥安全理事会的能量、权威和领导作用。

我有一个新的希望，即在今天辩论的基础上，最终能够实现这一目标。

我现在恢复安理会主席职能。

联合国安全理事会第7160次会议[1]

2014年4月25日

威尔逊先生（英国）（以英语发言）：主席女士，我感谢你今天召开这次重要的辩论会。我还要感谢秘书长提交报告（S/2014/181），尤其要感谢特别代表班古拉、其工作人员、冲突中性暴力问题法治专家小组以及世界各地联合国国家工作队持续不断做出努力，提高人们的认识，并处理冲突中的性暴力问题。

我热烈欢迎来自南苏丹的罗丹·米萨卡（Rhoda Misaka）女士和她提出的建议。我期待着听到非洲联盟大使将代表槟塔·迪奥普（Bineta Diop）女士所作的发言，迪奥普女士已被任命为非洲联盟妇女、和平与安全委员会主席，这表明非洲联盟十分重视冲突中最弱势的受害者，包括性暴力受害者。

秘书长的报告令人震惊。他说得很对——这种罪行与任何炸弹一样具有破坏作用。利用来自世界各地的数据，报告显示，性暴力盛行，而且是一个对国际和平与安全十分紧要的问题。此类罪行如果不受惩罚，将为未来冲突

1.《联合国安全理事会第七一六○次会议临时逐字记录》，2014年4月25日，参见https://undocs.org/zh/S/PV.7160。

播下种子，使暴力持续发生，并损害可持续发展的前景。报告根据第2106
（2013）号决议提出的各项建议如果得到落实，将改进为幸存者提供的支助，
减少有罪不罚的空间，并有助于预防未来犯罪。

今天，我要特别提出三点意见。第一，预防和纠正冲突中的性暴力是关
于预防冲突的更广泛工作的组成部分，也是文明世界各国政府和公民的道义
职责。正如班古拉特别代表所说的那样，这是当代重大道义职责。许多联合
国机构、妇女和民间社会组织、非政府组织和人权卫士正在日复一日地辛勤
工作，以履行这一职责。但只有各国政府保证提供支持，并齐心协力，为记
录和调查性暴力行为建立强有力的机制，为幸存者提高更大支助，增强基于
性别的对策和安全部门改革，以及加大国际协调，这些行为体的努力才能取
得成功。如果我们真心希望消除冲突中的性暴力，我们就必须为这一斗争提
供资源。我们还必须消除这一惨无人道罪行的根源，包括性别不平等、歧视
以及错误的男子气概观念。

第二，联合国在这方面发挥领导作用是绝对至关重要的。联合国活动范
围之广令人印象深刻，而这也正在产生影响。联合王国支持联合国的所有工
作，并鼓励联合国各机构一体行动，合力支持各国履行责任。

对付性暴力还必须是联合国维和行动强有力保护平民任务授权的核心。
这些维和行动主要是通过军警人员开展的。我们欢迎在联合国马里多层面综
合稳定团中部署保护妇女问题顾问，并期待着在中非共和国和其他特派团中
也部署此类顾问。

第三，正如报告中所指出的那样，我国外交大臣和整个英国政府仍然致
力于支持这项事业。再过六周多一点时间，威廉·黑格外交大臣和联合国难民

事务高级专员特使安杰利娜·若利将共同主持制止冲突中性暴力全球首脑会议。目标是制止世界各地将性暴力用作工具和战争副作用行为不受惩罚文化。

根据《制止冲突中性暴力的承诺宣言》，该首脑会议将确定国际社会所采取的具体行动——我们认为，在这些行动中取得更大进展是必要的。与会方将包括若干冲突中和冲突后受影响国家。我们希望，这些国家将利用这一平台提出其关于打击性暴力的计划和活动。

我们必须集体改变某些人的算计，这些人认为他们能够利用战争烟雾作为掩护实施强奸和其他形式性虐待而不会受到追究。我们必须将因这种罪行而蒙受耻辱的人由受害者变为施害者（本书作者注：原文如此，"施害者"疑应为"向施害者追责的人"，或者原文所指可理解为"从让受害者感到耻辱变为让施暴者感到耻辱"）。我们必须确保那些犯有严重侵犯人权罪行的人无处可藏。我们必须如班古拉特别代表所说的那样追究罪犯罪责。

但凡发生此类罪行，我们就必须使幸存者能够发声，确信他们将得到支持和保护，并且能够利用服务和被依法还以公道。

我感到高兴的是，自秘书长的报告于 3 月 13 日发表以来，乍得、莱索托、圣卢西亚、苏里南和特立尼达和多巴哥均已核可《承诺宣言》，从而使核可国数量达到 145 个。这令人感到巨大鼓舞。我们期待欢迎所有核可国于 6 月份参加伦敦首脑会议。联合王国大力鼓励尚未核可《承诺宣言》的国家，特别是安全理事会理事国，尽早核可《承诺宣言》并参加伦敦首脑会议。

根据《宪章》，安全理事会负有维护国际和平与安全的首要责任，我们知道，如果我们消除冲突中的性暴力，我们就能改善国际和平与安全状况，而且我们有机会这样做。通过 6 月份首脑会议、明年对第 1325（2000）号决议进行高级别审查以及建立可持续发展目标，安全理事会和会员国就能够朝着制止这一可怕罪行方向取得进展。我们大家现在应当致力于实现这一目标。

联合国安全理事会第 7428 次会议[1]

2015 年 4 月 15 日

威尔逊先生（联合王国）（以英语发言）：主席女士，我感谢你召集今天的重要辩论会，并通过推特对其进行大量宣传。

我欢迎秘书长的报告（S/2015/203），对于我们大家来说，它是一个至关重要的框架。我特别要感谢秘书长特别代表班古拉女士的通报以及她与冲突中性暴力问题法治专家小组一道勇敢不懈地开展的工作。她是我们大家的榜样，她的每一次发言都为我们打击性暴力的斗争带来新的力量。

我还要特别赞扬哈姆萨图·阿拉珉女士。对我们大家来说，她刚才的发言是很重要证词。特别触动我的是，她谈到她如何运用安全理事会的各项决议，包括第 1325（2000）号决议，给实地带来实实在在的变化。这提醒我们所有人，我们所做的工作有什么意义。我们正在共同努力，制订准则和让人感受到一种力量，使人们能够在实地采取行动，在这个重要和富有争议的方面改变人民的生活。

1.《联合国安全理事会第七四二八次会议临时逐字记录》，2015 年 4 月 15 日，参见 https://undocs.org/zh/S/PV.7428。

主席女士，如您所说，本次辩论会十分适时。令人可悲的是，一年前的昨天，"博科圣地"组织在奇博克绑架了276名女学生，震惊整个世界。绑架、奴役、性虐待妇女和女孩并强迫她们结婚，这些行为是"博科圣地"组织运作方式的中心。在我们继续打击"博科圣地"组织的同时，我们重申，我们支持尼日利亚和乍得的同事以及该地区所有受影响的会员国。本次周年纪念严峻地提醒我们，我们在结束与冲突有关的性暴力方面面临艰巨任务。

2014年夏天在伦敦举行了制止冲突中性暴力问题全球首脑会议，其成果是做出了许多雄心勃勃的承诺，我谨强调其中三项承诺：首先，非洲联盟在中非共和国启动一个试点项目；其次，刚果民主共和国承诺执行其行动计划；第三，许多国家加入进来，呼吁在紧急情况中采取行动保护妇女。这只是我们一直在与其他国家认真努力解决的一些问题，目的是给受影响最严重的国家带来真正的改变。

其他发言者已经指出，现在，"博科圣地"组织和"伊拉克和黎凡特伊斯兰国"等极端非国家行为体的兴起是对我们目标的最严重威胁之一。性暴力已成为他们散播恐怖的一种手段。我们可以通过三种主要办法来应对这种情况。

第一，我们必须做更多工作来支持受影响的国家。幸存者有巨大的需求。报告（S/2015/203）强调指出，当前亟须增加医疗、心理社会、法律以及经济支助。无论我们提供什么样的支助，我们都必须确保把妇女和女孩作为中心。我国致力于这样做。在叙利亚，我们正在为性暴力和基于性别暴力的幸存者提供咨询服务，以及医疗保健、生殖健康保健和对特别脆弱家庭的现金扶助。在伊拉克，我国使馆建立了促进妇女权利和消除性暴力影响工作组，我们也在为对妇女的法律援助和支助小组等活动提供支持。我们为叙利亚危机提供了逾15亿美元的人道主义支助。联合国可以发挥特别重要的作用。我们坚决支持秘书长关于加强妇女、和平与安全与打击极端主义问题之间联系的建议。我们希望，这个问题在今年审查第1325（2000）号决议期间将得到讨论，我也欢迎西班牙常驻代表刚才谈到，西班牙在今年10月担任安理会主席时，将积极致力于处理这个问题。

第二，国家军事和安全机构必须满足幸存者的需求。开展侧重点更突出的培训、把对性别问题和幸存者的意识纳入其中以及加强在军队和平民之间分享信息，这些都是解决办法的一部分。但是，让我们的警察和军队更好地代表我们的社会，同时增加招募和提拔妇女也是解决办法的一部分。在做到这一点之前，我们都无法在这个问题上取得实际、实质性和持久的进展。联合国维和人员和警察也能做更多工作来满足妇女和女孩的需求。我们必须增强维和人员的权能，以便防范和应对性暴力。正如法国代表先前强调的那样，这一做法必须作为各级部署前准备工作的中心，并且充分纳入整个特派团的目标和任务授权。我们希望，今年下半年的维和行动审查将体现这些重要建议。

第三，我们必须确保加强追究所有施暴者以及不履行保护社会弱势群体责任的国家政府的责任。我们的支持，无论是通过加强培训还是部署更多女性工作人员，都能有助于鼓励性暴力受害者站出来，并且结束与这种犯罪联系在一起的污名。与此同时，我们必须加强调查和起诉，包括通过国际刑事法院来这样做，以此表明在这方面不会有罪不罚。我们也鼓励各国执行在2014年伦敦全球首脑会议上启动实施的《冲突中性暴力事件备案和调查国际议定书》。这一重要文书能够帮助各国和国际司法和人权工作者记录性暴力，并且有效追究这些罪行的责任。目前，联合王国已在波斯尼亚和黑塞哥维那、刚果民主共和国、尼泊尔以及哥伦比亚等多个地区支持和培训该议定书执行人员。考虑到国际宗教领袖对幸存者往往有独特的影响力，我们还加强了对他们的宣传。

最后，请允许我指出：要制止冲突中的性暴力，我们就必须标本兼治。我们都有责任来终结我们各国社会中的性别不平等和歧视现象，在安理会，我们也有特殊责任来防止冲突，因为冲突使性暴力得以猖獗。去年，第2171（2014）号决议确认，包括性暴力在内的侵犯人权行为和暴行可以作为预示即将发生冲突的信号。我们要维护国际和平与安全，安理会就必须注意这些预警并采取行动，以防冲突生根发芽。这是一项艰巨的工作。安理会并不擅长这项工作，但是，通过利用我们已有的工具，我们能够在这个领域取得进展，我们也必须利用我们已掌握的所有证据，以便在这方面取得进展。通过这种办法，我们将使全世界妇女和女童享有一个奇博克受害者被夺走的未来。

联合国安全理事会第7704次会议[1]

2016 年 6 月 2 日

里克罗夫特先生（联合王国）（以法语发言）：主席先生，首先请允许我祝贺你开始就任安理会6月主席。

1.《联合国安全理事会第七七〇四次会议临时逐字记录》，2016年6月2日，参见 https://undocs.org/zh/S/PV.7704。

（以英语发言）

我非常感谢法国安排今天的这场辩论会。"妇女、和平与安全"议程是联合王国的高度优先事项。我非常高兴的是，在安全理事会，我国是关于这一议题的执笔人。

我同其他发言者一道欢迎我们今天上午听取的发言者的通报。我发现，通报内容谦恭感人。如果可以的话，我愿引述先前的一位通报者的原话：

> "'伊斯兰国'不仅仅来杀害我们……，而且还把我们视为有待交换的……商品。"（S/ PV.7585，第6页）

"有待交换的商品"——这是"雅兹迪"派活动家纳迪亚·穆拉德·巴赛·塔哈12月份在安全理事会发言时所说的话。她在结束发言时说：

> "今天必须杜绝危害妇女及其自由的犯罪行为。"（同上，第7页）

这距今已过6个月。可悲的是，正如通报者和秘书长的报告（S/2016/361）明确指出的那样，我们尚未实现这一目标。我们尚未杜绝这些犯罪。在叙利亚、伊拉克和远至阿富汗和刚果民主共和国的地方，这些犯罪行为持续不断。对此，我们不能被吓倒。我们的努力必须持续不懈，同样，还必须影响深远。我期待着就罗曼的五个行动要点与西班牙开展合作。今天，我要提出自己的四个步骤。

第一步：我们首先必须拨乱反正，消除"达伊沙"和"博科哈拉姆"得以发展壮大的混乱局面。这些团体不承认法律，也不承认边界。它们为所欲为，逍遥法外，无视合法当局或他们奴役和贩运的对象的人权。正因为如此，联合王国正在联盟中发挥积极作用，以战胜"达伊沙"，收复他们宣称统治的土地。正因为如此，我们正在叙利亚不懈努力——这是安理会和叙利亚国际支持小组工作的一部分，以便制定一项和平的政治解决方案，即结束使"达伊沙"得以发展壮大之危机的解决方案。也正因为如此，我们正在与面临极端分子破坏稳定之影响的其他国家密切合作，以便极端分子的仇恨无法深入人心。我们战胜"达伊沙"的努力正在慢慢奏效。他们已失去一度在叙利亚和伊拉克控制的逾三分之一领土。但这只是第一步。

第二步：我们还必须确保军队和安全部队能够预防和应对性暴力，并为此训练这些部队，并有能力这样做。例如，联合王国正在伊拉克训练佩什梅加部队，让它们能够敏感而妥当地做出反应，满足"达伊沙"性暴力和贩运活动幸存者的需要。我们认识到，这并非囿于全球一隅的问题。因此，我们也在训练非洲维和人员和士兵，包括马里的军队。因此，我们正在训练我们自己的部队，以及来自克罗地亚、罗马尼亚、斯洛文尼亚、摩洛哥和吉尔吉斯斯坦的部队。我们所有人都应发挥作用。我们本国的警察和军队必须更好地代表我们的社会，更多地招募和提拔妇女。在杜绝性暴力祸患方面，联合国自身要发挥充分作用，就不能、也不得成为该问题的一部分。任何佩戴联合国蓝色头盔的人，绝不能参与性暴力、性剥削和性虐待行为，甚或以任何方式染指其中。凡犯下此等罪行的人，无论是维和人员还是"达伊沙"狂热分子，都须被绳之以法。究责不容带有选择性。

正因为如此，作为第三步，联合王国政府正在建设政府、司法机构、警察、军队及民间社会的能力，以强化对性暴力行为的起诉。在波斯尼亚和黑塞哥维那、哥伦比亚、刚果民主共和国、伊拉克、科索沃、尼泊尔、叙利亚及乌干达，我们已经这么做了。此类努力必须通过国际刑事法院以及混合法院和国内法院促成更多的调查和起诉。绝不能让犯下那些暴行的罪犯逍遥法外。

在第四步中，我们必须反对有害地给冲突中性暴力幸存者加以污名的做法。幸存者和因强奸而出生的儿童往往遭到家庭的排斥，并从社区放逐。但凡幸存者摆脱性暴力恐惧，她都应找到希望和支持，而不是排斥和缄默。因此，让我们携起手来，共同反对一切接受、宽恕性暴力或为其开脱的风气。

最后，我要谈谈最后一点想法。正如雅兹迪活动家纳蒂亚·穆拉德（Nadia Murad）恳请我们去做的那样，我们要成功地杜绝这些罪行，就需要基层组织乃至全球性组织提供尽可能广泛的支持。这样做意味着与非政府组织开展合作。它们是至关重要的合作伙伴。联合王国与德爱基金会等组织开展合作，为刚果民主共和国东部最偏远地区的性暴力幸存者提供支助。它们在政府难以到达的地方帮助处境艰辛的妇女和女童。

然而，过去一周，逾250个非政府组织要求获得联合国核证的申请要么迟迟得不到批准，要么遭到拒绝——多半是出于站不住脚的理由。在人权与妇女和性别问题上，其中的许多非政府组织发挥着带头作用。这些组织增强妇女的权能，也能使我们得以努力确保妇女和女童不再成为市场上的商品。我们必须接纳她们，而不是拒之于门外。因此，我呼吁经济及社会理事会非政府组织委员会停止这些随意拖延的做法，接纳这些非政府组织。我希望在座各位将与我同声发出这一呼吁。

联合国安全理事会第7938次会议[1]

2017年5月12日

里克罗夫特先生（联合王国）（以英语发言）：部长先生，我感谢你召开和主持这次重要的公开辩论会。我首先要欢迎米娜·贾夫和阿达马·迪昂再次来到安理会，并感谢他们今天上午非常重要的通报。我尤其要赞扬贾夫女士为我们提供强有力的证词，并将民间社会独特而宝贵的观点带入安全理事会会议厅。这是我们需要更经常听到的观点。当安理会成员就我们在会议厅讨论的问题倾听受其影响的妇女和男性介绍情况时，安理会效率最高。冲突中的性暴力问题也不例外。

正如我们今天听到的，结束性暴力是建设和平、预防冲突与和解的核心。这一信息不需要在安理会重复。我们访问南苏丹、乍得湖流域，以及最近访问哥伦比亚之前，都听过很多次。

我们也不能忘记我们在尼日利亚北部那个满是尘土的境内流离失所者营地听到的故事：妇女们讲述了女儿被"博科哈拉姆"组织绑架的故事，她们很可能被迫结婚和当性奴。然而，正如秘书长的报告（S/2016/361）清楚表明的那样，大家没有听到这些信息。做得还不够。妇女和女童，男性和男童仍天天遭受性暴力：在马里，幸存者被迫撤回投诉，从而让作恶者可以逍遥法

1.《联合国安全理事会第七九三八次会议临时逐字记录》，2017年5月12日，参见 https://documents-dds-ny.un.org/doc/UNDOC/PRO/N17/134/76/PDF/N1713476.pdf?OpenElement。

外；在叙利亚，没有一个人因为"达伊沙"的恶行而遭起诉；在南苏丹，我们看到有人继续令人憎恨地将强奸用作惩罚社区的令人憎恶的手段。

我们知道需要做什么。我们必须使结束性暴力成为停火协议的关键部分。我们需要少一些做饭的妇女，多一些参与谈判的妇女。而且我们需要更多女性成为军警人员，因为对众多幸存者来说，一名男性军警人员令他们感到恐惧，而不是信任。这是各国政府、武装部队，以及联合国及其维和人员都需要留意的教训。

但我们不能感到气馁。我们都必须发挥我们的作用，尽我们的力量确保报告这些罪行、照顾幸存者，并追究作恶者的责任，无论他们是恐怖分子或国家行为体。正因为如此，联合王国与联合国专家小组和司法快速反应正在合作开展一项运动，以处理围绕着性暴力幸存者的污名化问题。正因为如此，我们与200多名民间社会专家合作制定了有助于记录这些罪行的国际议定书。正因为如此，我们现在正制定将于今年晚些时候由大会发起的全球行动原则。这是新工具，既是再次与民间社会，也是与联合国机构和会员国共同开发的工具，以帮助决策者和国际组织通过其工作处理污名问题。

最终，如果我们想要处理恐怖分子，而且实际上是国家行为体骇人听闻地使用性暴力的问题，我们需要从大处着眼，需要视野更宽阔。我们必须认识到，是和平与安全遭到破坏，而且安理会未能维护《联合国宪章》赋予职责的情况使恐怖分子和国家行为体实施这些令人作呕的行径。无论投票赞成或否决，安理会发生的情况对这种不安全感局面产生非常切实的影响。那么让我们务必确定，处理性暴力问题不是我们在这一辩论会上每年只讨论一次的议题，而应该存在于每一个相关的安全理事会议程项目中，从即将展开的对基地组织制裁制度的审查开始。

我们同样无法躲避的是，这种骇人听闻的行径是性别歧视和不平等现象的直接结果。除非妇女得到平等对待，同工同酬并且受到同样的尊重，否则我们将不仅无法处理这个问题，而且无法实现不到两年前我们共同商定的全球目标。

最后，我要感谢扎伊娜卜·班古拉前任特别代表对这一重要问题付出的所有不懈努力和发挥的堪称典范的领导作用。我祝愿她今后一切顺利并期待着与她的继任者普拉米拉·帕滕进行合作。

联合国安全理事会第8234次会议[1]

2018年4月16日

皮尔斯女士（联合王国）（以英语发言）：正如一些发言者今天所指出的那样，《联合国宪章》明确指出，创立联合国是为了保护人的尊严和价值。因此，主席先生，我们与其他同事一道，感谢你召开今天的辩论会。

这个问题是我们在当今时代所面临的最可怕的痛苦之一，我强烈呼吁所有发言者不要使之政治化。我认为，我们所有人都应将这个问题视为一个我们都致力于缓解并最终根除的问题。为免存疑，我要明确无误地指出，联合王国赞赏苏丹女士在其出色的工作中展现勇气，我非常高兴我们有机会在安

1.《联合国安全理事会第八二三四次会议临时逐字记录》，2018年4月16日，参见https://undocs.org/zh/S/PV.8234。

全理事会对孟加拉国和缅甸进行访问之前听取这方面的通报。我们还赞赏秘书长特别代表所作的努力以及她今天为我们所作的非常全面的通报。

我认为，如此之多的联合国会员国希望在今天的辩论会上发言，这确实是一个积极的现象。考虑到这一点，我将言简意赅。与其他人一样，我们不仅致力于预防，而且还致力于打击冲突中的性暴力。几年前，我们发起了"防止冲突中性暴力倡议"。该倡议表明，打击性暴力对于预防冲突和建设和平是多么重要。在发起这场运动的全球首脑会议召开五年后，联合王国计划在2019年举行一次国际会议，使全球继续专注于该问题。我们期待与在座的各位密切合作，以实现我们的共同目标。

我赞同俄罗斯同事的观点，即性暴力是违反国际人道主义法的行为之一，而国际人道主义法也适用于非国家行为体。我认为，这一点非常重要。我们于2013年通过了《大会结束冲突中性暴力承诺宣言》和《八国集团防止冲突中性暴力宣言》。我希望，随着这一领域的工作不断取得进展，我们也许能够在这两个重要文件基础上更进一步。如果可以的话，今天我谨着重谈三个具体问题。

第一个问题是，教育很重要，尤其是对女童而言。冲突中性暴力对妇女和女童的影响格外严重，我们听到包括哈萨克斯坦大使和科特迪瓦大使在内的不少发言者都谈到这一点。这么说并不代表不赞同男子和男童也可能成为受害者的观点，但是，受害最深的是妇女和女童。因此，大而言之，创造一个性别平等，妇女享有各项权利，没有歧视性态度、行为和习俗的全球环境，显然有助于实现这一目标。英国外交大臣为英国外交设定了一个目标，即帮助其他国家实现让所有女童享有12年优质教育的目标，这也是他个人的目标。

我们正在将我们的发展援助投资于女童教育，因为我们知道这有助于建立一个更安全、更繁荣的世界，可减少冲突，促进稳定。

我要谈的第二点涉及幸存者污名化问题。波兰代表非常雄辩地阐述了这一问题。因此，我将不重复他说过的话，只想指出，我们完全赞同他对这方面所给予的重视。联合王国的《全球行动原则：预防和应对冲突中与冲突有关的性暴力》是我们制定的一个实用指南，旨在提高政策制定者对与这一问题有关的挑战的认识。我们衷心希望，这些原则能在发生性暴力的所有情况下付诸实行。

最后，我将谈谈伸张正义和追责问题，其他发言者也谈到了这些问题。必须就其遭遇，为性暴力幸存者和因强奸而出生的儿童伸张正义。这是我们预防工作的关键组成部分。已取得了一些重要进展，例如，去年年底刚果民主共和国对发生在卡武穆的案件进行了审判，当时有11名刚果民兵因谋杀和强奸37名幼童而被判犯有危害人类罪。但是，还有很多工作要做。虽然秘书长的报告（S/2018/250）未提及科索沃和"伊拉克和黎凡特伊斯兰国"，但是，这些冲突留下的性暴力案件仍有待伸张正义和追究责任。

最后，我们与其他人一道，敦促所有会员国执行关于记录和调查冲突中性暴力的国际议定书。该议定书为追究此种我们都必须承诺打击的确实令人痛恨的罪行的责任提供了指导。

UK Women,
Peace &
Security

联合国安全理事会第8514次会议[1]

2019年4月23日

艾哈迈德勋爵（联合王国）（以英语发言）：首先，请允许我向德国和主席先生表示衷心感谢，特别感谢你亲自努力，优先安排讨论我们面前的这个重要问题，即冲突中的性暴力问题，也感谢你召集对此问题有深入了解的通报者。

我敢肯定，我向我们的通报者表示最衷心的感谢，是道出了本会议厅及其他地方的每一个人，特别是曾在冲突中遭受过性暴力的勇敢的幸存者的心声。我们再一次听到令人信服的证词，尽管自第2106（2013）号决议及其他有关决议获得通过，以及联合王国在七年前发起"防止冲突中性暴力倡议"以来，已在这个问题上形成了相当大的势头，但仍有许多工作要做。亟须努力推进这一议程，今天摆在我们面前的S/2019/328号决议草案为此做出了积极贡献。

联合王国支持德国提出的决议草案，因为我们一次又一次在这个会议厅听到关于冲突中性暴力问题的令人震惊的报告，就像我们今天听到的这样。我敢肯定，当我向今天再次出席会议的纳迪娅·穆拉德和伊纳斯·米洛德这样的人的勇敢和证词表示敬意时，我可以代表本会议厅的每一个人。

1.《联合国安全理事会第八五一四次会议临时逐字记录》，2019年4月23日，参见 https://undocs.org/zh/S/PV.8514。

性暴力犯罪对国家、幸存者、社区和家庭的影响非常明显，作为安全理事会，我们有责任应对这一挑战。拟议的决议草案以先前各项决议为基础，采取了一种综合、有效和国际办法来应对这类严重犯罪。我谨在我的发言中重点谈谈决议草案中的三个组成部分。

第一，拟议的决议草案正确地认识到，必须采取以幸存者为中心的做法关注幸存者需求，秘书长今天在今天的发言中再次阐明了这一点。我们认为，对于旨在满足冲突中性暴力幸存者的需求并使其免遭更大伤害的所有政策和方案而言，这种做法都是关键。

第二，拟议的决议草案承认冲突中的性暴力对妇女和女孩产生极其严重的影响。决议草案鼓励为性暴力所生儿童提供支助，并认识到性暴力也会影响到男性和男童。联合王国认为，为幸存者提供的服务应无一例外地满足所有幸存者的需要，并欢迎决议草案为促进这种做法做出努力。

第三，决议草案强调了民间社会通过消除污名化等方式在努力解决冲突中性暴力问题方面发挥的作用，以及在执行整个"妇女、和平与安全"议程方面发挥的核心作用。

不过，联合王国认为还有更多的工作要做。让我们感到遗憾的是，关于为性暴力幸存者提供服务的措辞，即认识到迫切需要将包括安全终止妊娠在内的全面生殖健康和性健康保健纳入这些服务，没有得到安理会所有成员的支持。尽管如此，我们必须在此方面坚持我们一贯的努力，维护我们在这一问题上已经取得的进展，包括通过先前的安理会决议，特别是第 2106（2013）号决议取得的进展。

　　在过去几年中，联合王国在世界各地预防和应对与冲突有关的性暴力方面支付了4600多万英镑，我要向安理会保证，作为我国首相在这一问题上的特别代表，这是我个人的优先事项。我们的国际磋商为我们的努力提供了信息，把幸存者放在我们工作的中心，不仅是在我们如何应对已经发生的事件方面，而且重要的是，正如我们今天从我们的通报者听到的那样，我们如何防止这些事件再次发生。我们很高兴与志同道合的伙伴合作，我特别要赞扬我们与特别代表帕滕及其办公室的密切合作，赞扬我们的联合访问，如我们不久前对伊拉克的访问。

　　追究责任是应对和预防的关键。第一，因为实现正义是帮助幸存者修复和重建其生活的重要一步，正如我们今天再次听到的那样；第二，正如我们从阿迈勒·克卢尼那里听到的那样，结束有罪不罚现象是对今后这种性质的暴力行为的重要威慑。这就是为什么联合王国致力于加强为幸存者伸张正义并追究施暴者的责任。这不仅意味着确保坚持收集证据的国际标准和最佳做法，以确保定罪，而且还意味着幸存者不会再次受到创伤。这就是为什么我们应处理刑事司法系统中有意识和无意识的偏见，并增强法官和检察官的能力，以更好地了解与冲突有关的性暴力和采取行动的必要性，正如我们今天从纳迪娅·穆拉德那里听到的证词所表明的那样，这是一个优先事项。为了幸存者，我们必须这样做。

　　正因为如此，联合王国正与国际刑事调查研究所和纳迪娅倡议合作，制定《穆拉德守则》，这是一项道德行为守则，将确保幸存者在收集证据方面给予知情同意，并安全、保密地转到支助服务部门。我们希望将《守则》纳入所有捐助者的供资要求，并希望所有成员在我们将于11月在伦敦举行的防止性暴力倡议国际会议上正式启动《守则》时予以签署。然而，我们也应该认识到，对一些幸存者来说，实现正义并不一定意味着要通过正式的法院系统，这就是为什么我们支持丹尼斯·穆奎盖博士基金会和纳迪娅倡议，为幸存者制定以社区为重点的补救办法。联合王国最近在刚果民主共和国资助了这方面的一个试点项目。

我们还支持穆奎盖博士为幸存者提供更全面支助的呼吁。因此，我们赞同呼吁安理会成员为幸存者宣传网络、保健专业人员和心理社会服务部门提供更多资金，他们提供此种支助，并正在实地真正改变幸存者的生活。在结束今天的发言时，我要向通报者提出一个问题，即我们国际社会如何能够做更多的工作，以确保性暴力幸存者能够获得这种全面支助。不过，通过他们的证词，我们今天听到了许多答案。我特别想对我们从幸存者和阿迈勒·克卢尼那里听到的证词做出回应，我要说，感谢他们今天提供的见解，同时我要向他们保证，我们将思考他们提出的建议。在这样做的时候，我感到自豪的是，联合王国做出了贡献，最重要的是起草并确保一致支持第2379（2017）号决议，该决议确保我们追究犯下这些罪行的"伊拉克和黎凡特伊斯兰国"（"伊黎伊斯兰国"）成员的责任。

我们与伊拉克政府、幸存者、纳迪娅·穆拉德和诸如代表他们的阿迈勒·克卢尼等其他人站在一起。我们完全支持特别顾问兼促进对"达伊沙"／"伊拉克和黎凡特伊斯兰国"所犯罪行追究责任的联合国调查组组长卡里姆·汗在伊拉克的实地工作和努力。我们期待他们的回应，持续提供见解和专门知识，最重要的是，期待幸存者的证词。我们大家都应继续把重点放在这一关键优先事项上。它应成为预防冲突中性暴力的国际行动的基础。是的，正如我们今天听到的那样，言辞是重要的，但单凭言辞并不能为幸存者伸张正义和追究施暴者的责任。现在是采取行动的时候了，我们必须这样做。

附录2：履行联合国安理会第1325（2000）号决议英国国家行动计划[1]

2000年10月，联合国安理会一致通过关于妇女与武装冲突问题的第1325（2000）号决议。此项决议认识到武装冲突对女性造成的不良影响，并强调妇女在预防冲突以及在冲突后和平建设与重建工作中作为完全参与者所发挥的重要作用。联合国安理会第1325（2000）号决议的任务是使联合国系统及其会员国确保对性别的考量完全融入其安全工作的各个方面，无论是冲突预防还是冲突后重建工作。联合国秘书长2004年10月13日有关执行联合国安理会第1325号决议的报告，请求各会员国出台履行联合国安理会第1325（2000）号决议的国家行动计划。

英国的各政府部门于3月8日国际妇女节出台了英国的国家行动计划。英国外交和联邦事务部（FCO）、国防部（MOD）和国际发展部（DFID）以及其他部门都是制定此项行动计划的利益相关者。这显示了英国政府作为一个整体对此项重要工作做出的承诺。国家行动计划将人道主义、冲突、防务以及外交工作联结起来，这些均对冲突的解决与和平重建具有重要作用，计划还包括了其他行动要点：

---

1. 参见http://pwnap1.tetra.in/wp-content/uploads/2020/10/unitedkingdom_nationalactionplan_march2006.pdf。

·确保性别观点被纳入所有安理会相关的维和与和平重建行动的授权之中；

·确保联合国和平支持行动的计划包括性别议题；

·持续在和平支持行动中采用英国女性军警人员；

·对英国武装部队主要官员（PSO）的训练进行审计，以确保其充分地处理联合国安理会第1325号决议所包括的地区，包括在非洲和全球冲突预防基金的战略中制定关于妇女问题的方案；

·例如英国对刚果（金）选举委员会以及妇女组织制定一项共同战略与行动计划的支持，这项计划旨在确保妇女作为投票人、潜在的领导者、公民教育者和选举观察员能够完全参与到选举中。

表附-1至表附-5是英国低层次行动计划的公开文件，包括了英国履行联合国安理会第1325（2000）号决议的具体细节。此份文件将定期受到评估。评估会对此份文件做出必要的修正与更新。

表附-1　英国对联合国的支持

行动要点1	英国政府确保将性别要素纳入安理会任务的目标之中，并在所有后续报告中做出有关妇女和女童的相关建议
注解/细节	1.英国政府将确保所有与制定和讨论安理会任务目标有关的利益攸关者，以及所有后续的报告都参照第1325号决议，考虑性别的重要性 2.英国政府将积极游说联合国会员国支持对性别关切的纳入 3.游说联合国会员国以及维和部队派遣国（TCCs）以确保它们支持英国政府在所有提交给联合国安全理事会的报告中反映性别观点 4.英国政府将游说联合国秘书处及联合国会员国以确保所有提交到联合国安全理事会的报告中都纳入性别观点

主要成果	1.联合国会员国将性别关切纳入安理会任务之中 2.会员国和/或维和部队派遣国给予英国在安理会决议中反映性别这一立场以支持 3.在制定所有安理会任务的目标时积极纳入第1325号决议
行动要点2	英国政府将确保将性别观点持续反映到安理会所有有关维和/支持行动的授权之中,并在谈判和平协定时纳入性别观点以确保性别观点在后续行动中被采纳
注解/细节	1.英国政府的部门人员在所有维和/支持行动的授权中阐述了性别观点的重要性 2.会员国进行了游说,以确保英国政府在安理会决议等文件中反映性别观点的立场得到支持 3.在分析联合国和平文件中英国政府应将安理会第1325号决议以及其他性别观点纳入考量 4.英国驻联合国代表团游说会员国以确保它们将性别观点纳入考量
主要成果	1.获得会员国和/或维和部队派遣国对英国在安理会决议中反映性别问题这一立场的支持 2.性别观点被纳入所有维和/支持行动的授权之中 3.性别观点被常规性地纳入所有联合国和平协议之中 4.联合国会员国积极地对游说进行响应,积极确保性别观点被考虑到
行动要点3	英国政府持续将性别观点融入维和行动中;对性别部门提出财政投入的要求;支持性别部门/专家与高级决策者接触的要求;确保性别观点被融入所有和平重建战略之中
注解/细节	1.对联合国会员国以及联合国部门进行游说以确保性别观点在维和行动和联合国和平建设委员会中得到维护 2.对联合国会员国进行游说以确保维和行动中的性别部门有持续的资金支持 3.支持在联合国任务中派遣性别顾问 4.持续支持联合国维和行动部性别顾问的工作
主要成果	1.性别观点被纳入维和行动中 2.在所有新的维和行动中建立起性别部门 3.联合国维和行动部性别顾问欢迎英国继续提供支持 4.性别观点被纳入建设和平委员会战略之中
行动要点4	英国政府为以下工作提供财政支持:联合国开发计划署/预防危机与恢复局支持将性别问题纳入主流的工作;联合国难民署在将年龄、性别和多样性等问题主流化和减少针对难民的性别暴力方面开展的工作

续表

注解/细节	1.英国国际发展部通过其制度战略（2004—2007）和核心资金来支持联合国开发计划署在其所有活动中将性别议题纳入主流行动 2.通过对联合国开发计划署预防危机与恢复局的支持，我们对最近一次性别审查的建议的后续落实行动将持续保持参与 3.英国国际发展部将持续在这一领域支持联合国难民署。重点是支持联合国难民署及其工作人员听取难民妇女和难民男子的意见并采取行动
主要成果	联合国开发计划署/预防危机与恢复局 1.更有效地将妇女的关切和优先事项纳入方案拟订和活动中 联合国难民署 1.促进性别平等，尊重难民妇女与儿童的权利、权益和优先事项 2.在联合国难民署的活动中实施年龄和性别分析 3.实施保护难民妇女与儿童的有关政策

表附-2　英国政府内部的培训与政策

行动要点5	英国政府将提升关键项目/计划的主要利益相关者对在所有冲突/安全方案和项目中考虑性别议题的重要性的认识
注解/细节	1.将安理会第1325号决议分发到白厅的各项目组，如全球和非洲冲突预防基金、全球机遇基金、项目群管理办公室，以及英国国防部、英国外交部和英国国际发展部的类似项目 2.通过相关的桌面培训将冲突与安全、性别与冲突的提示表分发给办公人员 3.冲突后重建部门招募一名冲突/社会发展顾问以协助满足更广泛的政府需求 4.鼓励采取性别背景调查为英国国际发展部的战略冲突评估方法提供信息
主要成果	1.英国政府项目知晓这一情况并在项目/方案建议中将性别考量纳入主流 2.向所有岗位发送电报，强调安理会第1325号决议的重要性以提高所有主要利益相关者的意识 3.持续在政府范围内开发冲突和安全、性别项目活动数据库，特别是与第1325号决议有关的活动
行动要点6:	英国国防部武装部队对部署前训练的性别内容进行审计 必要时，开展性别意识培训，并提高对《联合国行为守则》中关于个人行为的守则的认识 在适当的情况下，将与性别观点相关的培训纳入其他与军事和冲突相关的人事准则中

续表

注解/细节	1.国防部审核部署前培训的性别内容 2.国防部将可能的性别培训纳入部署前培训，包括对联合国个人行为准则培训的认识 3.国防部定期审查部署前培训的性别内容，以确保性别因素被持续纳入考量 4.国防部考虑使用专业培训人员进行性别相关培训 5.国防部将研究在行动规划和培训中纳入对性别问题的具体指导的可行性
主要成果	1.英国武装部队的训练显示，部署前培训的性别内容有所进展 2.确定与性别相关的进一步培训，以便纳入部署前培训 3.将性别培训纳入所有部署前培训的主流中 4.将性别观点纳入维和行动的军事准则和计划之中
行动要点7	鼓励英国及国际组织、国际社会和联合国会员国发掘在本国/本机构内可担任职位的适合且合格的女性候选人，以增加在冲突解决与和平建设领域高级决策层的女性数量
注解/细节	1.通过联合国和英国驻外代表团进行游说，鼓励会员国发掘合适的女性候选人 2.发送邮件，向所有外交岗位和利益相关的英国政府办公室官员发出指示，以提高他们对增加参与解决冲突/建设和平的妇女人数重要性的认识 3.英国政府应考虑为潜在候选人提供哪些培训，以促进他们对联合国高级外派行动的关键议题的认识和理解 4.建立关键女性人员的虚拟网络，以迅速和广泛地将岗位空缺情况广而告之
主要成果	1.将邮件发送 2.向联合国会员国进行游说，以促进它们对提高和平倡议中女性参与人数重要性的认识 3.提升对安理会第1325号决议认识的相关措施得以施行（例如邮件、研究论文、持续的联合国游说） 4.建立起英国政府与非政府组织之间的信息网络以更快地传播信息 5.在考虑到要给予申请者同等机会的情况下，更多女性得以担任国际组织中的高级职位
行动要点8	英国政府在必要的时候持续在行动中录用女性人员
注解/细节	1.确保军事行动及联合国行动中的性别要素得以彰显 2.确保冲突后重建部门平民专家名册中的核心成员中有适当的女性代表，这一名册由冲突后重建部门和冲突问题小组草拟，用于外派任务的人员部署与借调

续表

主要成果	1.英国女性军事人员继续在适当的地方被部署到行动中 2.根据2002年《军队中的女性报告》的调查报告，国防部将继续审查目前女性被排除在外的工作岗位，她们被排除在外的理由是将她们部署到这样的岗位可能会冒犯当地人的情感

表附-3　包括性别暴力问题在内的性别正义

行动要点9	英国政府致力于在冲突后局势中促进性别正义，并解决性别暴力问题
注解/细节	1.倡导将性别暴力纳入过渡司法机制的议程当中，包括法庭、赔偿、审查和真相查明委员会 2.确保将性别问题适当纳入外交部和冲突后重建部门制定的关于法治和过渡司法的指导方针之中，以鼓励政府职员在其工作中充分考虑性别观点 3.尽最大可能鼓励将性别问题纳入联合国机构正在制定的关于法治和过渡司法议题的政策工具之中，包括由英国提供资金的政策工具 4.鼓励联合国和欧盟维和与和平建设特派团的法治和警务部门适当优先考虑妇女参与和诉诸司法的机会，以及对妇女特别重要的议题上的机会，如住房、土地和财产，以及性别暴力等方面。 5.在英国国际发展部支持的在冲突相关国家开展的安全、保障和司法公正项目中，继续将处理性别暴力和妇女司法公正问题作为优先事项
主要成果	1.国际认可的过渡司法机构和联合国/欧盟维和行动将性别暴力列为常规优先事项 2.在英国和联合国关于冲突后局势的法治和过渡司法的工作中，妇女的诉求被置于更为优先的地位 3.提升联合国或英国支持的关于冲突后局势的法治和过渡司法的培训和项目中女性的参与度 4.增加可参与到冲突后工作的合格女性人数，并增加接受性别相关培训的人员人数 5.继续为安全、保障和司法公正项目提供资金，其中包括关于性别暴力和妇女司法公正的工作
行动要点10	英国政府将继续实施其反性剥削和性虐待战略（SEA strategy），该战略为制定解决这一问题所需的具体措施和评估所取得的进展提供了关键工具
注解/细节	1.对反性剥削和性虐待战略进行常规监测和评估以确保英国、维和部队派遣国和联合国对该战略的有效执行

续表

主要成果	1.反性剥削和性虐待战略得以继续实施、修订及更新 2.实施成功与否具备透明度

表附-4　解除武装、复员和重返社会

行动要点11	解决英国支持的在刚摆脱冲突的国家中采取的裁军、复员和重返社会计划中的性别问题
注解/细节	1.参与裁军、复员和重返社会计划的人员将性别问题纳入主流 2.制定裁军、复员和重返社会计划中英国官员如何将性别议题纳入主流的纲要 3.英国政府关于裁军、复员和重返社会计划的指导涉及性别问题，并就何时以及如何将妇女和女童纳入该计划给出了明确的指导。该指导把联合国裁军、复员和重返社会计划的性别标准纳入考量 4.英国致力于在国际组织（欧盟、北约、联合国）推广裁军、复员和重返社会计划指南，将性别问题纳入其中
主要成果	在审议和制定裁军、复员和重返社会计划时，性别问题与妇女和女童的具体需要被纳入考虑

表附-5　与非政府组织的合作

行动要点12	英国政府就联合国安理会第1325（2000）号决议的执行情况与非政府组织、民间社会和议员保持联系，继续就性别相关问题进行定期对话
注解/细节	1.在可行的情况下，英国政府根据非政府组织团体的想法来实施联合国安理会第1325（2000）号决议 2.利用非政府组织的影响力来影响联合国会员国 3.利用非政府组织团体来协助第1325号决议的实施 4.鼓励相关方广泛参与2006年5月~6月举行的威尔顿公园会议以推进第1325号决议的实施
主要成果	1.非政府组织定期与英国政府讨论冲突与性别安全问题并共享信息 2.由非政府组织、英国政府、会员国等主要利益相关方组成的第1325号决议的虚拟网络被建立起来并有效投入使用

附录3：妇女、和平与安全英国国家行动计划（2018—2022）[1]

一　前言

"妇女、和平与安全"议程和促进全球性别平等国际化是英国政府的一个关键优先事项。这符合英国的国家利益。通过政府的工作增强妇女和女童的权能，促进和平与稳定、经济增长和减贫。

近三年，英国在这一议程上取得了巨大进展。我们强大的国内外关于妇女和女童的记录意味着我们已被视为全球领导者。这份国家行动计划表明我们想要做得更多。我们完全有能力做到这一点。英国作为联合国安理会常任理事国，以及我们在北约、G7 和 G20 中的角色为我们提供了实现这一雄心壮志的途径。因此，英国政府承诺支出 0.7% 的国民收入和 2% 的国防收入。英国政府各部门将共同把妇女和女童置于预防和解决冲突工作的核心地位。我们这样做是因为我们对性别平等的承诺，因为我们明白这是建设持久和平与稳定的重要组成部分。特别是，我们将致力于促进妇女参与决策，确保人道主义应对措施对女性有效，并寻求结束基于性别的暴力，尤其是针对妇女和女童们的暴力，以及冲突中的性剥削和性虐待。实现这一目标需要强大的国际合作伙伴关系，包括通过新的全球妇女、和平与安全国防参谋网，包括妇

---

1. 参见 https://assets.publishing.service.gov.uk/government/uploads/system/uploads/attachment_data/file/677586/FCO1215–NAP–Women–Peace–Security–ONLINE_V2.pdf。

女在内的民间社会人权维护者仍将是重要的合作伙伴。外交大臣性别问题特使将引领外交政策的实施，寻求改善妇女和女童的生活，与预防冲突中的性暴力首相特别代表密切合作。国防部的性别卫士、国防部副部长，将领导国防部整合工作，将性别观点纳入武装部队并推动妇女在维持和平中发挥作用。英国国际发展部（DFID）将继续投入一半预算用于脆弱和受冲突影响的国家，同时要求所有计划根据规定考虑性别平等法案。这些共同努力将侧重于我们的优先事项："妇女、和平与安全"议程，载于这份国家行动计划。

二 介绍

全球"妇女、和平与安全"议程旨在促进和实现妇女人权和实现性别平等，作为为所有人建立更加和平与稳定社会的努力的一部分。英国政府致力于防止海外暴力冲突，因为这可以挽救生命，降低人力、社会和经济成本。预防冲突减少了英国部署其武装部队的需要，在一个相互联系的世界中，预防冲突直接有助于我们自己的国家安全。2015年发布的《国家战略防御与安全审查（2015）》指出："妇女全面获得政治、社会和经济权利是21世纪最伟大的成就之一，是维护海外和平与稳定的关键，具有优先地位。"

英国妇女、和平与安全国家行动计划建立在这样一种认识的基础上，即不同性别的人经历暴力冲突的方式不同，妇女和女童尤其受到影响。冲突影响性别规范，也受到性别规范的影响，因此我们必须在回应时考虑到性别问题。国家行动计划阐明了英国政府将如何将性别观点纳入工作，以建立海外安全与稳定，保护妇女和女童的人权，并促进她们切实参与预防和解决冲突。促进脆弱国家和受冲突影响国家的性别平等是一项人权议题。在冲突期间和签署和平协议后，妇女和女童更有可能遭遇性别暴力。妇女和女童的权利也更有可能在冲突期间受到限制，包括获得性健康和生殖健康、教育、安全和司法等基本服务的机会。她们经常承担更多的责任，照顾家属和从事其他家务劳动。这些对两性平等以及妇女和女童参与公共生活的能力产生持久影响。确保妇女安全是我们致力于在全球促进人权和法治的一部分。《结束对妇女和女童的暴力行为战略》确认，"结束对妇女和女童的暴力行为是英国政府的首要任务"。

自2000年联合国安理会第1325（2000）号决议通过以来，两性平等对于建设和平与安全至关重要，这样的证据大幅增加。研究表明，性别歧视严重的国家更有可能发生内部和国家间的冲突，而男性和女性更公平和平等地获得机会的国家往往稳定和平。

在女性警官比例较高的国家，性侵犯的幸存者更有可能向警方报告。

在妇女能够施加强大影响的和平进程中，达成和执行一项协议的可能性要大得多，和平持续15年的可能性要高35%。女性仍然经常被排除在外，尽管情况正在发生变化。2014年，75%的联合国领导或共同领导的和平进程中都有女性担任高级职位。同年，50%的和平协议包含提及妇女或性别的条款，高于2010年的22%。然而，还有很多工作要做。

2018—2022年国家行动计划

国家行动计划汇集了一个国家履行其全球妇女、和平与安全承诺的计划。英国国家行动计划由外交和联邦事务部、国防部和国际发展部共同制定，并由稳定部门支持。

它与民间社会和学者合作，包括英国非政府组织的性别和平安全行动网络和伦敦政治经济学院妇女、和平与安全中心，并在阿富汗、缅甸、索马里和叙利亚推广，以确保脆弱国家和受冲突影响国家的妇女发声。国家行动计划是英国关于性别和冲突的最高级别战略。国家战略计划是面向外部的，重点是我们与我们的双边和多边伙伴一道，通过外交、发展和国防在国际上能够实现什么。妇女、和平与安全与英国的其他政策建立了联系，但并不包含或取代它们。重点国家所代表的地区对妇女和女童行动计划的工作有很高需求，而且国家行动计划的实施对妇女和女童的状况产生重大影响。从一国到另一国的国家行动计划保持一致，使我们能够在更长的时间内取得进展。除了重点国家，英国一直致力于在其海外网络中推广全球妇女、和平与安全。

国际政策框架

联合国安理会已通过了8项关于全球妇女、和平与安全的决议。联合国安理会第1325号决议是2000年通过的第一个具有里程碑意义的决议，呼吁增加妇女在预防、管理和解决冲突的所有决策级别的代表性。自那时起，已有8项相关决议：1820（2008）、1888（2009）、1889（2009）、1960（2010）、2106（2013）、2122（2013）、2242（2015）和2331（2016）。妇女、和平与安全是《北京行动纲要》（1995年）以及《消除对妇女一切形式歧视公约》（1979年）的关键组成部分。《消除对妇女一切形式歧视公约》于2015年更新，纳入了关于妇女参与冲突预防、冲突和冲突后局势的第30号一般性建议。英国与国际伙伴合作，确保联合国可持续发展目标包括一个关于性别平等和增强妇女和女童权能的独立目标（目标5），并将性别平等纳入关于和平和包容性社会的目标16以及其他目标。

全球"妇女、和平与安全"议程的四大支柱

预防：

预防冲突和在冲突中和冲突后对妇女和女童一切形式的暴力行为。

参与：

女性与男性平等参与国家、地方、区域和国际各级的和平与安全决策进程，并促进两性平等。

保护：

在受冲突影响的情况下，妇女和女童的权利得到保护和促进。

救济与恢复：

在冲突和冲突局势中，妇女和女童的具体救济需要得到满足，妇女作为救济和恢复代理人的能力得到加强。

三 战略

2018—2022年国家行动计划确定了7项战略成果，为英国在冲突环境下落实全球"妇女、和平与安全"议程制定了目标。之所以选择这些战略成果，是因为它们为妇女、和平与安全四大支柱做出了贡献，体现了它们在9个重点国家中的相关性，以及英国领导或做出重大贡献的能力。这些成果的设计是具体的、可测量的、可实现的、相关的，并代表了我们希望在五年内看到进展的领域。我们将在证据、地方知识和背景理解的基础上追求这些成果，并接受这样的情况：不同重点国家的干预措施是不同的，这些措施可能会随着时间的推移而改变。国家行动计划阐明了英国政府对全球妇女、和平与安全的总体优先事项，并提供了行动指导原则，但没有列出为实现这些战略成果应开展的活动的规范性清单，也没有涵盖英国对"妇女、和平与安全"议程的全部贡献。联合国安理会第1325（2000）号决议的支柱继续代表着我们正在通过我们的工作以及国际社会其他方面的工作寻求实现高级别影响。

战略成果是英国在全球妇女、和平与安全方面的工作方向。以下部分概述了英国应对每一项战略成果的方法。在不同的环境中，冲突的性质和阶段显著不同。政治、经济和社会现实是不同的，并将在国家行动计划实施期间迅速改变。活动将因不同重点国家和不同时间有所不同，并将基于证据、当地知识和背景来理解。战略成果使制定政策和规划团队能够设计和实施有助于取得多种成果的干预措施，尽管重点国家可能无法在环境因素允许的情况下取得所有成果。

在所有战略成果领域，我们将努力确保满足各种社会背景的妇女和女童的需求并保护其权利。英国政府认识到，妇女和女童面临的挑战因年龄、种族、民族、种姓、阶级、残疾、性取向和性别认同以及城乡位置等因素而异。女童的需要常常被忽视，但为了实现长期的改变，她们是一个特别重要的需要支持的群体。

系统性性别不平等使妇女和女童处于不利地位，她们是我们在妇女和女童问题工作中的重点。然而，我们也认识到有必要与男性和男童合作，他们可能是性别平等的反对者或倡导者，也可能是性别暴力的幸存者。

我们在全球妇女、和平与安全方面的工作得到了英国国际发展部《性别平等战略愿景》中提出的"挑战性别平等结构根源的长期努力"的支持。

这一国家行动计划是根据前三个英国国家行动计划的经验教训以及关于全球妇女、和平与安全的新研究和证据制定的。

主要变化是：

·国家行动计划涵盖更长的五年时间，为英国和实施伙伴施加对我们长期目标和成果的影响提供了更大的机会。

·它提供了英国试图在全球妇女、和平与安全上实现的愿景，而不是一个固定的国家层面的实施计划。

·这将使我们能够对当地的现实和变化做出灵活的反应并适应全球和地方发展的计划和活动。

·它有7个战略成果，与全球妇女、和平与安全的四大支柱相联系，英国可以在这些成果上展示比较优势，并期待在此期间看到真正的进展。

·它保留了重点国家的参与，认识到这有助于英国提出问题并与政府合作，提高国内和国际知名度，但它将重点国家的数量从6个增加到9个。它们是：阿富汗、缅甸、刚果（金）、伊拉克、利比亚、尼日利亚、索马里、南苏丹和叙利亚。

·它更清楚地阐明了它如何与更广泛的英国政府政策和战略相适应，以确保与政府的其他努力相辅相成。

英国国家行动计划战略成果

1. 决策:促进妇女有意义和有代表性地参与决策进程,包括在社区和国家各级预防冲突和建设和平中。

2. 维和行动:在制定和平行动的国际标准和执行任务时始终采用性别观点。

3. 基于性别的暴力:增加干预措施的数量和规模,将有效措施结合起来,以预防和应对基于性别的暴力行为,特别是针对妇女和女童的暴力行为,这是性别暴力最普遍的形式。

4. 人道主义反应:人道主义行为者和干预措施通过基于需求的应对措施,促进有意义的参与和领导,更有效地满足妇女和女童的需要。

5. 安全与正义:安全和司法行为者日益对妇女和女童负责,并对她们的权利和需求做出回应。

6. 预防和打击暴力极端主义:确保妇女参与和领导制定预防和打击暴力极端主义的战略。

7. 英国能力:英国政府继续加强其能力、流程和领导力,以履行全球妇女、和平与安全的承诺。

战略成果 1:决策

增加妇女在决策过程中的有意义和有代表性的参与和领导,包括在社区和国家各级预防冲突和建设和平中。妇女和女童在各级决策管理中,无论是在正式场所还是在非正式场所,仍然代表性不足。支持妇女和女童有意义地参与政治生活、调解、预防冲突、建设和平以及在冲突后的局势中重建国家和社区，这对于建设持久和平与稳定至关重要。

当妇女参与政治生活时，决策更具包容性，更能体现妇女的需求和关切。在冲突和危机背景下的妇女可以成为更可靠的信息来源，为处于危险中的人口提供预防和保护措施的信息，并可以帮助人道主义/发展行动者为妇女和更广泛的社区制定更切合情况的战略。

妇女有权参与影响其生活的决策进程，她们在妇女发挥强大影响的冲突解决与和平进程中更有可能取得成功。冲突和后冲突背景下的社会动荡解决性别不平等的根源提供了可能，并增加了妇女在政治决策中发挥更大作用的机会。

这一成果特别侧重于英国对旨在直接预防或解决冲突的进程的支持，包括支持预警、调解、对话和和解进程，以及支持受冲突影响地区的合法和有效治理机构。这些过程可以是正式的，也可以是非正式的。

英国国际发展部的《性别平等战略愿景》提出了在我们支持的更广泛的干预措施中实现性别平等，以建立稳定和消除长期引发冲突的因素。"有意义和有代表性的参与"意味着妇女不仅参与决策，而且能够施加真正的影响，包括（但不仅限于）对特别影响妇女和女童的问题施加影响。"代表"是指代表妇女发言的人应反映妇女观点和经验的多样性。

英国将致力于消除妇女领导和有意义的政治参与的障碍，如缺乏公众/社会支持和政党支持，根深蒂固的男权观点，性别、年龄和种族歧视，暴力和恐吓，缺乏有利于妇女权利组织和妇女人权维护者自由动员的环境，以及缺乏财政手段、技能、信心或获得技术的途径和法律服务。英国将在多边和双边层面推行外交政策，以影响和改变脆弱国家和受冲突影响国家的政治环境，使妇女能够参与决策，英国支持使妇女能够发挥领导作用的方案或倡议。倡导妇女参与决策的权利是英国落实妇女、和平与安全承诺的基础。虽然这一战略成果间接促进了"妇女、和平与安全"议程的所有四大支柱，但它的主要目标是进一步落实参与支柱，并促进救济与恢复。

战略成果2:维和行动

在制定和平行动的国际标准和执行任务时始终采用性别观点。

联合国安理会第1325（2000）号决议和关于妇女问题的相关决议指出，将性别观点纳入和平特派团，包括维持和平特派团和特别政治特派团，对于确保妇女、男性、男童和女童的需求得到考虑和满足至关重要。尽管如此，这种干预有时未能充分关注边缘化群体，特别是妇女和女童面临的冲突的明显挑战和影响。

在冲突环境中，和平行动在预防暴力和保护妇女和女童权利方面可发挥关键作用。至关重要的是，维和人员必须能够认识到妇女和女童受到冲突影响的不同方式，并接受足够的培训，以预防、识别和应对冲突事件中的性别暴力。维持和平特派团的任务中越来越多地有关于妇女问题的规定，并配备了性别问题专门知识。证据还表明，包括妇女在内的维和特派团更有效，更能与当地人口，特别是妇女和女童接触，但部署在军事和警察岗位的妇女比例仍然很低，分别为3.7%和9.5%。一些联合国工作人员和维和人员的性剥削和性虐待继续损害国际维和特派团的声誉。2016年和2017年，联合国登记了140多项性剥削和性虐待指控，影响了300多人，其中大多数是妇女和女童。

更多的病例可能并未被报告。

　　纳入性别观点意味着使妇女、男性、男童和女童的关切和经验成为包括监测和核查在内的政策、方案和军事行动的设计、执行、审查和评价的一个组成部分。和平行动的任务做出并履行关于性别平等的承诺，规定军事、警察和文职行为者应用性别观点，来确保妇女和女童得到更有效的支持和更好的保护。

　　"国际标准"指的是正式的制度要求——管理政治使命和和平行动的实地行动的规则和授权，英国可以通过外交努力来影响这些行动。英国通过在军事、政治和人道主义方面对行动的贡献，通过建设国际合作伙伴的能力，支持达到这些标准。英国很清楚，联合国必须采取行动消除性剥削和性虐待，并为妇女和女童提供尽可能高的保护标准。我们支持联合国秘书长的零容忍态度，支持采取具体行动防止施暴行为，调查所有指控，并每年报告进展情况。英国将支持以幸存者为中心的方法，并对肇事者采用适当的警力以及采取相应的司法和刑事行动；支持加强对制服人员和非制服人员的培训；支持将越来越多的妇女参与和平行动。

　　为恢复、维持和支持和平而采取的有效干预措施可防止冲突和暴力（包括针对妇女和女童的暴力）的恶化或恢复。对性别问题敏感的和平行动将更好地保护妇女和女童以及男性和男童免受暴力侵害。

战略成果 3：基于性别的暴力

　　增加干预措施的数量和规模，将有效措施结合起来，以预防和应对基于性别的暴力，特别是针对妇女和女童的暴力，这是最普遍的基于性别的暴力形式。基于性别的暴力是一种广泛的侵犯人权行为，给个人、家庭、经济和社会都造成了沉重的负担。由于流离失所、社会结构崩溃、执法不力、有害的性别规范进一步被固化以及生存机会丧失等，冲突中的性别暴力增加。由于社会中男女权力分配不均，这种暴力对妇女和女童的影响格外严重。性别暴力最常见的形式是对妇女的亲密伴侣暴力，即使是在受冲突影响的地区和紧急情况下，这表明与冲突有关的性别暴力与暴力侵害妇女和女童的行为，和性别不平等的更广泛趋势有关。在冲突地区工作的妇女地位维护者尤其容易遭受性别暴力，包括性暴力、骚扰和诽谤。冲突中战斗人员的性别暴力破坏了社区，破坏了向和平过渡，阻碍了救济与恢复。

这就是性暴力被用作战争战术的原因。男性和男童也可能经历有关的冲突和性别暴力，特别是在被拘留时和武装团体中，而性别少数群体也在世界范围内面临严重的歧视和性别暴力。基于性别的暴力是一个总称，指的是任何违背个人意愿的有害行为，这种行为是基于社会认定的男性和女性之间的性别差异。"对妇女和女童的暴力行为"是指对妇女造成或可能造成身体、性或心理伤害或痛苦的任何基于性别的暴力行为，包括威胁、胁迫或任意剥夺自由，无论这些发生在公共场所还是私人生活场所。"亲密伴侣暴力"包括身体、性和情感虐待以及亲密伴侣的控制行为。减少和应对与冲突有关的性别暴力的行动加快了英国在这一领域的全球领导地位。《跨政府终止针对妇女和女童的暴力行为战略（2016—2020）》通过"妇女、和平与安全"议程和外交和联邦事务部领导的预防性暴力行动，提出了国内和国际利益。英国国际发展部的《性别平等战略愿景》的重点是在和平、冲突和危机中预防和应对各种形式的性别歧视。这一成果也支持英国履行其国际承诺的努力，包括英国倡导的旨在消除一切形式的针对妇女和女童的暴力行为的可持续发展目标

5.2，以及《消除对妇女一切形式歧视公约》中关于针对妇女的性别暴力的一般性建议。

在冲突环境中，如何有效预防和应对基于性别的暴力，证据基础正在不断增加。这凸显了消除性别不平等和歧视性态度、信仰和行为这些性别暴力根源的重要性。它还指出，有必要认识到预防和应对干预措施之间的联系，对暴力的应对可以结合服务，帮助幸存者免受进一步的暴力侵害并消除污名。有证据表明，一系列综合措施有助于在冲突环境中预防性别暴力和/或提供必要的有利环境。

其中包括支持制定和实施一个将暴力定为犯罪的全面法律框架，为遭受性别暴力的人提供以幸存者为中心的保护；支持增强妇女经济权能，结合注重促进性别平等和处理有害性别规范的性别转型干预措施；通过群体教育（包括与男性、男童和学校）、关系层面的干预和社区的帮助，支持态度、行为和规范的改变动员和宣传。

证据表明，对基于性别的暴力最有效的应对措施包括支持为幸存者提供多个部门服务（医疗、心理社会、法律、经济支持和安全空间），包括基于社区的心理社会和生计支持。安全和司法行动者可在保护妇女和女童——以及男性和男童——免受性别暴力侵害和确保幸存者能够获得正义和补救方面发挥重要作用，这在战略成果中得到了解决。解决联合国维和人员的性剥削和性虐待问题对预防性别暴力也至关重要，这是战略成果2.0的内容，对基于性别的暴力的预防和应对直接有助于"妇女、和平与安全"议程的所有四大支柱：参与、保护、预防、救济与恢复。

战略成果4：人道主义反应

人道主义行为者和干预措施通过基于需求的应对措施更有效地满足妇女和女童的需求，促进有意义地参与和领导。

冲突导致流离失所、人道主义紧急情况和长期危机。目前全球人道主义需求空前增长，饥饿、生病和被迫离开家园的人数创下纪录。2016年，国家行动计划的9个重点国家都需要国际人道主义援助。由于此前存在的性别不平等的情况，基于性别的暴力的增加以及人道主义干预行为的缺少，妇女和女童遭受这些危机的影响最大。有证据表明，危机加剧了现有的不平等的性别规范：妇女在月经、怀孕和哺乳期间卫生设施和条件不足；她们往往无法获得性健康和生殖健康服务；她们面临着更大的暴力、剥削和虐待风险，例如，60%的可预防的孕产妇死亡发生在冲突、流离失所和自然灾害的环境中。

让妇女和女童参与人道主义干预措施的设计也有更广泛的好处：证据表明，利用妇女的宝贵知识和经验可以提高人道主义方案的整体效力，增加妇女、男性、女童和男童获得和使用服务的机会。我们应以满足妇女和女童的迫切需求的方式应对危机，也可以提供机会，保障她们的权利，并将性别规范转向平等，实现持久变革。在此背景下，"妇女和女童的需求"包括提供具体服务以及评估和消除妇女和女童面临的具体风险。"有意义的参与"是指确保妇女对对策的设计和实施具有明确的作用和影响。

英国通过以下方式参与人道主义干预：直接向实地合作伙伴提供资金；向多边机构提供资金，包括但不限于联合国人口基金（UNFPA）、联合国难民署（UNHCR）、世界粮食计划署（WFP）、联合国人道主义事务协调厅（OCHA）、联合国儿童基金会（UNICEF）、国际移民组织（IOM）、红十字国际委员会

（ICRC）和红十字会与红新月会国际联合会（IFRC）。我们与联合国合作，包括评估需求、规划和设计人道主义行动。在那些受地雷和战争遗留爆炸物影响，造成人道主义苦难的国家，英国在清理土地和拯救生命方面发挥着领导作用。

英国的人道主义反应方式在英国政府的人道主义政策中有所阐述，该政策推动对国际人道主义体系进行更雄心勃勃的改革，并全面落实各机构和捐助者在大谈判中做出的承诺，以提高人道主义援助的效率。这一成果的成功交付将是对英国参与的人道主义紧急情况和长期危机的回应：确定并满足妇女和女童的需求；使妇女参与其设计和实施；符合国际标准，包括机构间常设委员会将基于性别的暴力干预纳入人道主义行动指南。有效且对性别问题有敏感认识的人道主义干预措施有助于促进《妇女与社会行动纲领》的所有支柱，特别是有助于冲突后的救济与恢复以及保护妇女和女童的人权。

战略成果5：安全与正义

安全和司法行动者日益对妇女和女童负责，并对她们的权利和需求做出回应。有效和负责任地提供安全和正义是稳定与和平社会的核心要素。尽管国际社会对妇女和女童行动计划做出了承诺，但妇女和女童的具体需求往往被忽视。女童和妇女在获得安全和正义的权利方面面临更多障碍，包括识字率、流动性和获得信息的水平较低，二次受害的风险，或因报告性别暴力而遭受污名。发生暴力事件的地方，主要由男性主导的和存在性别偏见的安全和司法系统意味着，妇女和女童仍可能遭受持续暴力，得不到司法公正。

有证据表明，将性别平等和性别观点纳入国防、安全和司法管理、监督可提高业务效率和加强对当地居民的负责制。我们知道，改善安全和正义的质量和获取途径可以直接减少暴力冲突和脆弱性的风险,例如通过更有能力和负责任的安全部队。当国家被视为有助于公平解决争端、打击腐败或防止滥用暴力行为时,它还可以提高合法性。可持续发展目标的目标16还表明,负责任的安全机构对稳定、增长和繁荣是必要的。

英国支持各种各样的地方、国家和多边的国防、安全、司法程序和国际行为体。英国也支持为女童和妇女提供更好的国防、安全和司法保障,特别是在涉及性别暴力方面;增加妇女在安全部门的应聘机会和晋升机会;建立能够解决安全部门中性别差异和不平等问题的机制。英国认识到协调国家和多边安全措施的重要性,在这些措施中,每个行动者都了解如何和为什么促进性别平等,以及哪些是性别敏感的。我们将寻求改革,加强安全部门、基于性别的暴力服务提供商和社会之间的协调。英国的干预措施与正式和非正式行为者都有合作。英国的干预措施与包括多边、国家和地方在内的所有级别的正式和非正式行为者合作,以提高国际人权标准。

"正式行为者"是指政府和法定机构,包括武装部队、警察和司法机构。"非正式行为者"包括私人的和传统的群体。虽然非正式安全和司法机构可能具有更大的地方合法性,并更积极地提供司法,但歧视性规范和做法往往会对妇女和其他边缘化群体造成额外的障碍和风险。非国家司法机制至少和国家机制一样可能受到家庭、习俗和宗教规范等形式的制度性歧视的困扰,这些歧视损害了妇女的权利。

安全和司法行为者的行动方式应保护平民的人权,应考虑到在防卫、安全和司法需要方面与性别有关的任何差异,并有助于减少性别之间的不平等。这包括保护在安全部门工作的妇女的安全和权利,并将妇女和性别平等充分纳入管理结构和监督机制以及各级司法程序。过渡性司法和复员、解除武装和重返社会进程应考虑到女性、男性以及性和性别少数群体的需求、机会和脆弱性。为了实现我们的目标，安全与正义组织的性别平等高级领导是必不可少的。稳定和繁荣要求全体人民得到保护，免受暴力和歧视，并有权追究安全和司法提供者的责任。

安全和正义行为者可以发挥重要作用，为国家行动计划的所有支柱做出贡献。武装部队和警察有义务防止伤害和保护人权。妇女参与比例高的安全部门组织更有效。

战略成果6：预防和打击暴力极端主义

确保妇女参与和领导制定预防和打击暴力极端主义的战略。人们普遍认为，妇女和女童受到暴力极端主义的影响；她们经常成为极端主义团体的目标，性暴力和基于性别的暴力被这些团体用作策略。妇女也参与暴力极端主义，并以多种方式参与预防暴力极端主义的努力。

妇女和女童在暴力极端主义方面的作用远没有男性和男童那么明显，而且往往被忽视。这一领域的证据基础正在形成。有证据表明，暴力极端主义本身是一种多样化的现象，性别在促成因素中的作用日益得到承认。导致男性和女性激进化的因素包括（但不限于）政治和社会经济因素，如治理缺陷、国家失败和个人不满，以及女性的性别问题。预防或打击暴力极端主义的努力如何能有效地纳入性别观点，还需要更多的证据。

联合国安理会第2242（2015）号决议和联合国秘书长的《预防暴力极端主义行动计划》概述了将预防和打击暴力极端主义纳入"妇女、和平与安

全"议程的承诺，敦促会员国确保妇女参与和领导制定打击暴力极端主义的
战略，并建设她们有效开展这方面工作的能力。2015年，在纪念联合国安理
会第1325（2000）号决议15周年的高级别审议会上，英国承诺"确保我们打
击暴力极端主义的海外工作包括专门针对妇女的上游活动"。妇女将在全国和
地方提供应对海外暴力极端主义的工作方案时处于中心地位。联合国安理会
第2354（2017）号决议建议"反叙述应考虑到性别层面，叙述应针对男性和
女性的具体关切和脆弱性"。

在预防和打击暴力极端主义的规划中将性别问题纳入主流，将是实现这
一战略成果的一个重要因素。消除激进化驱动因素的活动可以跨越广泛的社
会、经济和政治领域，所有这些都可以影响和促进妇女和女童的权利、优先
事项、自主和领导力。方案和方法可以根据需要采取各种形式，但应包括对
妇女和女童的权利和优先事项日益敏感，并与妇女一起设计和执行防止和打
击暴力极端主义的战略。在设计和执行预防和打击暴力极端主义的战略时，
应考虑并避免妇女工具化的风险，还应明确考虑英国在性别平等方面更广泛
的目标。

实现这一战略成果的工作也将支持实现其他战略成果，特别是关于"参
与"的战略成果和关于"安全与正义"的战略成果。这一战略成果最直接地
促进了妇女、和平与安全的"参与"支柱。

战略成果7：英国的能力

英国政府继续加强其能力、流程和领导力，以履行全球妇女、和平与安
全承诺。这一结果的重点是确保英国政府能够实现我们在妇女、和平与安全
上的愿景。它跨越其他6项成果并支持其的交付。英国将寻求将性别平等纳

入所有预防、解决冲突和从冲突中恢复的努力，并开展旨在性别平等的活动。英国具有世界领先的文官体系和其他6项战略成果，这本身就是一种成果，需要规划、培训和资源。这将有助于英国政府在国家性别平等计划之外更广泛地重视性别平等。

"能力"是英国政府在受冲突影响环境下的所有活动中促进性别平等和履行妇女、和平与安全承诺的能力，包括开发必要的资源、专业知识和技能。"领导力"是外部和内部的，它为整个政府的这项工作设定愿景，并与伙伴政府、国际机构和执行伙伴一起倡导妇女、和平与安全。"流程"是确保领导力和能力转化为具体行动以实现妇女、和平与安全承诺的必要系统，包括内部指导、政策和工具包。

我们将继续加强各级政府的协作。我们将确保所有级别的决策者都有机会接受关于妇女、和平与安全的培训，包括性别、冲突和稳定方面的稳定单元课程，并承诺对所有英国军事人员进行强制性部署前培训。

我们将确保在所有冲突分析中纳入性别分析，并随着情况的变化而与时俱进。

我们将继续通过与政府各部门和外部合作伙伴的接触，提高对国家行动计划和妇女行动计划的认识。

重点国家

将重点国家纳入国家行动计划，这提供了一个通过我们的年度报告程序来展示在妇女、和平与安全方面所取得进展的机会，这一程序在第四节中概述。然而，在所有脆弱和受冲突影响的环境中，英国在国防、外交和发展方面都履行了其关于妇女、和平与安全的承诺。本节说明国家行动计划开始时9个重点国家的情况。

阿富汗

阿富汗正在摆脱40多年的冲突，该国大部分地区仍然高度不安全。87%的妇女报告曾遭受身体或性暴力，只有19%的人识字，19%的人参与了劳动力市场。阿富汗民族团结政府已努力赋予妇女权力：第一夫人办公室已成立，以促进妇女权利；加尼总统成立了一个由女性公民社会活动家组成的团体，直接向他提供建议；妇女权利问题是阿富汗国家和平与发展框架的一部分。阿富汗于2015年启动了关于妇女、和平与安全的国家行动计划。

缅甸

缅甸宪法表面上保障平等权利和法律保护，但2015年前军政府通过的四项种族和宗教法律歧视妇女和宗教少数群体，包括禁止与未婚伴侣同居、阻碍宗教皈依，以及禁止佛教妇女与非佛教徒的婚姻。缅甸在各个层面都是父权社会，妇女参与政治活动的机会有限。尽管妇女在议会中的代表比例从2012年的不到5%上升到2016年的10%左右，缅甸仍然落后于邻国。妇女在地区议员中所占比例不到5%，在村级行政人员中几乎没有代表（比例为0.25%）。在军政府统治下，妇女基本上被排除在和平谈判之外；全国停火协议的32名谈判人员中只有2名妇女。但在全国民主联盟（NLD）政府的领导下，更多的妇女参与了彬龙和平会议（2017年5月会议上有20%的妇女参与）。有证据表明，性暴力与冲突有关，包括北部若开邦最近发生的事件所显示的越来越多的证据。英国政府正在根据英国国家行动计划新框架制定一项修订的性别战略，以及一项具体的危机应对战略。

刚果（金）

刚果民主共和国是世界上最贫穷的国家之一，长期受到冲突的影响。尽管自2003年刚果战争结束以来，局势有所改善，但动荡和暴力仍继续在东部存在，并蔓延到新的地区。妇女和女童遭受贫困和冲突的严重后果，她们面临多种形式的暴力，对资源、资产和决策的控制有限，在冲突区内外获得基本服务的机会很少。52%的妇女报告在其一生中经历过身体暴力，27%的妇女报告经历过性暴力。在国家一级的当选议员中，只有8.2%的议员是妇女，几乎没有人担任部长职务或省长职务。歧视性的社会规范、较低的教育水平和信心、家庭负担的不平等分配导致他们在公共和私人决策中被边缘化。

伊拉克

伊拉克遭受了多年的冲突。逊尼派、什叶派和库尔德等各方精英都在操纵人们眼中的历史和宗派仇恨。外部势力对伊拉克内部事务的影响，以及诸如部落对抗之类的局部争端，加剧并延长了冲突。公众对严重腐败，尤其是政客的腐败，以及政府未能为数十万受害者提供基本服务、就业和正义感到愤怒也导致了社会凝聚力的缺乏。对"达伊沙"的打击使许多问题复杂化，并进一步加剧了冲突。虽然宪法要求25%的国会议员是女性，但多年的冲突和经济衰退已经使在伊拉克生活的大多数领域中的女性的地位相应严重下降。妇女仍然被边缘化，无法对和平与安全倡议和和解努力做出积极贡献。在消除了"达伊沙"的冲突之后，需要更多地考虑妇女和女童需要的具体服务，因为对她们的暴力和虐待程度很严重，且因冲突而增加了很多女性为户主的家庭。伊拉克已制定了关于妇女、和平与安全的国家行动计划，但执行缓慢。

利比亚

自2014年7月以来，利比亚的安全和政治局势显著恶化，全国各地都有零星冲突。利比亚有三个政府和两个议会，还建立了其他平行的部和机构。许多利比亚人在国内流离失所，一些社区难以获得基本服务，人们迫切需要人道主义援助。利比亚妇女的处境仍然充满挑战。妇女的利益被普遍视为次要的优先事项。配额有助于确保妇女在政治进程中发挥越来越大的作用，但数量不一定转化为影响力，部分原因是文化障碍。针对妇女的暴力行为普遍被低估。利比亚的长期稳定将与妇女在多大程度上被允许在利比亚的公共生活中活动，以及她们的政府是否包括和代表妇女密切相关。

尼日利亚

在尼日利亚，男性主导和控制社会、经济和政治生活，妇女和女童经常在传统和宗教习俗下受到歧视。尼日利亚在政治中的女性代表比例非常低（议会下院的女性代表比例为5.6%），针对妇女和女童的暴力行为普遍存在，由于"博科圣地"带来的冲突，尼日利亚东北部的妇女面临的风险尤其大。尼日利亚有一个国家行动计划以及8个州行动计划（在32个州中）和5个州行动计划的预算。然而，妇女、和平与安全并未得到优先考虑，因此实施缓慢。针对妇女和女童的暴力行为普遍存在，但很少报告给当局。15~49岁的妇女中有30%的人接受过某种形式的女性外阴残割。在和平与安全倡议方面，妇女被边缘化，但她们的需求需要得到满足，特别是在尼日利亚东北部，那里的性暴力发生率很高，而且有大量女性为户主的家庭。

索马里

在几十年内战的背景下，索马里在一些重要领域取得了实质性进展。

2016~2017 年，索马里经历了具有里程碑意义的新总统和新议会选举过程；女性赢得了 24% 的席位。然而，索马里仍然是一个面临巨大挑战的国家，被评为世界上第二大最脆弱国家。该国正面临 25 年来的第三次饥荒，半数人口无法获得可靠的食物。索马里是世界上对女性来说最糟糕的地方之一。索马里的父权氏族制度使索马里的性别不平等长期存在，这是发展和稳定的主要障碍。索马里妇女被系统地排除在经济、社会和政治网络和决策之外，尽管她们在索马里经济中的作用越来越大，她们经常从事被认为不适合作为家族荣誉承担者的男性担任的工作。女性生殖器切割几乎普遍存在（98% 的女性遭受这种切割），童婚、早婚和强迫婚姻很常见。女童上学晚，退学早。20 年内战的遗留问题是对妇女和女童的严重暴力行为普遍存在，持续干旱造成的流离失所加剧了这种脆弱性。

南苏丹

2011 年独立后不久，南苏丹就爆发了严重危机，包括 2013 年和 2016 年在朱巴爆发的暴力事件。成千上万的人被杀，成千上万的房屋被毁，200 万难民逃到邻国，同样数量的人在国内流离失所。2015 年签署的《解决南苏丹共和国冲突协议》已经崩溃，未能遏制暴力。性别不平等现象严重，妇女的地位受到许多歧视性习惯法和社会规范的制约。童婚率很高，女童受教育程度较低，女童被作为补偿来解决地方争端，而且在家庭和冲突环境中基于性别的暴力发生率很高。联合国南苏丹独立人权委员会报告称，冲突中存在严重的性暴力。联合国南苏丹共和国特派团（UNMISS）和人权事务高级专员办事处（OHCHR）声称性暴力主要是由苏丹人民解放军、苏丹人民解放运动/反对派军队以及与其结盟的武装团体、国家安全部门成员和警察犯下的。南苏丹在

2015年同意了其第一个国家行动计划。

叙利亚

持续六年的冲突对叙利亚妇女和女童产生重大影响。妇女在国家政治进程中的发言权有限，她们在地方社区一级治理结构中的代表性往往不足。基于性别的排斥、歧视和对妇女的暴力行为在叙利亚各地普遍存在。大多数社区支持基于性别的暴力幸存者的资源很少，能够满足其需求的医疗或心理社会护理设施很少，处理案件的司法和执法机构有限，存在有罪不罚的文化，幸存者持续受到歧视。

四 英国将如何实现这一目标

国家行动计划为英国在妇女、和平与安全方面的工作制定了战略。有来自英国外交部、英国国际发展部和国防部的高级政治领导，包括首相的防止冲突中性暴力问题特别代表。在官方层面，妇女、和平与安全由国家安全顾问，英国外交部性别平等特使，国防部，英国国际发展部冲突、人道主义、安全和移民司司长以及稳定司司长共同倡导。针对妇女、和平与安全的外交、发展和国防干预由英国和国外的政策和项目团队领导。

在重点国家开展工作

通过与全球各国的外交、发展和军事关系，英国在全球拥有强大的影响力。在我们的9个重点国家中，我们认识到冲突的性质和阶段在英国活跃的环境中有显著的不同，这些可能发生变化。因此，英国在重点国家的团队将采取灵活的方法，根据对性别问题敏感的冲突分析选择最相关的战略成果，并利用这些成果为战略、国家行动计划、商业案例和资金投标的制定提供信息。

国家对国家行动计划成果的重点投入可能会根据具体情况的变化而逐渐修改。五年的国家行动计划将使战略成果反映在完整的商业规划周期中，并与多个年度规划保持一致。向议会提交的年度报告将包括在每个重点国家开展的活动和取得的成果的信息。虽然国家行动计划的重点是9个国家，但我们也将鼓励处于脆弱和受冲突影响环境中的其他英国国家团队采用国家行动计划的方法。例如，在也门，我们支持妇女参与政治，包括参与和平进程。英国将帮助支持在重点国家（阿富汗、刚果民主共和国、伊拉克、尼日利亚、南苏丹）实施现有的国家行动计划，我们将支持有当地需求的国家行动计划的发展。英国政府将与各方面的利益攸关方合作，包括政府、多边组织、社会和私营部门。我们将加强与包括妇女权利组织在内的地方组织的现有联系，提升它们的能力，并确保我们的工作以地方领导和地方需求为基础。如果合作伙伴在实地面临具体风险，包括基于性别的脆弱性，我们将采用现有的风险管理程序来减轻这些风险。

在全球层面工作

英国在国际舞台上对全球妇女、和平与安全的实施具有强大的影响力。

鉴于我们承诺将国民总收入的0.7%用于海外发展援助，2%用于国防，以及我们在联合国安理会的常任理事国地位，英国在联合国安理会负责制定妇女、和平与安全方面的工作内容，我们将继续努力确保妇女、和平与安全仍然是各会员国的优先事项。英国将继续与联合国、北约、欧洲安全与合作组织（欧安组织）和非洲联盟等组织合作，优先履行妇女、和平与安全承诺。我们还将确保我们向多边伙伴提供的核心资金用于国家行动计划的优先事项，包括努力结束性剥削和性虐待并提供更具包容性和更有效的人道主义响应。

与合作伙伴合作

在双边方面，英国将与东道国政府和其他捐助国政府合作，在该国实现妇女、和平与安全目标，寻求与伊拉克和叙利亚等国的其他捐助国共同制定方案。我们将继续与已任命的各国政府性别平等大使、特别代表和特使合作。社会组织仍然是英国的主要合作伙伴，特别是和我们的国内合作伙伴合作，包括妇女权利组织和妇女健康与发展组织。我们将继续与学术界合作，建立起有效的证据基础，并与各政党议会团体就妇女、和平与安全和预防性暴力倡议开展合作，以监测进展。我们将通过由各国政府、民间社会和学术界组成的高级别联络点网络（妇女、和平与安全联络点网络），通过分享和交流在妇女、和平与安全方面的经验教训，增进我们自己和其他人对这些问题的理解。

跨政府工作

英国对妇女、和平与安全采取了一整套政府方针。我们的大部分工作由英国外交部、国防部和国际发展部联合领导，并得到稳定部门的支持。关于妇女、和平与安全的外交、发展和防务努力由英国和国外的政策和项目团队领导，并由跨政府妇女、和平与安全工作组监督。妇女问题高级官员小组每年至少举行一次会议，由首相防止冲突中的性暴力问题特别代表主持。

规划和政策小组根据证据、背景分析和英国的优先事项设计和实施活动。国家行动计划重点国家的团队得到英国政策团队的支持，包括英国外交部性别平等部门，英国国际发展部冲突、人道主义和安全部门，以及英国国防部国防参与部门。国家安全秘书处联合方案中心向冲突、稳定与安全基金（CSSF）小组提供咨询和方案管理支持。稳定小组是一个卓越的人力资源管理中心，为规划和政策的设计、实施、监测和评估提供分析和建议。稳定小组还通过其民间稳定小组提供了一个由性别与冲突顾问和预防性暴力行动专家小组组成的骨干团队。

国家行动计划还应被视为更广泛的政府两性平等、冲突与稳定政策和战略的一部分，其目的是补充和促进这些政策和战略。在英国国际发展部性别平等战略愿景的指导下，英国国际发展部正在通过其在教育、卫生、经济赋权和防止暴力侵害妇女和女童等领域的工作，包括在冲突和危机中开展的工作来解决性别不平等的根源问题。妇女、和平与安全是外交部性别平等工作的一部分，由性别平等特使牵头。"妇女、和平与安全"议程在实现国防参与目标方面的重要性在《国防参与战略》中得到了体现。

2014年《国际发展（性别平等）法》要求所有发展援助都适当考虑到其对性别平等的影响。这项立法适用于所有政府部门和跨部门基金，包括社会保障基金。国家行动计划加强跨政府工作，以满足这一要求。《海外建设稳定战略》承诺加强妇女在预防和解决冲突中的作用，英国国际发展部的《建设稳定框架》提供了实际指导。在国家一级，妇女部的工作是国家事务和国家安全委员会战略的一部分，预计将制定与性别有关的政策战略目标。

虽然国家行动计划以国际为重点，但它补充了诸如结束对妇女和女童暴力行为战略等国内战略，以及打击暴力极端主义、非法移民、现代奴役、女性外阴残割、童婚、早婚和强迫婚姻等跨国优先事项的战略。英国致力于在制定和更新战略时，将性别观点纳入战略。与此同时，我们还努力提高公务员队伍的多样性和包容性，包括跨部门的人才行动计划和关键任务中关于包容和国家安全的指导方针，以及促进政府内部性别平等和妇女地位提高的个别部门的政策和网络。

我们如何资助全球妇女、和平与安全工作

英国通过有针对性的项目和将性别平等纳入更广泛的政策和规划，履行妇女、和平与安全方面的承诺。对2014~2017年度国家行动计划的外部评估发现，"很少有证据表明，与其他措施（如确保妇女、和平与安全在整个规划过程中成为战略性和有意义的主流）相比，围栏资金池将显著改善英国的妇女、和平与安全的举措"。

英国政府部门从其核心预算中资助妇女、和平与安全工作，如英国外交部的全球英国基金，以及包括冲突、稳定和安全基金在内的跨政府部门基金。

根据2014年《国际发展（性别平等）法》，所有发展援助都必须切实考虑对性别平等的影响。政府还承诺每年将英国国际发展部预算的50%以上用于脆弱国家和地区。2017/18年度，仅通过我们的双边项目，英国国际发展部就将在9个重点国家投入超过10亿英镑。旨在解决受冲突影响国家的脆弱性问题的政府稳定与安全基金每年拨款12亿英镑，要求所有项目纳入用性别平等指标（GEM）衡量的性别平等。所有方案组合必须包括至少一个标有"性别平等指标2"的项目，表明其主要目标是促进性别平等。

评估进展

在2018~2022年国家行动计划中，我们将采用更具战略性的监测、评估和学习方法，支持对议会的负责制并简化了执行团队的报告，反映了这里提出的更灵活的方法。监测、评估和学习框架旨在描述英国在取得战略成果方面的贡献。英国在这7个领域确定了明显的比较优势，但并不是所有的进步都

要归功于英国。英国政府的活动将在一年内由跨政府部门工作小组与双边和多边政策和规划小组（包括重点国家小组）合作监测。向议会提交的年度报告将反映英国各部门的活动，以及涵盖外交、发展和国防的资金机制，这些机制将要求我们对国家行动计划的交付负责。

将对国际认可的指标进行跟踪，以保持对9个重点国家妇女、和平与安全问题的动态认识，以支持我们更好地进行分析、计划和活动，实现7项战略成果。我们不希望报告每个重点国家的每一项指标，但我们已经收集了数据，并将其列为优先指标。如果没有达到这些指标，我们将设法将这些指标纳入新的方案和活动。我们认识到，在某些情况下，数据收集尤其具有挑战性。

在实施第一年，将通过公开透明的招标程序，接受独立的外部程序评价，并进行委托。评价将审查国家战略行动计划的战略成果在多大程度上已通过英国政府规划和实施过程的整合。重点领域可能包括业务规划、人力和财务资源、培训和发展，以及将妇女、和平与安全整合到英国政府核心业务中。第三年将进行独立的内部审查，评估成果的相关性和战略贡献。

国家行动计划将促进各小组和部门之间不断学习经验教训，由跨政府工作小组牵头。监测数据将突出政策和方案小组需要应对的差距和机会领域。工作小组将努力找出最佳做法的实例和新出现的挑战，并将其信息在各部门之间分享，包括与海外网络分享。

外部监督

英国重视外部监督和问责，因为这对实现我们的妇女、和平与安全目标至关重要。政府各部门的部长和妇女、和平与安全副议会团体就"防止冲突中性暴力倡议"进行定期交流。在此份国家行动计划中，我们正试图设立一个新的妇女、和平与安全指导小组，将来自社会组织以及前三个国家行动计划的部门高级官员聚集在一起，由预防冲突中性暴力问题首相特别代表担任主席。我们期待能够参与"和平与安全性别行动"关于国家行动计划的年度影子报告的工作，并继续与英国和重点国家的社会组织和妇女权利组织进行对话。

参考文献

【中文文献】
政策报告

第四次世界妇女大会:《北京宣言》和《行动纲领》,1995年9月。

第四次世界妇女大会、'95北京非政府组织妇女论坛丛书编委会编:《第四次世界妇女大会重要文献汇编》,中国妇女出版社,1998。

联合国:《联合国与提高妇女地位(1945—1995)》(蓝皮书系列 卷六),纽约:联合国新闻部,1995。

联合国安全理事会:《联合国安理会第1325(2000)号决议》,S/RES/1325(2000),2000年10月31日,https://undocs.org/zh/S/RES/1325(2000)。

联合国安全理事会,《联合国安理会第1820(2008)号决议》,S/RES/1820(2008),2008年6月19日,https://undocs.org/zh/S/RES/1820(2008)。

联合国安全理事会,《联合国安理会第1888(2009)号决议》,S/RES/1888(2009),2009年9月30日,http://undocs.org/zh/S/RES/1888(2009)。

联合国安全理事会,《联合国安理会第1889(2009)号决议》,S/RES/1889(2009),2009年10月5日,https://undocs.org/zh/S/RES/1889(2009)。

联合国安全理事会,《联合国安理会第1960(2010)号决议》,S/RES/1960(2010),2010年12月16日,http://undocs.org/zh/S/RES/1960(2010)。

联合国安全理事会:《联合国安理会第2122(2013)号决议》,S/RES/2122(2013),2013年10月18日,https://undocs.org/zh/S/RES/2122(2013)。

联合国安全理事会:《联合国安理会第2106(2013)号决议》,S/RES/2106(2013),2013年

6月24日，https://undocs.org/zh/S/RES/2106(2013)。

联合国安全理事会：《联合国安理会第2242（2015）号决议》，S/RES/2242(2015)，2015年
10月13日，https://undocs.org/zh/S/RES/2242(2015)。

联合国安全理事会：《联合国安理会第2467（2019）号决议》，S/RES/2467(2019)，2019年
4月23日，https://undocs.org/zh/S/RES/2467(2019)。

联合国安全理事会：《联合国安理会第2493（2019）号决议》，S/RES/2493(2019)，2019年
10月29日，https://undocs.org/zh/S/RES/2493(2019)。

联合国安全理事会：《联合国安理会第 2538(2020) 号决议》，S/RES/2538(2020)，2020年8
月28日，https://undocs.org/zh/S/RES/2538(2020)。

联合国安全理事会：《与冲突有关的性暴力——秘书长的报告》，S/2020/487，2020年6月
3日，https://digitallibrary.un.org/record/3868979/files/S_2020_487-ZH.pdf。

《安全理事会第四二〇八次会议临时逐字记录》，2000年10月24日，https://undocs.org/zh/
S/PV.4208。

《安全理事会第四五八九次会议临时逐字记录》，2002年7月25日，https://undocs.org/zh/S/
PV.4589。

《安全理事会第四六三五次会议临时逐字记录》，2002年10月29日，https://undocs.org/zh/
S/PV.4635%28Resumption1%29。

《安全理事会第四八五二次会议临时逐字记录》，2003年10月29日，https://undocs.org/zh/
S/PV.4852。

《安全理事会第五〇六六次会议临时逐字记录》，2004年10月28日，https://undocs.org/zh/
S/PV.5066。

《安全理事会第五五五六次会议临时逐字记录》，2006年10月26日，https://undocs.org/zh/
S/PV.5556。

《安全理事会第五六三六次会议临时逐字记录》，2007年3月7日，https://undocs.org/zh/S/
PV.5636。

《安全理事会第五七六六次会议临时逐字记录》，2007年10月23日，https://undocs.org/zh/
S/PV.5766。

《安全理事会第五九一六次会议临时逐字记录》，2008年6月19日，https://undocs.org/zh/S/
PV.5916。

《安全理事会第六〇〇五次会议临时逐字记录》，2008年10月29日，https://undocs.org/zh/

S/PV.6005。

《安全理事会第六一九五次会议临时逐字记录》，2009年9月30日，https://undocs.org/zh/S/PV.6195。

《安全理事会第六一九六次会议临时逐字记录》，2009年10月5日，

https://documents-dds-ny.un.org/doc/UNDOC/PRO/N09/541/35/PDF/N0954135.pdf?OpenElement。

《安全理事会第六三五四次会议临时逐字记录》，2010年7月7日，https://undocs.org/zh/S/PV.6354。

《安全理事会第六四五三次会议临时逐字记录》，2010年12月16日，https://undocs.org/zh/S/PV.6453。

《安全理事会第六六四二次会议临时逐字记录》，2011年10月28日，https://undocs.org/zh/S/PV.6642。

《安全理事会第六七二二次会议临时逐字记录》，2012年2月23日，https://undocs.org/zh/S/PV.6722。

《安全理事会第六八七七次会议临时逐字记录》，2012年11月30日，https://undocs.org/zh/S/PV.6877。

《安全理事会第六九八四次会议临时逐字记录》，2013年6月24日，https://undocs.org/zh/S/PV.6984。

《安全理事会第七〇四四次会议临时逐字记录》，2013年10月18日，https://undocs.org/zh/S/PV.7044。

《安全理事会第七一六〇次会议临时逐字记录》，2014年4月25日，https://undocs.org/zh/S/PV.7160。

《安全理事会第七四二八次会议临时逐字记录》，2015年4月15日，https://undocs.org/zh/S/PV.7428。

《安全理事会第七五三三次会议临时逐字记录》，2015年10月13日，https://undocs.org/zh/S/PV.7533。

《安全理事会第七〇四次会议临时逐字记录》，2016年6月2日，https://undocs.org/zh/S/PV.7704。

《安全理事会第七七九三次会议临时逐字记录》，2016年10月25日，https://undocs.org/zh/S/PV.7793。

《安全理事会第八二三四次会议临时逐字记录》，2018年4月16日，https://undocs.org/zh/S/PV.8234。

《安全理事会第八三八二次会议临时逐字记录》，2018年10月25日，https://undocs.org/zh/S/PV.8382。

《安全理事会第八五一四次会议临时逐字记录》，2019年4月23日，https://undocs.org/zh/S/PV.8514。

《安全理事会第八六四九次会议临时逐字记录》，2019年10月29日，https://undocs.org/zh/S/PV.8649。

《安全理事会第八八八六次会议临时逐字记录》，2021年10月21日，https://undocs.org/zh/S/PV.8886。

《安全理事会主席给秘书长和安理会成员国常驻代表的信》，S/2020/1084，2020年10月31日，https://www.undocs.org/zh/S/2020/1084。

联合国大会：《消除对妇女一切形式歧视公约》，1979年12月18日，https://www.un.org/womenwatch/daw/cedaw/text/0360794c.pdf。

联合国大会：《消除对妇女的暴力行为宣言》，1994年2月23日，http://www.un.org/zh/envents/endviolence-day/declaration.shtml。

联合国大会：《改变我们的世界：2030年可持续发展议程》，2015年10月21日，https://www.unfpa.org/sites/default/files/resource-pdf/Resolution_A_RES_70_1_CH.pdf。

联合国妇女署驻华办事处：《消除针对妇女的暴力》，https://asiapacific.unwomen.org/en/countries/china/chinese/eliminating-violenc-against-women-chinese。

专著

〔加〕巴巴拉·阿内尔：《政治学与女性主义》，郭夏娟译，东方出版社，2005。

〔美〕保罗·肯尼迪编《战争与和平的大战略》，时殷弘、李庆四译，世界知识出版社，2005。

〔英〕比尔·考克瑟、林顿·罗宾斯、罗伯特·里奇：《当代英国政治》（第四版），孔新峰、蒋鲲译，北京大学出版社，2009。

〔英〕布赖恩·拉平：《帝国斜阳》，钱乘旦、陈仲丹、计秋枫译，上海人民出版社，1996。

陈乐民：《西方外交思想史》，中国社会科学出版社，1995。

陈乐民：《战后英国外交史》，世界知识出版社，1994。

〔英〕丹尼斯·卡瓦纳:《英国政治:延续与变革》,刘凤霞、张正国译,世界知识出版社,2014。

〔法〕德尼兹·加亚尔、贝尔纳尔待特·德尚:《欧洲史》,才鸿滨、桂裕芳译,海南出版社,2002。

黄正柏:《当代八国外交政策概要》,人民出版社,2007。

〔英〕霍布斯鲍姆:《极端的年代》,马凡译,江苏人民出版社,2001。

计秋枫、冯梁等:《英国文化与外交》,世界知识出版社,2002。

〔英〕杰夫·贝里奇、艾伦·詹姆斯:《外交辞典》,高飞译,北京大学出版社,2008。

李靖堃、王振华:《英国》,社会科学文献出版社,2016。

李英桃:《女性主义和平学》,上海人民出版社,2012。

李英桃:《社会性别视角下的国际政治》,上海人民出版社,2003。

李英桃主编:《女性主义国际关系学》,浙江人民出版社,2006。

〔美〕路易丝·戴蒙德、约翰·麦克唐纳:《多轨外交:通向和平的多体系途径》,李永辉等译,北京大学出版社,2006。

〔美〕玛莎·芬尼莫尔:《国际社会中的国家利益》,袁正清译,上海世纪出版社,2012。

〔英〕玛格丽特·沃特斯:《女权主义简史》,朱刚、麻晓蓉译,外语教学与研究出版社,2015。

〔英〕玛丽·沃斯通克拉夫特:《女权辩护》,王蓁译,商务印书馆,1995。

钱乘旦、陈晓律:《在传统与变革之间——英国文化模式溯源》,江苏人民出版社,2010。

钱乘旦、许洁明:《英国通史》,上海社会科学院出版社,2007。

秦亚青:《观念、制度与政策——欧盟软权力研究》,世界知识出版社,2008。

〔美〕塞缪尔·亨廷顿:《文明的冲突与世界秩序的重建》(修订版),周琪、刘绯、张立平、王圆译,新华出版社,2010。

王赳:《激进的女权主义:英国妇女社会政治同盟参政运动研究》,上海三联书店,2008。

王展鹏、徐瑞柯:《英国发展报告2019~2020》,社会科学文献出版社,2020。

王展鹏:《英国发展报告2020~2021》,社会科学文献出版社,2021。

〔法〕西蒙娜·波伏娃:《第二性》,陶铁柱译,中国书籍出版社,1998。

阎照祥:《英国政治思想史》,人民出版社,2010。

〔英〕约翰·劳尔:《英国与英国外交》,刘玉霞、龚文启译,上海译文出版社,2003。

期刊论文

陈志坚：《试论中世纪英格兰贵族妇女的不动产继承权》，《首都师范大学学报》（社会科学版）2005年第5期。

冯存万：《构建全球新角色：退欧框架下的英国外交评析》，《国际论坛》2018年第4期。

胡传荣：《权利—安全—女性主义》，《国际观察》2005年第2期。

胡传荣：《战争与和平：社会性别视角的剖析》，《妇女研究论丛》2003年第3期。

李洪峰、李英桃、张颖、顾蕾：《透视世界城市女性参政问题——纽约、伦敦、东京、巴黎的个案研究对北京的启示》，《妇女研究论丛》2012第1期。

李洪峰：《法国和平安全合作中的女权主张及其实施》，《当代世界与社会主义》2015年第1期。

李靖堃：《"全球英国"理念下英国对非洲政策的调整》，《西亚北非》2019年第2期。

李伟：《英格兰早期的"妇女议会"》，《学理论》2016年第1期。

李英桃、金岳嵘：《"妇女、和平与安全"议程——联合国安理会第1325号决议的发展与执行》，《世界经济与政治》2016年第2期。

李英桃、林静：《女性主义和平研究：思想渊源与和平构想》，《世界经济与政治》2009年第8期。

李英桃、林静：《女性主义和平研究》，《世界经济与政治》2009年第8期。

李英桃：《"小人鱼"的安全问题》，《世界经济与政治》2004年第2期。

李英桃：《对女权主义和平研究的几点初步认识》，《国际观察》2005年第2期。

李英桃：《妇女与外交：个人的即是外交的》，《国际观察》2013年第6期。

李英桃：《构建性别平等的人类命运共同体：关于原则与路径的思考》，《妇女研究论丛》2018年第2期。

李英桃：《和平进程中的非洲妇女安全——以布隆迪和利比里亚为例》，《国际安全研究》2014年第3期。

李英桃：《加速实施妇女、和平与安全议程——对近五年中国落实"妇女与武装冲突"战略目标的评估》，《山东女子学院学报》2020年第3期。

李英桃：《女性主义国际关系学及其发展前景》，《世界经济与政治》2005年第7期。

梁文敏：《妇女与战争——对西方女性主义战争观的理解与反思》，《世界经济与政治》2006年第12期。

刘梦：《战后英国的新妇女运动》，《西欧研究》1990年第6期。

刘晓梅：《英国反家庭暴力的立法、实践及其启示》,《法学杂志》2006年第3期。

陆伟芳：《第一次世界大战中的英国妇女选举运动》,《世界历史》2011年第2期。

陆伟芳：《对19世纪英国妇女运动的理论考察》,《妇女研究论丛》2003年第2期。

马嬰：《试析英国妇女争取选举权运动的派别与影响》,《世界历史》1988年第2期。

曲兵、王朔：《后脱欧时代"全球英国"外交战略及其前景》,《现代国际关系》2021年第
　　1期。

孙盛囡、高健：《"全球英国"外交理念与英国的战略选择》,《当代世界》2020年第4期。

田小惠：《英国妇女和平与安全国家行动计划探析》,《当代世界与社会主义》2015年第1期。

王明进：《脱欧过渡期与英国对外政策的前景》,《人民论坛》2020年07上。

王萍：《19世纪英国家庭意识形态的出现及妇女运动的兴起》,载陈晓律主编《英国研究》
　　第4辑,南京大学出版社,2012。

王展鹏：《英国,不甘作中等国家》,《人民日报》2014年7月23日。

熊伟民：《信仰与现实间的选择——第二次世界大战期间的英国和平主义者》,《湖南师范
　　大学社会科学学报》2002年第2期。

张飚：《"全球英国":英国政府、反对党、智库和媒体的话语分析》,《欧洲研究》2021年
　　第1期。

曾亚英：《近代早期英国社会中的老小姐形象》,《妇女研究论丛》2010年第6期。

张晓玲：《联合国安理会1325号决议框架下的德国国家行动计划探析》,《当代世界与社会
　　主义》2015年第1期。

【英文文献】

政策报告

Commons Library Research Briefing, "Women in politics and public life," 4 March 2022, https://
　　researchbriefings.files.parliament.uk/documents/SN01250/SN01250.pdf.

European External Action Service, "Informal Task Force on Women, Peace and Security," http://
　　eeas.europa.eu/archives/features/features-work-ing-women/working-with-women/article21_
　　en.html.

FCO, "Preventing sexual violence initiative: shaping principles for global action to prevent and
　　tackle stigma," https://www.wiltonpark.org.uk/wp-content/uploads/WP1508-Report.pdf.

FCO, "UK National Action Plan to Implement UNSCR1325," 2006, http://pwnap1.tetra.in/wp-content/uploads/2020/10/unitedkingdom_nationalactionplan_march2006.pdf.

FCDO , "Call to action to ensure the rights and wellbeing of children born of sexual violence in conflict," https://www.gov.uk/government/publications/ensuring-the-rights-and-wellbeing-of-children-born-of-sexual-violence-in-conflict-call-to-action/call-to-action-to-ensure-the-rights-and-wellbeing-of-children-born-of-sexual-violence-in-conflict.

GAPS, "UK National Action Plan on Women Peace and Security: A Year on--Shadow Report of the First Year Annual Review," December 2011, https://gaps-uk.org/wp-content/uploads/2019/09/NAP-Shadow-Report-APPG-GAPS-2011.pdf.

GAPS, "Assessing UK Government Action on Women, Peace and Security in 2019," March 2020,https://gaps-uk.org/assessing-uk-government-action-on-women-peace-and-security-in-2020/.

GAPS, et al., "Now and the Future - Pandemics and Crisis: Gender Equality, Peace and Security in a COVID-19 World and Beyond, " January 2021, https://gaps-uk.org/wp-content/uploads/2021/01/Gender-Equality-Peace-and-Security-in-a-COVID-19-World-and-Beyond.pdf.

GIWPS, "Women, Peace, and Security Index: The Dimensions," http://giwps.georgetown.edu/index-dimensions/.

G8 UK, "Declaration on Preventing Sexual Violence in Conflict," https://assets.publishing.service.gov.uk/government/uploads/system/uploads/attachment_data/file/185008/G8_PSVI_Declaration_-_FINAL.pdf.

HM Government, "A Declaration of Commitment to End Sexual Violence in Conflict," https://assets.publishing.service.gov.uk/government/uploads/system/uploads/attachment_data/file/274724/A_DECLARATION_OF_COMMITMENT_TO_END_SEXUAL_VIOLENCE_IN_CONFLICT.pdf.

HM Government, "Preventing Sexual Violence in Conflict: Next Steps," https://www.gov.uk/government/speeches/preventing-sexual-violence-in-conflict-next-steps.

HM Government, "Global Summit to End Sexual Violence Statement of Action," https://assets.publishing.service.gov.uk/government/uploads/system/uploads/attachment_data/file/319958/Global_Summit_to_End_Sexual_Violence_Statement_of_Action__1_.pdf.

HM Government, "Summit Report: End Sexual Violence in Conflict Global Summit," 2014, https://assets.publishing.service.gov.uk/government/uploads/system/uploads/attachment_data/file/390742/PSVI_post_summit_report_Online2.pdf.

HM Government, "Strategy to end violence against women and girls: 2016 to 2020," https://assets.publishing.service.gov.uk/government/uploads/system/uploads/attachment_data/file/522166/VAWG_Strategy_FINAL_PUBLICATION_MASTER_vRB.PDF.

HM Government, "Building Stability Overseas Strategy," https://assets.publishing.service.gov.uk/government/uploads/system/uploads/attachment_data/file/27370/bsos_july2011.pdf.

HM Government, "UK Government National Action Plan on UNSCR 1325 Women, Peace & Security," 2010, https://www.peacewomen.org/sites/default/files/unitedkingdom_nationalactionplan_feb2012revised.pdf.

HM Government, "UK Government National Action Plan on UNSCR 1325 Women, Peace & Security Annual Review October 2011," https://www.peacewomen.org/sites/default/files/unitedkingdom_nationalactionplan_feb2012revised.pdf.

HM Government, "UK Government National Action Plan on UNSCR 1325 Women, Peace & Security Final Annual Review, October 2013," https://assets.publishing.service.gov.uk/government/uploads/system/uploads/attachment_data/file/259411/NAP_Review_2013.pdf.

HM Government, "UK National Action Plan on Women, Peace & Security:2014~2017," https://www.gov.uk/government/publications/uk-national-action-plan-on-women-peace-and-security-2014-to-2017-report-to-parliament-december-2017.

HM Government, "UK National Action Plan on Women, Peace and Security 2014~2017 Report to Parliament," December 2017, https://www.gov.uk/government/publications/uk-national-action-plan-on-women-peace-and-security-2014-to-2017-report-to-parliament-december-2017.

HM Government, "UK National Action Plan on Women, Peace&Security: 2018-2022," January 2018, https://assets.publishing.service.gov.uk/government/uploads/system/uploads/attachment_data/file/677586/FCO1215-NAP-Women-Peace-Security-ONLINE_V2.pdf.

HM Government, "UK National Action Plan on Women, Peace and Security 2018-2022: Annual Report to Parliament 2018," https://www.gov.uk/government/publications/uk-national-action-plan-nap-on-women-peace-and-security-wps-2018-to-2022-report-to-parliament-december-2018.

HM Government, "UK National Action Plan on Women, Peace and Security 2018-2022: Annual Report to Parliament 2020, " https://assets.publishing.service.gov.uk/government/uploads/ system/uploads/attachment_data/file/978646/UK_National_Action_Plan_on_Women__ Peace_and_Security_2018_to_2022_annual_report_to_Parliament_December_2020.pdf.

HM Government, "UK National Action Plan on Women, Peace and Security 2018-2022: Guidance Note Implementing Strategic Outcome 6: Preventing and Countering Violent Extremism," https://www.gov.uk/government/publications/uk-national-action-plan-on- women-peace-and-security-2018-to-2022-guidance-note-preventing-and-countering- violent-extremism.

HM Government, "UK National Action Plan on Women, Peace and Security 2014–2017 Report to Parliament," December 2015, https://www.gov.uk/government/publications/uk-national- action-plan-on-women-peace-and-security-2014-17-report-to-parliament-december-2015.

HM Government, "National Security Strategy and Strategic Defence and Security Review 2015," https://assets.publishing.service.gov.uk/government/uploads/system/uploads/ attachment_data/file/478933/52309_Cm_9161_NSS_SD_Review_web_only.pdf.

HM Government, "A Strong Britain in an Age of Uncertainty: The National Security Strategy, " https://assets.publishing.service.gov.uk/government/uploads/system/uploads/attachment_ data/file/61936/national-security-strategy.pdf.

HM Government, "UK National Action Plan on Women, Peace and Security 2014–2017 Report to Parliament," December 2016 , https://www.gov.uk/government/publications/uk-national- action-plan-on-women-peace-and-security-2014-17-report-to-parliament-december-2016.

HM Government, "Global Britain in a Competitive Age: the Integrated Review of Security, Defence, Development and Foreign Policy," March 2021 , https://assets.publishing.service. gov.uk/government/uploads/system/uploads/attachment_data/file/975077/Global_Britain_ in_a_Competitive_Age_the_Integrated_Review_of_Security__Defence__Development_ and_Foreign_Policy.pdf.

Ministry of Foreign Affairs, "National Action Plan for the Women of Afghanistan 2015~2022, " https://www.aidsdatahub.org/sites/default/files/documents/National_Action_Plan_for_the_ Women_of_Afghanistan_2007_to_2017.pdf.

MOD, "National Strategic Defence and Security Review 2015," https://assets.publishing.

service.gov.uk/government/uploads/system/uploads/attachment_data/file/555607/2015_Strategic_Defence_and_Security_Review.pdf.

SDD, "Evaluation of the UK National Action Plan on Women, Peace and Security," August 2015,https://assets.publishing.service.gov.uk/government/uploads/system/uploads/attachment_data/file/631120/NAP_ENDLINE.pdf.

SDD, "Report Endline Evaluation:the UK National Action Plan on Women, Peace and Security 2014-2017, " June 2017, https://assets.publishing.service.gov.uk/government/uploads/system/uploads/attachment_data/file/631120/NAP_ENDLINE.pdf.

SDD, "Midline Report:UK National Action Plan on Women, Peace and Security," April 2016,https://www.gov.uk/government/publications/external-evaluation-of-the-national-action-plan-on-women-peace-and-security-baseline-report.

The Democratic Republic of the Congo Ministry of Gender,Family and Children, "National Action Plan for Implementing United Nations Security Council Resolution 1325 on Women, Peace and Security, " 2nd Generation 2019~2020, https://www.peacewomen.org/sites/default/files/DRC%20NAP%202019%20(English).pdf.

Institute for Global and International Studies, "Women in Peace and Security through United Nations Security Resolution 1325: Literature Review, Content Analysis of National Action Plans, and Implementation, " The George Washington University, 2014, https://www.peacewomen.org/assets/file/NationalActionPlans/miladpournikanalysisdocs/igis_womeninpeaceandsecuritythroughunsr1325_millerpournikswaine_2014.pdf.

The Secretary of State for Foreign and Commonwealth Affairs, "Government Response to the Report of the House of Lords Sexual Violence in Conflict Committee (HL123)," https://www.parliament.uk/globalassets/documents/lords-committees/sexual-violence-in-conflict/SVC-committee-Gov-Response-CM-9277.pdf.

UNDP, "Human Development Report 1994, " http://hdr.undp.org/sites/default/files/reports/255/hdr_1994_en_complete_nostats.pdf.

Wiltonpark , "Towards Principles for Global Action: Preventing and Addressing Stigma Associated to Sexual Violence in Conflict ," https://www.wiltonpark.org.uk/wp-content/uploads/WP1508-Towards-Principles-for-Global-Action.pdf.

专著

Amanda E. Donahoe, *Peacebuilding through Women's Community Development* (Cham: Palgrave Macmillan, 2017).

Amanda Vickery, *Women, Privilege and Power: British Politics, 1750 to the Present*(Standford: Standford University, 2001).

Amrita Basu ed., *The Challenge of Local Feminisms: Women's Movements in Global Perspective*(Boulder, Colorado:Westview, 1995).

April Carter,*Peace Movements：International Protest and World Politics since 1945*(London and New York:Longman Group, 1992).

Arthur Marwick,*the Deluge: British Society and the First World War* (London:Bodley Head,1979).

Azrini Wahidin, *Ex-Combatants, Gender and Peace in Northern Ireland: Women, Political Protest and the Prison Experience* (London: Palgrave Macmillan, 2016).

Braybon Gail, *Women Workers in the First World War*(London: Longman, 1989).

C.J.Bartlett, *British Foreign Policy in the Twentieth Century* (New York: St. Martin's Press, 1989).

Catherine MacKinnon, *Feminism Unmodified: Discourses on Life and Law*(Harvard: Harvard University Press, 1987).

Christopher Hill, *the Future of British Foreign Policy: Security and Diplomacy in a World after Brexit*(Cambridge: Polity Press, 2019).

Cristina Malcolmson and Mihoko Suzuki, eds., *Debating Gender in Early Modern England, 1500-1700*(New York: Palgrave Macmillan, 2002).

D' Amico, Francine and Peter R. Beckman, *Women in World Politics: An Introduction*(London: Westport Connecticut, 1995).

Dale Spender,ed., *Feminist Theorists, Three Centuries of Women's Intellectual Traditions* (London: Pantheon Books,1983).

Fredline A. O. M'Cormack-Hale, *Gender, Peace and Security: Women's Advocacy and Conflict Resolution* (London: Commonwealth Secretariat, 2012).

G. Abels, A. Krizsan, H. MacRae, & A. van der Vleuten,eds., *The Routledge Handbook of Gender and EU Politics*(London:Routledge,2021).

Gentry, Caron E, Laura J. Shepherd and Laura Sjoberg, eds., *The Routledge Handbook of Gender and Security* (London: Routledge, 2019).

Hooper, C., *Masculinities, International Relations and Gender Politics*(New York: Columbia University Press, 2001).

J. Ann Tickner, *Gender in International Relations: Feminist Perspectives on Achieving Global Security*(New York: Columbia University Press, 1992).

J. Epstein, D.Thompson,ed., *The Chartist Experience: Studies in Working-Class Radicalism and Culture, 1830~1860*(London: Palgrave Macmillan,1982）．

Karen Barnes, *The Evolution and Implementation of UNSCR1325: An Overview,Women, Peace and Security: Translating Policy Into Practice*(London:Taylor & Francis, 2010).

Leila J. Rupp, *Worlds of Women: The Making of an International Women's Movement*(New Jersey: Princeton University Press,1997).

Louise Olsson, *Gender, Peace and Security in the European Union's Field Missions*(Stockholm: Folke Bernadotte Academy, 2014).

Margaret R. Higonnet, *Behind the Lines: Gender and the Two World War*(New York: Yale University Press,1989).

Mary Honeyball MEP and Hannah Manzur,*Women and Brexit Report Executive Summary and Key Points*(Brussels:European Parliament,2019).

Margaret Walters, *Feminist: A Very Short Introduction*(Oxford: Oxford University,2005).

Nicola Pratt, and Richter-Devroe Sophie ,Gender, *Governance and International Security*(London: Routledge press,2013).

Richard Taylor and Nigel Young,eds., *Campaigns for Peace：British Peace Movement in the Twentieth Century* (Manchester：Manchester University Press,1987).

Sahla Aroussi, *Rethinking National Action Plans on Women, Peace and Security*(Netherlands: IOS Press, 2017).

Sally Mitchell,ed., *Victorian Britain: An Encyclopedia*（New York & London: Garland Publishing,1988）．

Sara E. Davies, Jacqui True,eds., *The Oxford Handbook of Women, Peace, and Security*(New York: Oxford University Press, 2019).

Schlafly Phyllis, *The Power of the Positive Woman*(New York: Arlington House Publishers,

1977).

Shirin M. Rai, *Gender and Political Economy of Development* (Cambridge: Polity Press, 2002).

Wilson Trevor,*The Myriad Faces of War: Britain and the Great War 1914~1918* (Cambridge: Polity Press 1986).

论文

Aisling Swaine, "Assessing the Potential of National Action Plans to Advance Implementation of United Nations Security Council Resolution 1325," *Year Book of International Humanitarian Law* 12(2009).

Andrea Schneiker, "The UN and Women's Marginalization in Peace negotiations," *International Affairs* 97(2021).

Catherine O'Rourke, "Forging a Feminist Vision for Dealing with the Past in Northern Ireland: What Role for the UNSCR 1325," *Transitional Justice Institute Research Paper* No. 10, March 29, 2010.

C. Achilleos-Sarll and B. Martill, "Toxic masculinity: Militarism, Deal-making and the Performance of Brexit," in D. Moira, N. Ferreria and S. Millns, eds.,*Gender and Queer Perspectives on Brexit*(Basingstoke:Palgrave Macmillan,2019).

Chitra Nagarajan, Sanne Tielemans, "The United Kingdom in European Peacebuilding," in Liaison Office ed., *UNSCR 1325 IN EUROPE: 20 case studies of implementation*(November 2013).

Christine Chinkin, and Hilary Charlesworth, "Building Women into Peace: The International Legal Framework," *Third World Quarterly* 27(2006).

Claire Pierson, "Gendering peace in Northern Ireland: the Role of United Nations Security Council Resolution 1325 on Women, Peace and Security," *Capital & Class* 43(2019).

Georgina Holmes, "The Commonwealth, Gender and Peacekeeping," *The Round Table* 106(2017).

Gunilla de Vries Lindestam, "UN Security Council Resolution 1325 (2000) on Women, Peace and Security: Perspectives on its Implementation by Canada, the United Kingdom and the Netherlands," in Rosaland Boyd,ed.,*The Search for Lasting Peace: Critical Perspectives on Gender-Responsive Human Security*(London:Ashgate,2016).

Hannah Wright, "Masculinities Perspectives: Advancing a Radical Women, Peace and Security Agenda?," *International Feminist Journal of Politics* 21(2019).

Karen Barnes, "The Evolution and Implementation of UNSCR1325: An Overview, " in F. Olonisakin, K. Barnes, & E. Ikpe,eds., *Women, Peace and Security: Translating Policy into Practice*(London: Routledge,2011).

Katherine Brown, "The Promise and Perils of Women's Participation in UK Mosques: the Impact of Securitization Agendas on Identity, Gender and Community," *The British Journal of Politics and International Relations* 10(2008).

Jess Gifkins, Samuel Jarvis, Jason Ralph, "Brexit and the UN Security Council: declining British influence?," *International Affairs* 95(2019).

Julia Gallagher, "Healing the Scar? Idealizing Britain in Africa1997~2007," *African Affairs* 108(2009).

L.Shank and M.J. Schull, "Rape in War: the Humanitarian Response," *Canadian Medical Association Journal* 163(2000).

Laura J Shepherd, "Making War Safe for Women? National Action Plans and the Militarization of the Women, Peace and Security Agenda," *International Political Science Review* 37(2016).

Lesley Pruitt, "Fixing the Girls," *International Feminist Journal of Politics* 15(2013).

Melanie Hoewer, "UN resolution 1325 in Ireland: Limitations and Opportunities of the International Framework on Women, Peace and Security," *Irish Political Studies* 28(2013).

Monica McWilliams, Avila Kilmurray, "From the Global to the Local: Grounding UNSCR 1325 on Women, Peace and Security in Post Conflict Policy Making," *Women's Studies International Forum* 51 (2015).

Nicole Ostrand, "The Syrian Refugee Crisis: A Comparison of Responses by Germany,Sweden,the United Kingdom,and the United States," *Journal on Migration and Human Security* 3(2015).

Petra Debusscher, "Mainstreaming Gender in European commission Development Policy: Conservative Europeanness?," *Women's Studies International Forum* 34(2011).

Soumita Basu, Laura J. Shepherd, "Prevention in Pieces: Representing Conflict in the Women, Peace and Security Agenda," *Global Affairs* 3(2017).

 Women,
Peace &
Security

Toni Haastrup,Katharine A. M. Wright and Roberta Guerrina, "Bringing Gender In? EU Foreign and Security Policy after Brexit," *Politics and Governance* 7(2019).

Tony Haastrup, "Creating Cinderella? The Unintended Consequences of the Women Peace and Security Agenda for EU's Mediation Architecture," *International Negotiation* 23 (2018).

V. Spike Peterson, "Feminism and International Relations," *Gender and History* 10(1998).

索 引

*以索引项拼音顺序排列。
*外国人名以其汉译姓氏确定索引项。

后　记

本书是北京外国语大学"双一流"建设重大标志性科研项目（2020）成果"妇女、和平与安全研究丛书"的英国卷。

本书是在团队合作完成前期资料搜集和初步撰写工作的基础上，由本人完成的。本人负责全书的整体框架设计、修改以及各章主要内容的撰写工作，并负责书稿的修改及统稿工作。有6位在读硕士研究生同学做了前期的资料搜集工作和部分内容的撰写工作，具体分工如下：北京外国语大学国际关系学院硕士研究生曹冰同学撰写了导论部分国内外研究综述初稿，姚孟辰同学撰写了第二章部分内容初稿，孟静泊同学撰写了第三、第五章部分内容初稿，王艺融同学撰写了第四章部分内容初稿，肖均婷同学和黄庆晨同学分别负责附录2和附录3的翻译工作。在上述6位同学前期研究的基础上，本人对全书内容和结构做了进一步完善，梳理章节逻辑，整合、修订内容，增补缺失材料，凝炼核心观点，校对文献引文，编写文末索引。

感谢本书研究团队中各位同学的付出。即使在项目时间短、前期研究成果有限、原始资料杂乱无章的情况下，同学们仍能够按时完成初稿的撰写工作。虽然在本书后期撰写过程中，本人对同学们提交的初稿进行了较大篇幅的删改或重新撰写，但他们通过本书的研究与写作，也达到了开拓学术视野和锻炼学术能力的目的。

感谢"妇女、和平与安全研究丛书"的主编李英桃教授。李教授是国内女性主义国际关系研究的知名学者。作为丛书的总主编，李教授孜孜以求，一丝不苟，她的治学态度令人敬佩。她在繁忙的工作中，仍抽出时间对本书的整体框架提出了诸多宝贵的意见和建议。在李教授的推荐下，本人有幸参加了由英国伦敦大学皇家霍洛威性别研究所主办的"妇女、和平与安全国际网络研讨会"。在会上，本人发表了题为"英国妇女、和平与安全：一个中国视角"的主题发言，发言基本包含了本书的研究成果与核心观点。这也是在本书付梓之前，本人与研究妇女、和平与安全问题的国际一流学者的一次宝贵的交流机会。也感谢英国伦敦大学皇家霍洛威性别研究所所长劳拉·斯伯格（Laura Sjoberg）教授，她在研讨会上的提问与交流，为本书稿的后期修改提供了有益的补充。

感谢赵怀英老师和中国社会科学院李东燕研究员，感谢她们在本书初稿写作阶段提出的出版方面的建议和学术上的真知灼见。感谢国际关系学院谭秀英编审和北京第二外国语学院董秀丽教授，她们开创的国际关系女学人论坛已成为国内女学者之间进行学术交流的重要平台，也为本书前期研究成果的发布提供了一个绝佳的学术交流机会。特别感谢本书的责任编辑王玉敏和文稿编辑刘同辉，正是他们认真细致而严谨的编辑工作，才使得本书能够得以顺利出版。感谢我的家人和朋友们的支持，每当我想要放弃之时，总会有家人的爱与陪伴，他们鼓励我坚持到底，不忘初心，完成任务。

　　由于本人能力和精力有限，书中的任何疏漏和错误，概由本人负责。恳请批评指正，不吝赐教。

田小惠

2022 年 10 月 1 日

图书在版编目（CIP）数据

英国妇女、和平与安全：决议落实与议题引领 / 田
小惠著 . -- 北京：社会科学文献出版社，2022.12
（"妇女、和平与安全"研究丛书）
ISBN 978-7-5228-1162-8

Ⅰ. ①英…　Ⅱ. ①田…　Ⅲ. ①妇女工作 - 研究 - 英国
Ⅳ. ① D445.616

中国版本图书馆 CIP 数据核字 (2022) 第 228095 号

"妇女、和平与安全"研究丛书
英国妇女、和平与安全：决议落实与议题引领

著　　者 / 田小惠

出 版 人 / 王利民
责任编辑 / 王玉敏
文稿编辑 / 刘同辉
责任印制 / 王京美

出　　版 / 社会科学文献出版社·联合出版中心（010）59367153
　　　　　地址：北京市北三环中路甲 29 号院华龙大厦　邮编：100029
　　　　　网址：www.ssap.com.cn
发　　行 / 社会科学文献出版社（010）59367028
印　　装 / 三河市尚艺印装有限公司

规　　格 / 开本：787mm×1092mm　1/16
　　　　　印 张：22.5　字 数：281 千字
版　　次 / 2022 年 12 月第 1 版　2022 年 12 月第 1 次印刷
书　　号 / ISBN 978-7-5228-1162-8
定　　价 / 129.00 元

读者服务电话：4008918866